투자자들이 꼭 알아야 할

부동산 상식의 허와 실

이론적 접근과
실무적 접근의
적절한 균형으로
부동산 시장의
오해와 편견을
속 시원히 파헤치다

투자자들이 꼭 알아야 할

부동산 상식의
허와 실

건국대학교 부동산·도시연구원 편

33명의 전문가가 말하는 부동산의 모든 것!

한국경제신문i

  우리나라에서 부동산은 온 국민 초미의 관심사다. 주택가격
의 주간 동향 통계를 내고 여기에 신경을 쓰는 나라는 대한민
국밖에 없다. 높은 관심에도 불구하고 부동산 시장에 대한 이
해가 깊지 않아서 가격이나 거래량의 동향에 대해 그 원인과
결과에 대한 해석이 제각각인 경우가 많다. 정부도 부동산 시
장에서 벌어지는 현상들의 의미를 정확히 모르는 채로, 시장
을 미세조정하겠다고 나서서 문제를 악화시키곤 한다. 이런
가운데 말하기 좋아하는 사람들은 온갖 미신과 편견을 유통
시키면서 국민과 정부의 혼란을 가중시킨다.

  이런 혼란을 막기 위해서는 부동산 시장에 대한 학계 연구
자들과 경험 많은 실무 전문가의 객관적인 자료 축적, 논리 개
발, 연구 분석이 꼭 필요하다. 다행히 지난 약 20여 년간 부동
산 학계가 두터워졌고, 대학원 석박사 과정들이 활성화됐으
며, 많은 학술적 성과들이 있었다. 그 성과들이 확산되면 부동
산 시장에 대한 일반인들의 오해와 편견이 상당폭 줄어들 수
있을 것이다. 이 책은 학계의 연구성과와 대학원 교육을 받은

실무전문가들의 경험을 대중에게 전달해 부동산에 대한 올바른 인식이 정착되고 합리적인 대처가 가능하도록 의도됐다.

건국대학교 부동산도시연구원에서 일차적으로 책의 취지를 널리 알리고 집필자와 주제를 공모했으며, 이를 편집위원회가 조정해 약 60개의 주제에 걸쳐 30여 명의 집필자를 선정했다. 이 책을 준비하기 위해 모인 필진은 부동산 학과 교수, 대학원 재학생 및 졸업생들이다. 학계와 업계에 몸담고 있는 사람들이 섞여 있어서 이론적 접근과 실무적 접근이 적절한 균형을 이루도록 했다.

각각의 글은 주택, 토지, 오피스, 경매시장 등 모든 부동산과 관련된 통설과 이에 대한 검토를 주 내용으로 하고 있다. 일반인이 쉽게 읽을 수 있는 글이면서도 그 내용은 객관적인 근거 및 전문적인 연구결과, 외국 사례 등을 반영하는 것이어야 한다는 원칙하에 집필했다. 여러 사람이 나눠서 글을 쓰다 보니 항목마다 글의 범위와 깊이가 차이 나고 편집상 문제가 제기되기도 했다. 다행히 필자들의 적극적인 협조와 편집위원회 및 편집자들의 수고로 우려했던 것에 비해 훨씬 좋은 책을 만들 수 있었다. 아무쪼록 이 책이 부동산 시장에 대한 올바른 이해를 확산하고, 이를 바탕으로 개인의 자산 운용에서부터 정부의 정책수립에 이르기까지 도움을 줄 수 있기를 희망한다.

다만, 이 책에 나타난 의견은 필자 개인의 의견이며 건국대 부동산·도시연구원의 입장이 아닐 수 있다.

집필자 및 주제 선정, 편집과 수정 의뢰 등을 담당해주신 편집위원회 정의철 교수님과 신종칠 교수님께 감사를 드린다. 또 위원회 간사로서 제작에 이르는 전 과정의 실무를 담당해주신 유주연 박사께 특별한 감사를 드린다. 마지막으로 항목별 집필에 수고하신 모든 집필자들이 인세를 후학들의 교육과 연구를 위해 쾌척했음을 밝힌다.

건국대학교 부동산·도시연구원
원장 손재영

차 례

Part **02** 어떤 부동산 금융상품을 선택할까?

Part
01

부동산 가격은
어떻게
결정되나?

01
강남아파트는
그렇게도 비싼 것인가?[1]

| 심교언 |

　재작년에 부산 해운대구에 위치한 주상복합 아파트 엘시티 더샵의 꼭대기 층인 84층 펜트하우스의 분양가가 평당 7,000만 원 넘기면서 역대 아파트 분양가 중 최고가 기록을 세워 국민을 놀라게 했다. 그리고 서울에서는 강남의 아크로리버파크가 분양가가 5,000만 원을 넘기면서 최고 분양가를 기록했다. 참 비싸기도 하다.

　그리고 최근 거래된 최고가 아파트를 보면 평당 가격이 1억 원을 넘어서고 있어서 꼭짓점이 아닌가 하는 생각도 든다. 2014년 언론에서 크게 다뤘던 아파트가 있다. 전국 최고가 아파트라고 국회의원이 발표한 강남 마크힐스 아파트다. 여기의

---

1) 좀 더 자세한 내용은 심교언(2017) 참조

한 아파트가 면적은 192.86㎡인데 값이 65억 원이라 3.3㎡ 즉 1평당 가격이 1억 1,141만 원이었다고 한다. 그러나 2016년 거래가 보고된 실거래가를 조사해보니 그렇게 높지는 않고, 평당 7,500만 원 내외 정도였다. 아무리 그래도 비싸긴 비싸다.

[그림 1] 한남 더힐과 강남 마크힐스 아파트 위치

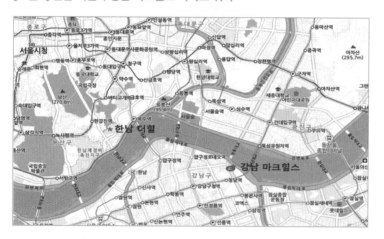

[그림 2] 강남 마크힐스 전경   [그림 3] 강남 마크힐스 전경

자료: 럭셔리 하우스 클럽 부동산 카페, http://blog.daum.net/bulskk/66

[그림 4] 한남더힐 전경   [그림 5] 한남 더힐 전경

자료: 아시아경제, 머니투데이

이와는 별개로 인터넷으로 검색을 해보면 제일 비싼 아파트로 한남 더힐 아파트가 가장 많이 나온다. 일반적으로 평당 1억 원이라고 얘기를 많이 하는데, 작년과 올해 실거래가로 신고된 자료를 살펴보니, 평당 1억 1,0175만 원에 거래된 건이 하나가 있고 나머진 대부분이 평당 7,000~8,000만 원 선에서 거래되고 있었다. 여하튼 간에 우리나라에서 제일 비싼 아파트는 평당 1억 원 정도로 보면 무난할 것 같다. 이들 아파트의 특징은 한강을 조망할 수 있다는 점과 대형 평형이 많아서 부자들이 모여 살 수 있다는 장점이 있어서 가격이 높게 형성된 듯하다. 그래도 그렇지 너무 비싸다.

로버트 쉴러라는 대표적인 부동산 학자가 말했듯이 심리도 집값에는 중요한 역할을 한다. 모두가 너무 비싸다고 느끼면

가격은 떨어지기 마련이다. 그러나 비싼 게 아니라면 아직 오를 가능성이 있다는 얘기이기도 해서 정말 강남 집값이 비싼지 궁금해졌다. 그래서 구글을 통해 외국 대도시 아파트의 최고가를 찾아보기 시작했다. 인터넷이라는 게 그리 정확한 자료를 바탕으로 한 것이 아니어서 학술적 엄밀성은 떨어지나 세계의 집값을 개략적으로 살펴보는 데 도움은 될 것이다.

세계에서 제일 비싼 아파트는 텔아비브에 있는 것으로 조사됐다. 우리나라 평으로 환산해 평당 가격을 계산해보니, 529,101달러였다. 구글로 조사한 시점이 2016년인지라, 2016년 기준 환율인 1,161원을 적용하면 평당 6억 원이 넘는 금액이다. 이스라엘의 1인당 GDP가 2016년 기준으로 3만 5,905달러임을 감안하면 더욱 놀랄만한 금액이다. 다음으로는 시드니와 뉴욕, 도쿄, 런던 순으로 이어졌다. 우리나라 서울은 평당 1억 1,648만 원으로 조사됐다. 구글로 조사한 것과 우리나라 정부 발표와는 차이가 있긴 하나 크진 않다. 아래 그림에서 나타나듯이 다른 나라의 대도시와 서울을 살펴보니 별로 비싸지 않은 듯한 느낌이 든다.

그래서 PIR지수와 유사한 방식으로 살펴봤다. 즉 국가별 1인당 GDP 대비, 국가별 대도시의 최고가 아파트 평당 가격이 몇 배인지 계산했다. 그랬더니 우리나라는 3.9 정도고, 우리보다 월등하게 높은 도시들이 많이 있음을 알 수 있었다. 이를 통해

보면 우리나라 최고가 집값은 아직 비싸지 않다는 느낌이 강하게 든다. 선진국 도시의 1인당 소득이 4만 불 내외임을 감안하더라도 우리보다 월등히 비쌈을 알 수 있다. 그렇다. 세계 어느 나라를 보더라도 대도시의 집값은 항상 비싸다.

[그림 6] 도시별 최고가 아파트 평당 가격

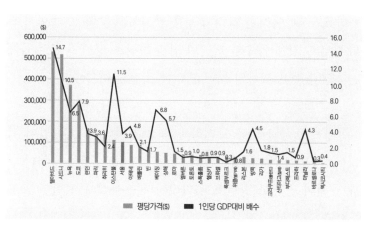

네덜란드 도시를 대상으로 과거 400년 가까이 주택 가격을 조사한 경우를 보더라도 대도시의 경우 일시적 가격 조정은 있었으나, 지속적으로 상승한 것으로 나타났다. 그렇다면 이들 대도시는 앞으로도 가격의 부침은 있을지언정 지속적 상승이 당분간 예상된다 하겠다. 이렇게 본다면 강남 집값에 대한 새로운 해석이 가능해진다. 과연 비싼 것일까? 주택 가격의 적정성은 단순하게 가격과 소득의 비교로는 판단하기 곤란한 측면이 많다. 즉 가계의 지출 구성, 물가, GDP 대비 자

산가치 수준 등 다양한 요인을 감안해야 적정한지 아닌지 판단할 수 있다.

 서울과 같은 세계적 대도시는 금융위기 극복을 위한 유동성 팽창에 따른 가격 급등을 다시 경험하고 있다. 서울이 최근 많이 오르긴 올랐지만 선진국 대도시 상승률에는 많이 미치지 못하고 있다. 이러한 가격 속성을 인지하지 못하고, 대도시 특히 강남과 같은 특수한 지역의 집값 하락을 정책 목표로 삼게 된다면 부동산 시장의 불안은 더욱 커질 우려가 있다.

 실제 어느 선진국을 보더라도 특정 지역의 집값을 잡기 위해서 금리와 대출 규제를 행하는 나라는 없다. 이는 정책의 결과가 전혀 엉뚱한 방향으로 나타난다는 사실을 경험했기 때문이다. 그래서 선진국들의 정책목표는 서민들의 주거복지 향상과 중산층 주거안정이라는 두 가지 목표에 국한되는 경우가 많다. 우리도 이제는 정부 본연의 목표로 돌아가야 할 것이고, 시장을 더 이상 교란시켜 국민을 힘들게 하지는 말아야 할 것이다.

〈표 1〉 세계 도시별 최고가 아파트 혹은 펜트하우스 가격

도시	가격($)	면적(sq.feet)	평당가격($)	2016년 1인당GDP
텔아비브	$40,000,000	2,691	$529,101	$35,905
시드니	$27,500,000	1,900	$514,981	$49,145
뉴욕	$125,000,000	12,000	$370,700	$57,220

도쿄	$19,300,000	2,490	$276,109	$34,871
런던	$50,590,000	10,990	$163,828	$42,106
파리	$33,400,000	8,600	$138,188	$38,173
취리히	$18,317,400	4,844	$134,588	$57,220
이스탄불	$10,000,000	3,229	$110,254	$9,562
서울	$7,404,143	2,627	$100,327	$25,990
아테네	$10,500,000	4,306	$86,777	$18,035
베를린	$13,351,091	5,479	$86,752	$41,895
빈	$8,791,100	4,036	$77,523	$44,778
베이징	$12,353,500	7,836	$56,101	$8,240
상해	$6,779,300	5,145	$46,883	$8,240
로마	$13,353,600	10,549	$45,053	$30,232
멜버른	$4,975,300	4,080	$43,414	$49,145
토론토	$3,034,300	2,551	$42,319	$40,409
스톡홀름	$2,942,100	2,594	$40,413	$51,136
헬싱키	$2,720,200	2,497	$38,860	$42,654
브뤼셀	$2,169,900	2,142	$36,045	$40,688
룩셈부르크	$3,215,900	3,218	$35,574	$104,359
위클(벨기에)	$4,000,600	4,349	$32,738	$40,688
리스본	$9,458,800	10,441	$32,239	$19,684
방콕	$1,750,000	2,314	$26,923	$5,940
리가	$3,187,300	4,402	$25,766	$14,259
크라쿠프(폴란드)	$2,451,400	4,585	$19,033	$12,460
산티아고(칠레)	$1,100,000	2,164	$18,092	$12,938
부다페스트	$31,873,900	64,583	$17,562	$11,970
프라하	$6,045,000	12,917	$16,653	$17,543
마닐라	$682,000	1,884	$12,892	$2,978
바르셀로나	$28,576,600	131,320	$7,744	$26,823
멕시코시티	$9,505,700	112,817	$2,999	$8,415

출처: 2016년 10월 구글 검색자료 취합

〈참고문헌〉
· 심교언, 『부동산, 왜 버는 사람만 벌까』, 매일경제출판사, 2017.

02

우리나라 집값은 불안정하고, 많이 그리고 빨리 올랐나?[2]

| 심교언 |

  2015년 말에 한국은행에서 〈우리나라의 토지자산 장기시계열 추정〉이라는 보고서가 발간됐다. 그 당시 우리나라 땅값이 지난 50년 동안 3,030배 올랐다는 내용이 화제가 됐다. 우리나라의 명목 토지자산 가격 총액은 1964년 1.93조 원에서 2013년 말 5,848조 원으로 증가했으니, 49년 동안 땅값이 3,030배 오른 것이다. 세부적으로 보면 대지가격 5,600억 원에서 2,971조 8,000억 원으로 5,307배 올랐다. 조사 기간 중 공장용지(1976년 이후 40,714배) 및 기타(4,459배)가 급등한 가운데 전(1,333배), 답(883배) 및 임야(2,018배)는 상대적으로 증가폭이 낮게 나타났다. 또한 토지의 평방미터(m^2)당 평균가격은 1964년 19.6원에서 2013년 5만 8,325원으로 상승해 2,976배 올랐다고 추정했다. 참 많이 올랐다.

---

2) 좀 더 자세한 내용은 심교언(2017) 참조

이제 집값을 살펴보자. 이를 위해 가장 오랜 기간 지수를 산정한 KB주택매매 가격지수를 살펴본다. 아래 그림은 1986년의 집값을 100으로 봤을 때, 각각이 어떻게 움직였는지 보여준다. 전국 집값은 1986년에 비해 작년까지 연평균 3.73% 상승해 작년의 경우 292.4를 찍었다. 이 기간 동안 통계청의 물가상승률 자료를 살펴보니 평균 3.9%로 나와 있다. 우리 상식과는 다르게 물가상승률을 감안하면 집값은 빠진 것으로 나타난다. 물론 측정방법에서 모든 자료가 문제가 있다는 점에서 물가상승률을 100% 믿기 힘들지만, 전국 집값은 30년간 빠졌다.

가장 많이 상승한 해는 1990년으로 그전 해에 전세계약을 정부에서 2년으로 연장하는 정책으로 인해 더욱 폭등한 것으로 보인다. 1990년 강남의 집값은 24.25% 상승했으나, 강남의 아파트 값은 38.85%나 폭등한 것으로 조사됐다. 이때 전국 아파트 값도 32.28%나 폭등했으니, 한마디로 부동산 광풍의 해였고, 지수를 계산한 이후 최고로 상승한 해로 기록됐다. 그림에서도 나타나듯이 그다음 해부터는 오히려 집값이 빠지는 것을 보면 전세계약 연장에 대해 시장이 과민하게 반응한 것으로 보인다. 가장 많이 빠진 것은 외환위기 때로 강남 집값은 무려 15.28%나 빠졌다. 전국이 12.37% 빠진 것에 비해 강남은 더 빠지는 모습을 보여줬다.

[그림 1] 주택매매가격지수의 변화

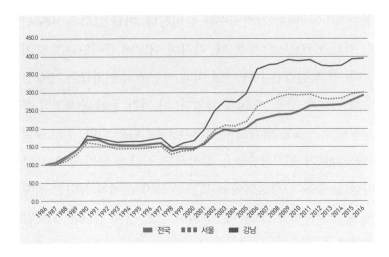

다음 그림은 연도별 물가상승률을 집값 상승률에서 뺀 그림이다. 30년 동안 전국적으로는 오히려 9.3% 떨어진 것으로 나온다. 전국 집값은 연평균 -0.08%로 빠졌고, 서울의 상승률은 물가상승률과 거의 유사한 0.00097%이고, 강남이 1.19%다. 그나마 서울이 정확히 딱 그 자리에 있어서 본전치기다. 신기할 정도로 물가상승률과 거의 일치하고 있다. 서울이 빠지지 않았는데 전국이 빠진 점을 감안하면 지방은 많이 빠졌음을 알 수 있다. 특히 지방 중에서도 지방 대도시를 제외한 곳은 아주 큰 폭으로 빠졌음을 알 수 있다.

[그림 2] 실질 주택매매가격지수의 변화

해외의 집값은 어떻게 움직였는지 살펴보기 위해서 경제협력개발기구(OECD)의 자료를 찾아봤다. 다음 그림에서 자세히 알아보긴 힘들지만, 전체 추세를 보여주기 위해서 45개국 전체를 표현해봤다. 우리나라의 경우 우리 예상과 달리 굉장히 안정적으로 움직였음을 볼 수 있다. 거의 중간 정도 위치를 계속 고수하고 있다.

우리가 항상 뒤따라가고 있다고 자평하고 있는 일본의 경우가 특이하다. 오랜 기간 동안 장기적 침체를 보여주고 있으며, 다른 나라들과 비교하면 아주 특이한 상황임을 알 수 있다. 과연 우리가 유독 이런 특이한 나라를 따라 폭락할지는 두고 볼 일이지만 세계적으로도 아주 희귀한 상태임은 분명해 보인다.

그림에서 특기할만한 것은 2000년대 중반에 라트비아, 에스토니아, 리투아니아 등이 폭등했다가 제자리를 찾아간 모습이 인상적이다. 이들 나라의 경우는 거품이 있었다고 말할 수 있을 것이다. 무엇이 거품인가에 대한 여러 이론이 있으나 급등 후의 급락으로 인해 이전과 비슷한 가격대를 형성하는 경우는 보통 거품으로 볼 수 있다고 여겨진다. 이들 나라의 경우 그러한 모습을 보였으나, 전반적으로는 2000년대에 일반적인 상승세를 보이다가 금융위기 때 조정을 받는 모습을 보이고 있다. 금융위기 이후에는 인도처럼 급등하는 나라도 있고, 브라질처럼 정치와 경제의 불안에 따라 급등락을 반복하는 나라, 러시아처럼 급락 후 조정을 보이는 나라도 있으나, 대체적으론 상승세를 보이고 있다.

[그림 3] 국가별 주택매매가격지수 추이

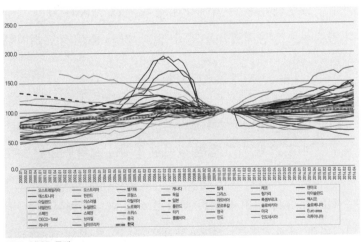

자료: OECD 통계

우리나라의 경우는 급등했을 거라는 인식과는 달리 세계적
으로 비교해보니, 아주 안정적 모습을 보여주고 있다. 유럽과
미국의 선진국들의 집값을 조사한 몇몇 연구결과에서도 우리
나라는 아주 안정적인 나라임이 입증돼있다.

다음으로 주요국가(미국, 영국, 독일, 스페인, 일본, 한국)의 주
택매매가격지수의 연간 변동률을 조사해봤다. 우리나라 지표
가 작성돼 OECD에 제출됐던 1986년부터의 그림이다. 여기
에서도 알 수 있듯이 우리나라의 경우 몇 년을 제외하곤 이들
나라의 평균치보다 낮게 나타나고 있다. 급등기 때도 비교국
가보다 적게 상승했고 금융위기 이후 하락기에도 오히려 하
락을 잘 버틴 나라로 보인다. 오히려 1990년대는 가장 상승을
하지 않은 것으로 나타난다.

[그림 4] 주요국가 주택매매가격지수 변동률

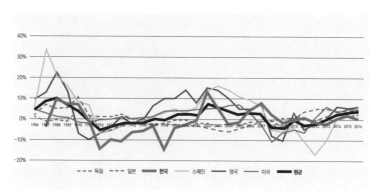

자료: OECD 통계

지금까지를 요약한다면, 우리나라 집값은 세계적으로 비교해봤을 때 급등락을 하는 나라가 아닌 것으로 보인다. 그리고 2000년대를 세계적 가격 폭등기라고 하는데, 당시 미국과 영국, 스페인 등은 우리보다 훨씬 더 많이 올랐고, 금융위기 이후에는 훨씬 더 떨어진 점을 감안하면 우리나라 집값은 세계에서 보기 힘들 정도로 안정적이며, 가격도 정상적 수준으로 보인다. 즉 폭락론에서 얘기하듯이 지금 너무 급등했기 때문에 집값이 떨어진다고 보기엔 힘들다는 얘기다.

〈참고문헌〉
· 심교언, 『부동산, 왜 버는 사람만 벌까』, 매일경제출판사, 2017.

03

우리나라 집값은
비싼가?[1]

| 심교언 |

마크로밀 엠브레인이라는 시장조사 기업이 2016년 우리나라를 대상으로 부동산 가격 인식에 대한 설문조사를 한 결과를 보면, 부동산 가격이 높은 편이라는 인식이 꾸준히 증가하고 있는 것으로 나온다. 가격이 높다고 답변한 국민의 비율이 2013년에는 82%였는데, 2014년에는 88.4%, 그리고 2016년에는 92.3%까지 이르렀다. 최근 집값이 오름에 따라 거의 절대다수가 비싸다고 여기고 있는 것이다.

한 가지 흥미로운 것은 자기 집에 거주하는 사람(88.5%)보다는 전세(96.2%) 및 월세(95.2%) 거주자가 부동산 가격이 높은 수준이라는 생각을 많이 하는 경향이 뚜렷하다는 점이다.

---

1) 좀 더 자세한 내용은 심교언(2017) 참조

그리고 특히 젊은 세대의 경우에는 현재 집값보다 더 떨어져야 한다는 주장이 강한 것으로 조사됐다(심교언, 2017). 이는 최근 이슈화되고 있는 양극화 문제와 세대 간 갈등 양상이 집값 인식에서도 드러남을 엿볼 수 있는 대목이다. 그렇다. 거의 대부분 사람이 우리나라 집값이 너무 비싸다고 여기고 있다. 실제 국민의 인식처럼 집값이 터무니없이 비싼 것이라면 앞으로 집값은 떨어질 가능성이 높다는 것이고, 아니라면 아직 오를 가능성이 있다고 봐야 할 것이다.

우리나라 정부는 국민들의 주거와 관련해 다양한 항목을 조사하는 주거실태조사를 매년 실시하고 있다. 일반가구조사는 매 2년마다 하고 있는데, 최근 국토교통부가 작년에 조사한 일반가구 주거실태조사 결과를 발표했다. 이때 언론에 많이 회자된 용어가 가구소득대비 주택 가격비율 즉 PIR(Price to Income Ratio)이다.

이를 구하는 방법이 다소 힘들긴 하지만 다음과 같다. 소득이 높은 순서부터 줄을 세웠을 때 한가운데 위치하는 가구, 즉 중위소득의 가구를 조사하고 주택 가격도 똑같은 방법으로 가격이 높은 순서부터 줄을 세웠을 때 한가운데 위치하는 주택의 값인 중위 주택 가격을 구한다. 평균값을 쓰지 않고 중위값을 쓰는 이유는 너무 높은 가격이나 너무 높은 소득의 영향을 줄이기 위함이다. 그리고 중위가구 소득대비 중위 주택 가격의 비율을 구하면 PIR이 도출되는데, 이 비율이 2014년 4.7배에서 2016년 5.6배로 증가한 것으로 조사됐다. 2년 사이에 전국 집값이 거의 연봉만큼 올랐다고 볼 수 있다. 집값이 많이 오르긴 오른다는 것이 여기에서도 드러난다. 그렇다면 우리나라만 지독하게 비싼지 아니면 다른 나라도 비슷한지를 살펴봐야 한다.

이 과정에서 염두에 둬야 할 점은 나라별로 구하는 방식에 차이가 있어서 정확한 비교가 불가하고, 대략적인 추세라든가 아니면 개략적인 상황을 이해하는 정도만으로 사용해야 한다는 점이다. 거의 모든 국제 비교에 있어서 공통적 사항이므로 주의해야 한다. 여기에서는 KB금융지주 경영연구소에서 2013년에 발간한 「주요국의 주택 가격 비교와 시사점」이라는 보고서를 참고로 살펴본다.

UN의 인간정주위원회에서는 PIR 값이 3~5 정도가 될 때 적정하다고 보는데, 2013년 우리나라의 경우 4.8로 조사됐다. 이 정도는 비교적 양호한 수준으로 볼 수 있다. 국토가 넓은 미국의 경우 그 값이 3.1로 낮은 편이나, 영국, 일본, 호주의 경우 각각 5.1, 5.3, 5.6으로 우리보다 높음을 알 수 있다. 그리고 세계적으로 비교해봤을 때 우리나라의 집값이 비싸다고 말하긴 곤란하다는 것이 학계의 일반적 의견이다.

[그림 1] 국가별 PIR(소득대비 주택 가격)

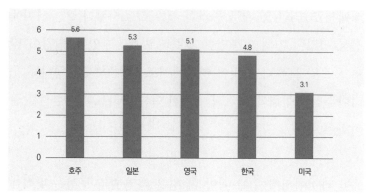

자료: KB금융지주 경영연구소, 2013 참조 재작성

다음 그림은 OECD에서 제공하는 국가별 PIR지수의 시기별 변화를 보여주고 있다. 비교 국가가 많아서 그림을 해독하는 데 다소 무리가 있으나, 전체를 알기 위해 OECD 통계에서 제공하는 나라 모두를 나타내봤다. 그림에서 보듯이 우리나라 PIR은 과거에는 굉장히 높은 수치였으나 지금은 평균보다 약간 낮은 상태임을 알 수 있다. 일반인의 상식과 다르게 우리나라 집값은 단기간에 소득대비 가격이 세계적으로 유례를 찾을 수 없을 정도로 하락했다는 것을 보여주고 있다. 같은 기간 동안의 집값 상승보다 소득 상승이 월등히 높아서 이러한 결과가 나타난 것으로 보인다. 그리고 그 수치가 1991년을 기점으로 급격히 낮아지고 있는데 이는 당시 우리 경제로서는 상당한 무리수였던 200만 호 건설사업의 입주효과로 볼 수 있다.

여기서 흥미로운 것은 최근 언론에서 많이 나온 것처럼 최근 청년들이 단군 이래 가장 힘들다고 하는데 그렇지 않다는 점이다. 1960년대 중반의 PIR값이 지금보다 3배나 높게 형성돼있어서, 일반인들은 구입할 엄두도 못 내는 상황이었고 실업률도 7%대였으니 상당히 높았다.

[그림 2] 국가별 PIR지수(2010=100기준)

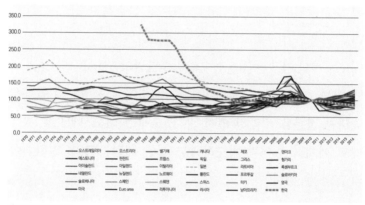

자료: OECD 통계

[그림 3] 도시별 PIR(소득대비 주택 가격)

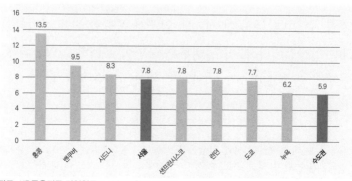

자료: KB금융지주 경영연구소, 2013 참조 재작성

다음은 도시권별로 비교를 해보자. 서울의 경우 7.8, 수도권은 5.9로 나타나 높은 수준이다. 대표적으로 높은 수치를 보이는 도시들은 홍콩(13.5), 밴쿠버(9.5), 시드니(8.3), 샌프란시스코(7.8), 런던(7.8), 동경(7.7), 뉴욕(6.2)을 들 수 있다. 일반적으로 서울의 수치를 다른 도시와 직접적으로 비교해 서울 주택 가격의 심각성을 부각시키는데, 이는 통계의 오해로 볼 수 있다. 다른 나라의 경우 도시 자체가 아니라 해당 도시가 포함된 대도시권의 주택 가격을 기준으로 산출하고 있으므로, 우리도 서울의 경우를 직접적으로 비교하는 것은 무리다.[2] 서울 대도시권의 경우는 서울의 7.8과 수도권의 5.9 사이의 값을 취할 가능성이 크다. 그렇다면 다른 대도시권과 비교해 월등히 높다는 결론을 내리긴 쉽지 않다. 오히려 대도시권으로 봤을 때도 세계적 추세와 비슷하다고 결론 내리는 것이 일반적이라고 볼 수 있다.

결론적으로 우리나라 집값은 세계 어느 나라보다도 단기간에 소득대비 가격을 낮춰서 국민이 집을 살 수 있게 만들었다고 볼 수 있다. 특히 이 시기에 인구가 폭증한 점을 감안하면 더욱 인상적이다. 그리고 대부분 국민이 우려하고 있듯이 서울의 집값 자체가 너무 비싸서 문제라는 인식도 다른 도시들

---

2) 최근 모 국회의원이 서울 집값은 도쿄보다 1억 2,349만 원이나 비싸다고 주장해 논란이 됐던 것도, 이러한 착오에서 발생한 것으로 볼 수 있으며 도시 간 집값 비교는 항상 이러한 위험이 있어서 조심해서 사용해야 한다.

과 비교할 경우 그리 우려할 수준이 아님을 알 수 있다.

　다만 우려되는 점은 국제 비교에서 비싼 편은 아니나 최근 계속해서 오르고 있어서 걱정이고, 그 오르는 모습이 서울과 지방 대도시 중심으로 오르는 추세는 강화되면서도 지방은 하락하고 있어서 걱정이다. 특히 지방은 2003년부터 별도 항목으로 조사하고 있는데, 조사 이후 처음으로 작년부터 계속해서 하락하고 있다. 향후 정부의 정책 운용이 더욱 힘들어지는 방향으로 여건이 변화하고 있다. 과거에는 서울이 오르면 수도권이, 그리고 지방이 따라 오르는 추세였다면 지금은 서울과 수도권 일부만 많이 오르고 지방은 오히려 떨어지는 기현상이 계속되고 있어서 그나마 서울의 집값이 불안정해지면 전국의 집값이 불안해질 수 있으므로 정책에 더욱 주의를 요한다고 하겠다.

〈참고문헌〉
· 심교언, 『부동산, 왜 버는 사람만 벌까』, 매일경제출판사, 2017.
· KB금융지주 경영연구소, 「주요국의 주택 가격 비교와 시사점」, 2013.
· KB금융지주 경영연구소, 「KB경영정보리포트 2013-11호」, 2013.

04

우리나라 부동산 시장에
거품이 있다?

| 손재영 |

부동산 가격과 관련된 논의에서 거품에 대한 언급이 빠지는 경우는 거의 없다. 예컨대 "400조 원대로 불어난 부동자금은 정부 대책을 무력화시키며 부동산 버블을 키워가고 있다"거나, "앞으로 10년 안에 부동산 거품이 빠진다"는 등의 주장을 흔히 접한다. 이런 논의들에서 거품에 대한 일관성 있는 정의를 찾아보기 힘들다. "내가 보기에 부동산 가격이 너무 높다" 또는 "내 생각으로는 부동산 가격이 하락할 것이다"라는 주관적 평가 또는 전망을 반쯤 객관적인 표현으로 바꾸는 것이 거품의 일상적 용례다.

경제학 이론에서 거품은 독특하고도 객관적 현상을 가리킨다. 시장이 원활히 작동할 때 부동산의 시장가격은 그 내재가치(또는, 근본가치)와 같아질 것인데, 어떤 계기로 시장가격이 내재가치보다 더 크고, 그 차이가 지속되거나 점점 더 커질 수 있다. 이때 내재가치와 시장가격의 차이를 가격거품이라고 부른다. 가격이 가치와 괴리돼있다고 해서 그 차이가 반드시 거품은 아니다. 모든 재화와 자산의 시장에서 시장가격은 일시적으로 균형가격과 괴리될 수 있으며, 시장가격이 균형을 찾아가는 과정에서 과잉 조정(Over-Shooting)이 있는 경우도 많다. 자산의 내재가치와 시장가격 간의 괴리가 상당 기간 지속적으로 커갈 때에 한해서 가격거품이 존재한다고 말한다.

언론이나 일반인이 거품을 언급할 때 내재가치 증가로 인한 가격 상승과 거품의 성장을 구분하지 못하는 것을 흔히 본다. 내재가치에 영향을 주는 변수들이 가격을 변동시키는 현상을 거품이라고 부르는 것은 옳지 못하다. 예컨대, 이자율이 낮아지면 내재가치가 커져서 가격이 오르며, 세금 부담이 늘면 내재가치가 작아져서 가격이 내린다. 이런 요인들 때문에 부동산 가격이 오르거나 내릴 때 "거품이 생겼다"거나 "거품이 꺼졌다"라고 말하는 것은 정확한 표현이 아니다.

경제학자들이 다양한 방법론으로 거품을 검증하려고 시도하지만, 어떤 시점에 가격거품이 있는지 없는지를 명확히 판정하기는 어렵다. 미래의 소득과 이자율 및 투자위험에 바탕을 둔 내재가치를 정확히 알 수 없기 때문이다. 거품을 확실히 판정하는 것이 불가능에 가깝게 어려운 일이므로, 거품이 자랄 때 나타나는 현상들을 다 모아서 조심스런 진단을 내리는 것이 통상적인 접근법이다.

거품이 자라고 있다면, ① 가격이 빨리, 많이 오르지만, 딱히 그렇게 올라야 할 이유가 분명하지 않다. ② 가격상승은 사람들의 소득이나 기타 부담능력을 초과한다. ③ 임대료 대비 매매가격의 비율도 현저히 상승한다. ④ 금융기관의 부동산 대출이 급격히 증가하며, 대출 건전성도 저하된다. ⑤ 부동산을 구입하는 목적이 거주보다는 투자인 경향이 늘어난다. 일부 연구소들이 이런 징후 중의 한두 개를 포착해 거품이 있다는 식의 발표를 했지만, 그런 단편적인 증거들이 거품의 정황일 수는 있어도 확증일 수는 없다.

물론 거품이 꺼지면 확실하게 그 존재가 확인된다. "꺼진다"는 표현이 합당할 정도로 갑자기 가격이 폭락한다. 역사상 최초의 가격 거품으로 알려진 17세기 네덜란드의 튤립 가격거품(Tulip Mania)에서 1990년대 말 미국의 닷컴 주식거품에 이르기까지 많은 자산에서 거품이 발생했고 또 소멸했는데 모두 급전직하식 가격 폭락을 동반했다. 1980년대 말의 일본이나 2000년대 중반의 미국 상황에서도 부동산 가격상승이 거품 때문인지 아닌지 논쟁이 있었지만, 그 후 걷잡을 수 없게 가격이 폭락하면서 비로소 거품의 존재를 확인했다.

꺼지기 전까지, 거품은 흥미로운 논쟁의 대상일 수 있지만, 그 존재를 단언하고 나서는 것은 신중하지 못한 태도다. 가격거품이 있다는 주장은 부동산 가격이 뚜렷한 이유 없이 곧 폭락할 것(평범한 하락이 아니다!)이며, 그 결과 금융시스템에 심대한 타격이 가해지고, 궁극적으로 국민경제 전체가 침체에 빠진다는 예측을 내포한다. 우리나라 부동산, 특히 주택 가격에 거품이 끼어있고, 수급에 따라 등락하는 정도를 넘어서 일본처럼 1/4 내지 그 이하 수준으로 떨어지고, 내 집이 "미래 구속장치"나 "평생 감옥"인 상황이 올 가능성은 작다.

첫째로, 주택은 고가의 자산이다. 거품이 자란다면 거래단위가 더 커지는데, 이를 자기 돈만으로 사는 것은 불가능하다. 투자자금 대출이 원활히 이뤄지지 않으면 거품이 자라지 못한다. 1980년대 일본의 거품에는 담보가치의 120%에 달하는 대출이 있었고, 2000년대 중반 미국에서는 NINJA(No Income, no Job or no Asset) 대출이 성행했다. 금융기관들이 다른 돈 빌려줄 데가 없어서든, 리스크 관리가 미비하든, 정치권이 압력을 가했든 이런 무분별한 대출에 의존해서 가격거품이 자란다. 그에 비해 우리나라에서는 DTI, LTV, 기타의 금융규제들로 인해 거품성장에 필요한 자금지원이 없었다.

둘째로, 거품은 가격상승에 대한 광범위한 공감대 속에서 자란다. 거품이 자라면서 점점 더 높은 가격에 주택을 사는 사람들은 불안하다. 가격이 더 오른다고 낙관론을 펴는 사람들이 있어서 투자하긴 하지만, 불안이 완전히 가시지 않는다. 사람들이 불안하기 때문에 거품은 외부 충격에 취약하다. 약간만 찔러도 허망하게 일시에 꺼지는 비눗방울 같기 때문에 "거품"인 것이다. 우리나라의 경우 정부의 강력한 규제가 거의 도끼질 수준이다. 그럼에도 불구하고 부동산 가격이 폭락하지 않는다는 사실 자체가 거품을 부정하는 좋은 방증이다.

셋째로, 거품이 있다면 주택 가격이 높겠지만, 우리나라 주택 가격이 비합리적으로 높다고 보기 어렵다. 긴 기간을 두고 보면 전국 주택 가격 지수 상승률은 물가상승률보다 낮았다. 주택 실질가격이 장기간 하락해온 것이다. 서울의 아파트만 골라서 보면 물가상승률을 초과하지만, 서울 아파트 가격 상승률도 근로자 가계소득 증가율에 미치지 못한다. 또 이 수치들은 우리나라 주택들이 질적으로 크게 개선된 것을 반영하지 않는다.

넷째로, 주택 가격에 거품이 있으면 무엇이 문제인가? 거품이 꺼질 때 거품성장기에 흥청대면서 방만한 투자를 했던 투자자들이 곤란해지겠지만, 이는 시장경제가 가하는 규율일 뿐이다. 그러나 개별 투자자의 흥망을 넘어서 대규모로 주택대출이 부실화되고, 부실채권 때문에 금융기관들이 휘청대고, 실물경제에 자금공급이 끊기면서 경제전체가 침체에 빠지는 악순환 고리가 만들어진다면 그대로 둘 수 없다. 소위 시스템적 위험(Systemic Risk)이 현실화되는 상황이기 때문이다. 일본은 거품붕괴를 적절히 다루지 못해 20년 이상 경제가 침체됐고, 미국은 유례없이 적극적인 개입을 통해 경제 시스템을 살리는 데 성공한 것으로 보인다. 우리나라는 만에 하나 거품이 있다고 해도 극히 한정된 지역의 이야기일 뿐이고, 주택대출의 LTV가 평균 50% 이하다. 집값이 폭락해도 대출금을 회수하는 데 문제가 없다. 개인은 망해도 은행은 망하지 않는다는 이야기다. 일본이나 미국의 예를 들어가며 거품붕괴와 금융위기, 경제침체의 악순환 구조도를 그리기는 쉽지만, 우리나라에 그 그림이 적용될 가능성은 적다.

우리나라 부동산 시장은 적어도 두 번의 가격급락을 경험했다. 1987년 말의 아시아 경제위기와 2008년 몰아닥친 미국발 금융위기가 각각의 원인이었다. 부동산 가격이 급락할 때면 으레 거품이 터진다는 진단이 나왔고, 사람들은 시장이 회복되기까지 짧으면 5년, 길면 10년이 걸릴 것으로 예측했다. 일본에서 1990년에 시작된 부동산 가격 하락이 10년 가까이 지속되는 것을 봤기 때문이다. 그러나 사람들의 우려(또는 기대?)와 달리 아시아 경제위기 때 부동산 가격은 1년 반 만에 하락세를 멈췄고, 3년 후인 2001년부터는 전국적으로 크게 오르기 시작했다. 미국발 금융위기 때는 불과 6개월 만에 가격이 회복됐다.

두 차례의 경제위기 때 부동산 가격이 하락한 것은 국제경제 악화, 금융시스템의 불안, 그리고 실문부문의 침체 여파로 부동산의 내재가치가 떨어졌던 때문이지, 부동산 시장이 스스로 붕괴할 가격거품을 키웠던 때문이 아니다. 1980년대 말의 일본과 2000년대 중반의 미국에서는 부동산 시장이 위기의 진원지였지만, 우리나라 부동산 시장은 경제의 다른 부문에서 촉발된 위기의 파편을 맞았을 뿐이었다. 하물며, 대부분 지역에서 주택 가격이 전고점을 회복하지 못한 현재에 부동산 가격거품이 있다고 보기는 매우 어렵다.

05

일본 부동산 시장의 장기침체, 고령화 탓인가?

-고령화 집값 침체론에 대한 비판적 성찰

| 차학봉 |

한국 집값을 장기 전망을 할 때 거의 빠지지 않고 등장하는 것이 일본 사례다. 일본 부동산 가격이 장기 침체한 근본 원인이 고령화 탓이라는 주장이 한국에 소개된 이후 한국도 고령화에 의한 집값 침체 현상이 발생할 것이라는 목소리가 커지고 있다. 『일본에서 배우는 고령화시대의 국토 주택정책』(차학봉, 2006), 『부동산 10년 대폭락 시나리오』(다치키 마코토, 2007년) 등 일본 사례를 소개하는 책들이 출판된 것이 계기가 됐다. 고령화로 인해 생산연령 인구 감소를 거쳐 전체 인구 감소 단계로 접어드는 만큼, 주택 수요가 감소해 집값이 하락할 수밖에 없다는 주장은 지극히 상식적인 것처럼 보인다. 하지만 일본에서조차 고령화 집값 침체론에 대해 다양한 반론이 나오고 있다.

일본의 버블형성과 붕괴과정을 살펴보자. 1985년 9월 5개 국 재무장관·중앙은행총재회의(G5)에서 달러 절하와 엔과 마르크의 절상에 대한 합의가 이뤄졌다. 미국이 일본 무역의 적자를 해소하기 위해 맺은 합의였다. 하지만 엔고로 인해 일본은 수출 산업이 타격을 받으면서 이를 극복하기 위해 저금리 정책을 편다. 저금리로 늘어난 유동성 부동산 투자로 몰리면서 부동산 가격이 급등했다. 당시 5년 사이에 주가는 3배, 토지는 4배가 뜀박질하면서 사회적 불만이 누적됐다. 결국 일본은행이 정책금리를 3.75%에서 1년 사이에 6%까지 올렸다. 여기다가 일본 정부의 부동산 대출 총량 규제까지 가세하면서 부동산 가격은 날개 없이 추락했다. 1990년대까지만 해도 경기부양을 위해 부동산 버블 조장한 저금리 정책, 부동산을 잡겠다고 뒤늦게 너무 급격하게 금리 인상을 단행한 정책적 실기와 무능이 부동산 버블의 형성과 붕괴를 촉발시킨 것이라는 인식이 지배적이었다.

하지만 경기와 부동산 시장 침체가 장기화되면서 일본의 특수성에서 원인을 찾는 주장들이 제기됐다. IMF보고서 「WORLD ECONOMIC OUTLOOK, April 2003」에 따르면 1959년에서 2002년까지의 19개 국가의 부동산 등 자산가격을 분석한 결과, 19개국에서 모두 자산가격 급등과 폭락을 경험했다. 그러나 일정 기간의 조정기간을 거쳐 부동산 가격은 회복됐다. 2008년 글로벌 경제를 뒤흔든 리먼쇼크의 경우, 미국과 유럽의 부동산 버블 붕괴와 대규모 금융부실이 확대시켰다. 하지만 2016~2017년 미국과 유럽은 버블 우려가 나올 정도로 부동산 가격이 치솟고 있다. 부동산 버블 붕괴가 가계·기업·금융의 부실을 초래해 부동산 가격 폭락과 경기를 침체시키지만 유동성 공급 확대 등 정부의 다양한 정책적 수단과 시장의 자율조정기능에 의해 결국 극복됐다.

일본의 집값 하락이 유독 장기화된 것과 관련, 그 특수성을 찾는 이론적 작업이 일본에서 이뤄졌다. 대표적인 학자가 일본의 중앙은행인 일본은행 부총재를 지낸 니시무라 기요히코(西村淸彦) 도쿄대 교수다. 그는 노인과 어린이 등 비생산연령 인구 1명을 생산연령 인구(15~64세) 몇 명이 부양하는가를 나타내는 '생산·비생산연령 인구 비율'이란 지표를 등장시켰다. 일본은 이 비율이 1990년 2.3명을 정점으로 하락세를 그리면서 부동산 버블이 붕괴하고 금융 위기에 빠졌다. 1990년엔 젊은이 2.3명이 노인 1명을 부양했지만, 점점 더 적은 생산연령 인구가 노인과 어린이를 부양하는 부담을 지게 됐다는 의미다. 이 비율이 하락한다는 것은 인구 중심이 소비가 왕성한 젊은 층에서 고령자로 바뀐다는 것을 의미한다. 그는 고령화가 주택시장뿐만 아니라 경기 전체를 침체에 빠뜨린다는 주장을 편다. 니시무라 교수는 한국·중국·싱가포르도 2010~2015년 사이에 생산·비생산연령 비율이 정점을 찍고 하락하기 때문에 주택시장을 포함한 경기 전체가 위기에 봉착할 가능성이 있다고 예측했다.

미국의 그레고리 맨큐 하버드대 교수가 1989년 논문을 통해 2007년까지 미국의 주택 가격이 47% 하락할 것이라고 전망한 적이 있다. 그는 1970년대와 1980년대 미국 집값이 상승한 것은 베이비붐 세대들이 결혼하면서 신규 주택 수요가 급증했기 때문이라고 주장했다. 그런 베이비붐 세대들의 주택 장만이 끝났기 때문에 이들의 수요가 급격히 줄어들면서 20년간 집값이 하락할 것이라고 봤던 것이다. 맨큐의 예측이 빗나간 것은 젊은 인구의 유입을 촉진한 이민 정책, 사상 최저치의 금리로 인한 주택 대출의 급증, 새집 주택수요 증가에 따른 것이다.

고령화 집값 침체론에 대해 일본 내에서도 비판이 나온다. 우선, 고령화로 주택 수요가 줄어든다는 것이 장기적 가격 하락으로 이어지지 않는다는 것이다. 수요가 줄어들면 공급도 그만큼 감소, 가격은 어느 시점에서 회복이 가능하다. 그런데 일본은 주택공급의 탄력성이 제대로 작동하지 않았고 이것이 장기침체의 원인이라는 분석이다. 미국은 버블기에 연간 200만 가구 공급됐지만 리먼쇼크로 집값이 폭락하자 연간 착공주택 건수가 50만 가구까지 줄었다. 공급감소는 부동산 가격 회복의 단초가 돼 경기 회복국면에 들어가면 집값을 폭등시킨다.

반면 일본은 버블 붕괴 이후에도 연간 100만 가구 이상이 꾸준하게 공급됐다. 고바야시 마사히로(小林 正広)는 "구미와 비교한 일본 주택시장의 특징"(www.jhf.go.jp/files/300249967.pdf)이라는 논문을 통해 일본의 신축주택 착공건수가 인구 2.5배가 넘는 미국에 근접한 수준인 반면 중고주택 유통량은 미국의 10분의 1에 불과하다고 지적했다. 신축주택 중심의 금융대출 관행, 중고 주택에 대한 정부의 불투명성 등으로 일본 국민의 주택수요가 지나치게 신규 주택 중심으로 이뤄져 있다. 이 때문에 빈집이 넘쳐나는데도 연간 100만 가구의 신규 주택이 꾸준히 공급되고, 공급과잉이 집값 하락을 초래했다는 분석이다. 일본의 집값을 회복시키는 방법은 중고 주택시장을 되살려 신규주택 수요와 공급을 줄이는 것이 해법이라는 주장이다.

근본적으로는 부동산 장기침체는 고령화와 경기 장기침체를 방치한 일본 정부의 무능탓이라는 비판도 나온다. 고령화는 선진국 공통의 과제이지만, 일본처럼 고령화가 인구 감소로 이어진 선진국은 없다. 독일, 영국, 프랑스 등은 이민자 비율이 10%대로, 이민을 통해 젊은 노동력을 흡수하는 방식으로 대응했다. 반면 일본은 인구 감소 단계인데도 이민자 비율이 1%대에 불과하다. 섬나라기 때문에 대륙 국가처럼 불법 이민을 통한 인구 보충도 불가능했다. 이민족과 함께 살기보다는 인구 감소를 감내하겠다는 유일한 선진국이 일본이라는 주장이다. 이민의 전통이 없는 섬나라의 특수성 탓일 수 있다. 이후 아베 신조 정부가 들어서면서 인구문제 해결을 위해 적극적인 이민정책을 표방했지만, 국민의 반대로 제대로 이민확대가 이뤄지지 않고 있다.

고령화 집값 침체론은 관광객이 급증하고 인적 교류가 활발한 글로벌 시대에는 맞지 않을 수 있다. 저가 항공의 보급, 중국과 동남아 중산층의 급성장 등으로 일본을 찾는 외국인 관광객은 2010년 860만 명에서 2016년 2,400만 명으로 급증했다. 이에 따라 관광객이 많이 찾는 오사카 쇼핑거리의 부동산 가격은 2016년에만도 40% 이상 급등했다. 한적하던 홋카이도의 산골마을 집값도 관광객이 몰리면서 뜀박질했다. 고령화로 인한 내수 위축을 외국 관광객이 어느 정도 보충하는 시대다.

〈참고문헌〉
· 차학봉, 『일본에서 배우는 고령화시대의 국토 주택정책』, 삼성경제연구소, 2006
· 清水千弘, 『人口減少·高齢化は住宅価格の暴落をもたらすのか?』, 土地総合研究 , 第22巻4号, 73-85, 2014.
· 季報, 「住宅金融」, 2015年度夏号
· Nishimura.K.G., "Population Ageing, Macroeconomic Crisis and Policy Challenges" Presented for the Panel "The General Theory and the Policy Reponses to Macroeconomic Crisis" at the 75th Anniversary Conference of Keyne's General Theory, University of Cambridge, June 19-21 2011.

06

일본의 지방소멸 논란,
우리나라의 현황은?

| 유선종 |

2014년 5월 일본 인구 감소가 지방소멸로 이어진다고 주장한 일본창성회의(日本創成会議)[1]의 마스다 보고서(增田リポート, 성장을 이어가는 21세기를 위해: 저출산 극복을 위한 지방활성화전략)는 일본의 약 1,800개 시정촌 중에서 2040년까지 '소멸 가능성이 높은 지자체' 896개(49.8%), '소멸위험성이 높은 지자체' 523개의 지자체 리스트를 발표했다(일본창성회의 인구감소문제검토분과회, 2014).

마스다는 20~39세 여성인구를 중심으로 지방에서 대도시권으로의 인구이동을 일본 인구감소의 특수성으로 지목했다. 마스다 보고서는 일본의 인구감소 속도가 도쿄보다 지방에서

---

1) 일본창성회의는 공익재단법인인 일본생산성본부가 2011년 5월 발족한 회의기구로, 마스다 히로야 전 총무대신이 대표다.

더욱 빠르게 진행되고 있으며, 그 이유는 젊은층이 지속적으로 지방에서 도쿄 등 대도시권으로 이동하기 때문이라고 설명한다.[2] 장래에 아이를 낳을 젊은층을 인구 재생산력으로 생각한다면, 지방은 단순히 인구가 감소한 데 그치지 않고 인구 재생산력을 유출당한다는 것이다.

이에 더해 대도시권으로 이동한 젊은층의 결혼하기 어려운 환경 등으로 인한 출산율 저하는 일본 전체의 인구 감소에 가속도를 붙이는 결과라고 지적한다.[3] 즉 지방에서 도시로 가임기여성인구가 유출되면서 지방은 소멸가능성이 높아진다는 것이고, 지방에서 도시로 유입된 젊은이들의 출산율이 크게 저하되면서 도시도 소멸가능성이 높아진다는 것이다.

마스다 보고서는 지방에서의 인구 유출이 지방의 문제로 그치는 것이 아니라, 결국 일본 전체의 인구 급감을 초래한다는 위기의식을 불러일으키며, 인구문제에 대한 사회적인 관심을 불러일으켰다.

---

2) 마스다 보고서가 발표된 직후인 2014년 9월 3일에는 '지방창생'을 모토로 제2차 아베내각이 발족했다. '2060년 1억 인구' 목표하에 로컬 아베노믹스라고 불리는 일련의 정책이 시행되면서 2015년 일본의 출생률은 1.45로 상승했고, 출생자 수도 6년 만에 증가했다. 한편, 같은 해 한국의 상황을 보면, 출생률은 1.24에 머물며 세계 최저 수준이었다.
3) 2012년 일본 전체 출생률은 1.41이며, 도쿄의 출생률은 1.09로 47개 도도부현 가운데 가장 낮다.

그러면, 우리나라의 고령화 상황은 어떠할까?

2015년 인구주택 총조사 자료에 의하면 노인인구는 전체 인구의 13.2% 수준으로 우리나라는 아직은 고령화사회[4]다. 그러나 장래인구추계의 중위 시나리오를 바탕으로 초고령사회에 도달하는 시기를 예측해보면, 2018년에 고령사회가 되고, 2025년에는 초고령사회가 되는 것으로 추계된다. 이대로 된다면 초고령사회는 10년도 채 남지 않았다.

그렇다면 초고령화사회가 되기까지 10년은 남아있는 것일까? 총인구에서 노인인구가 차지하는 비중은 2025년 20.0%, 2035년 28.7%, 2045년 35.6%, 2055년 39.2%, 2065년 42.5%다.[5] 그러나 이러한 연도와 고령화율에 대한 숫자는 어디까지나 우리나라의 전국을 기준으로 했을 때의 예측결과다. 이를 시도, 시군구, 읍면동으로 분석 단위를 확대해보면 어떠할까? 2015년 인구주택 총조사 자료를 이용해 전국, 17개 시도, 229개 시군구, 3,492개 읍면동 단위에서의 고령화율을 살펴보자.

우리나라 전체의 모습으로 보면 2015년 기준 13.2%로 우리나라는 고령화 사회를 살고 있는 것으로 보이지만, 다음 표와 같이 229개 시군구의 고령화율은 18.7%로 2024년 시점(중위

---

4) UN분류에 따르면 총인구에서 65세 이상 인구가 차지하는 비율이 7% 이상을 고령화사회(Aging Society), 14% 이상을 고령사회(Aged Society), 65세 이상 인구가 총인구를 차지하는 비율이 20% 이상을 후기고령사회(Post-aged Society) 혹은 초고령사회라고 한다.
5) 통계청 장래인구추계(2015~2065), 2016. 12. 8.

추계 기준 18.9%)에 근접해 이미 고령사회를 살고 있다. 3,492
개 읍면동의 고령화율은 20.9%로 2025년 시점(중위추계 기준
20.0%)을 넘어서 이미 초고령사회를 살고 있는 것으로 나타났
다. 즉, 우리나라를 전국 단위의 모습으로 보면 아직 14% 미만
인 고령화사회의 단계지만, 이를 읍면동 단위로 구분해서 보
면 이미 20% 이상인 초고령사회의 단계라는 것이다.

〈표 1〉 우리나라의 고령화율

구분	전국	시도	시군구	읍면동
2015년	13.2%	13.9%	18.7%	20.9%
개수	1개	17개	229개	3,492개

자료: 통계청, 2015년 인구주택총조사(외국인 미포함)
주: 시군구는 자치구(228개)를 대상으로 기준함. 단, 세종시 포함해 229개 시군구를 대상으로 분석함.

그렇다면, 2015년 기준으로 초고령사회를 살고 있는 지역 즉,
10년 후의 시점인 2025년의 모습으로 살고 있는 곳은 어느 지
역일까? 다음 표를 보면 시도 단위에서는 1개(전라남도) 지역,
시군구 단위에서는 86개 지역, 읍면동 단위에서는 1,405개 지
역이 이미 초고령사회(고령화율 20% 이상)를 살고 있는 것으로
분석됐다.

흥미로운 것은 2015년의 인구주택총조사 결과를 바탕으로
30년 후의 시점인 2045년의 고령화율(35.6%)을 보이는 지역이
시군구에서 4곳, 읍면동에서 무려 632곳이나 존재하고, 심지어
50년 후의 시점인 2065년의 고령화율(42.5%)을 보이는 지역도

읍면동에서 무려 224곳이나 존재한다는 분석결과다.

〈표2〉 미래를 살고 있는 지역

전국 기준 고령화율 장래 추이		미래를 살고 있는 지역(2015년 기준)		
구분	고령화율	시도	시군구	읍면동
2025년	20.0%	1개	86개	1,405개
2035년	28.7%	-	40개	942개
2045년	35.6%	-	4개	632개
2055년	39.2%	-	-	408개
2065년	42.5%	-	-	224개

자료: 통계청, 장래인구추계(2015-2065, 외국인 포함)
주) 음영은 2015년 인구주택총조사 자료를 기준으로 계산한 시도, 시군구, 읍면동 고령화율이 좌측의 장래 고령화율 기준을 넘어선 지역 수를 의미함.

　2015년 시점에 이미 2045년을 살고 있는 것으로 나타난 지역, 약 10명 중 4명이 노인이라는 지역은 어디일까? 다음 그림과 같이 경상남도 합천군, 경상북도 군위군, 의성군, 전라남도 고흥군이 이에 해당하는 지역이다. 2015년 기준 데이터로 분석한 결과임에도 불구하고 2045년의 모습을 가지고 있는 지역이 229개 시군구 가운데 4곳이나 된다는 사실도 흥미롭지만, 3,492개 읍면동 단위에서는 632개, 즉 우리나라의 18.1%에 해당하는 읍면동이 이미 2045년의 모습으로 살고 있다는 점도 놀라운 사실이다.

[그림 1] 2045년의 모습을 지닌 지역

시군구(229개) 중 4개	읍면동(3,492개) 중 632개

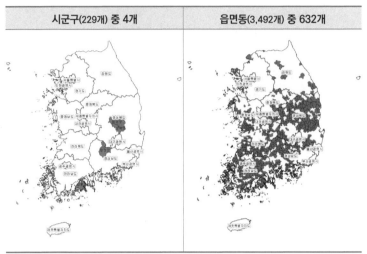

자료: 통계청, 2015년 인구주택총조사
주) 2015년 기준 고령화율 35.6% 이상인 지역

통계청 장래인구추계(2016.12.7)에 따르면 우리나라 인구는 2031년 5,296만 명을 정점으로 2065년에는 4,302만 명(1990년 수준)으로 감소할 것으로 전망된다. 노인인구는 2025년에 1,000만 명을 넘고, 2065년에는 1,827.2만 명까지 증가할 것으로 전망되지만, 가임기여성인구는 1995년 859.3만 명을 정점으로 2065년에는 360.6만 명까지 크게 감소할 것으로 전망된다.

2015년 인구주택 총조사 결과에 따르면 2015년 11월 1일 기준으로 일반가구는 1,911만 가구다. 인구는 2031년부터 감소하지만, 통계청 장래가구추계(2017.4.12)에 따르면 가구는 세대분화 등으로 지속적으로 증가하다가 2043년에 2,234만 가구를 정점으로 감소하기 시작할 것으로 전망된다.

[그림 2] 장래 연령대별 인구구조와 가구

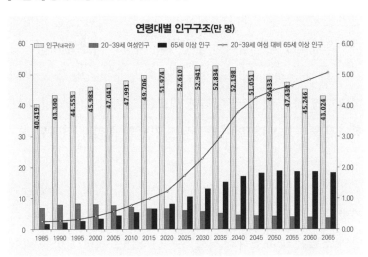

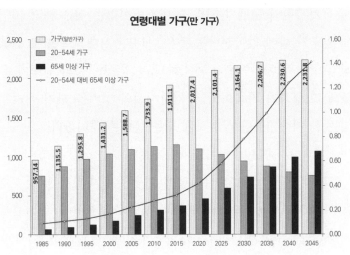

고령화와 관련해서 우리 미래의 모습은 어떻게 변화할까? 2015년 인구주택 총조사 결과 인구수 3만 명 이하의 시군구가 19개, 인구수 1,000명 이하의 읍면동도 40개나 존재하고, 가구 수 1,000호 미만의 읍면동은 420개, 주택 수 1,000호 미만의 읍면동은 377개나 존재하는 것으로 나타나는 등 지방의 과소화와 공동화는 심각한 수준이다. 지방의 과소화와 공동화가 심화되는 것은 지방의 인구감소와 인구구조의 급격한 변화에 기인하는 것으로, 이러한 변화는 지방의 성장기반과 생활여건을 악화시키고, 나아가서는 지방의 소멸로 귀결된다.

지방은 중앙에 대한 상대적인 개념으로, 지방이 소멸하면 지방자치도 국가균형발전도 의미를 상실하게 된다. 이러한 지방의 소멸은 국가조직과 직결되는 심각한 문제로 지방을 넘어서 국가차원의 문제가 된다. 지방소멸이라는 것은 해당 지역의 인구가 아예 없어진다는 뜻은 아니다. 시대의 변화로 인해 산업이 쇠퇴하고 인구가 과소화되고, 청·중년층의 인구가 유출돼, 고령화가 가속화되고, 기반시설의 정비를 하기 어려워지는 등 자족기능을 상실하게 되는 상태를 의미한다.

일본의 마스다 보고서는 장래 인구추계 자료를 바탕으로 2010~2040년 동안의 20~39세 여성인구 감소율을 중심으로 지방소멸을 논의했다. 이상호(한국의 지방소멸에 관한 7가지 분석, 한국고용정보원, 2016)는 마스다 보고서의 접근방식과 분석

지표들을 차용해 한국의 지방소멸에 대해 연구했다. 즉, 2014년 기준 주민등록행정인구 자료를 바탕으로 지방소멸 진단을 위해 사용된 지표는 20~39세 여성인구와 65세 이상 노인인구 상대비 지표고, 소멸 위험 지자체로 77개의 시군구 리스트를 제시하는 등 지방소멸을 공론화했다.

　이러한 분석결과는 한국의 지방소멸이 일본과 다르지 않다는 것을 나타낸다. 유선종·노민지(2017)는 2015년 인구주택총조사를 바탕으로 인구노후도, 가구노후도, 주택 노후도라는 새로운 지표를 작성해 지방소멸을 조망했다.

〈표 3〉 새로운 지방소멸 지표

구분	산출식	기준	정의			
인구노후도	노인인구÷가임기여성인구	인구노후도 ≥2.0	소멸 가능 지역	소멸 위험 지역		
가임기여성인구	20~39세 여성인구					
노인인구	65세 이상 인구					
가구노후도	노인가구÷청·중년가구	가구노후도 ≥1.0 ⇨				빈집 정비 시급한 지역
청·중년가구	가구주 나이 20~54세 가구				도시 재생 및 농촌 정비가 시급한 지역	
노인가구	가구주 나이 65세 이상 가구					
주택노후도	노후주택÷신규주택	주택노후도 ≥1.0				
신규주택 (5년 이하)	사용승인 2011년 이후 주택 (2015년 기준)					
노후주택 (40년 초과)	사용승인 1974년 이전 주택 (2015년 기준)					

이 지표에 따르면 분석결과는 다음 표와 같다. 시군구를 기준으로는 소멸가능지역 83개, 소멸위험지역 49개, 도시재생 및 농촌정비가 시급한 지역 109개, 빈집정비가 시급한 지역 49개 등으로 분석됐다.

읍면동을 기준으로는 소멸가능지역 1,379개, 소멸위험지역 1,047개, 도시재생 및 농촌정비가 시급한 지역 1,904개, 빈집정비가 시급한 지역 1,032개 등으로 분석됐다.

〈표 4〉 지방소멸 지표의 분석 결과

구분	소멸가능지역	소멸위험지역	도시재생 및 농촌정비가 시급한 지역	빈집정비가 시급한 지역
시도	1개 / 17개	0개 / 17개	5개 / 17개	0개 / 17개
시군구	83개 / 229개	49개 / 229개	109개 / 229개	49개 / 229개
읍면동	1,379개 / 3,492개	1,047개 / 3,492개	1,904개 / 3,492개	1,032개 / 3,492개

주) 2015년 인구주택총조사 및 인구주택총조사 마이크로데이터를 기준으로 작성함.

[그림 3] 소멸가능지역

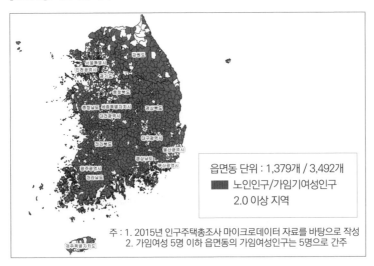

읍면동 단위 : 1,379개 / 3,492개
■ 노인인구/가임기여성인구 2.0 이상 지역

주 : 1. 2015년 인구주택총조사 마이크로데이터 자료를 바탕으로 작성
2. 가임여성 5명 이하 읍면동의 가임여성인구는 5명으로 간주

우리나라는 일본과 유사하게 저출산 및 고령화에 직면하고 있다. 그동안 저출산에 대한 대책은 다양하게 시행됐지만, 지방의 인구유출과 인구감소, 지방소멸의 문제에 대한 심도 있는 고민은 부족했다. 기초자치단체의 1/3이 소멸 위기에 직면한 현재의 상황을 고려해, 지방의 강점을 부각시킬 수 있는 방안 모색이 필요하다. 이를 위해서 장기적인 시점에서의 인구정책이 필요하며, 지방의 발전을 위한 추진체계의 효율적인 운영이 필요하다.

도시계획에서 인구지표는 장래 도시성격과 범위, 토지이용, 기반시설 공급 등 물리적 환경의 규모를 결정하는 데 중요한 역할을 담당하고 있다. 따라서 인구가 과다하게 추정돼 현실을 왜곡할 경우 도시계획시설의 과다 공급 등의 문제가 발생할 수 있다. 우리나라의 국토공간정책 및 부동산 정책은 인구감소시대를 대비한 국토·도시개발이 이뤄지지 못했다. 인구감소시대에 대비한 새로운 지역발전정책이 필요하다.

대부분의 대규모 개발사업이 인구감소시대를 예측하지 못한 채, 전 국토의 균형 있는 기반 구축에 매몰돼있다. 인구가 감소한다는 현실을 정부와 국민이 인지하고, 인구성장을 전제로 하는 경제성장 및 인프라 개선에 초점을 맞췄던 기존의 정책기조를 뛰어넘어 인구감소를 전제로 '주민 삶의 질을 지향하는 방향'으로 추진할 필요가 있다.

〈참고문헌〉
· 마스다 보고서, 「성장을 이어가는 21세기를 위해: 저출산 극복을 위한 지방
활성화 전략」, 일본창성회의, 2014.
· 이상호, 「한국의 지방소멸에 관한 7가지 분석」, 한국고용정보원, 2016.
· 유선종·노민지, 『지방소멸 어디까지 왔나』, 매일경제신문사, 2017.

07

인구고령화가
주택시장 침체를 가져오는가?

| 정의철 |

통계청(2016) 장래인구추계에 따르면 우리나라 인구는 2031년을 정점으로 감소하고 고령(65세 이상) 인구가 급격히 증가해 2018년에 고령사회(65세 이상 인구 비중 14%), 2026년에 초고령사회(65세 이상 인구 비중 20%)에 진입할 것으로 전망된다.[1] 이러한 고령화 추세는 전 세계적으로도 유례없는 매우 빠른 속도로 고령화 사회에서 고령사회로 진행되는 기간이 18년, 고령사회에서 초고령사회로 진행되는 기간은 8년으로 예상되고 있다.[2] 인구의 연령대별 구성을 살펴보면 주택수

---

1) 통계청은 출산율, 기대수명, 국제순이동에 대한 여러 가지 가정에 따라 장래인구를 추계하는데 여기서는 출산율, 기대수명, 국제순이동에 대해 중위 가정에 따라 논의하기로 함.
2) 일본은 고령화사회에서 고령사회로 진행된 기간이 24년(1970~1994)이었고, 고령사회에서 초고령사회로 진행된 기간이 12년(1994~2006)이었으며, 미국은 각각 73년, 21년, 프랑스는 115년, 39년으로 예측되고 있음.

요의 핵심계층으로 알려진 30~40대 인구는 2015년에서 2030년까지 연평균 15만 3,000여 명이 감소하고 반면 65세 이상 인구는 연평균 42만 7,000여 명이 증가할 것으로 예측된다.

이렇게 주택수요의 핵심계층 인구의 감소, 노년층 인구의 증가, 그리고 총인구의 궁극적 감소 등으로 요약되는 인구구조 변화는 주택수요의 장기적 흐름을 변화시킬 것으로 예상된다. 일반적으로 이러한 패턴의 인구 구조 변화가 주택수요에 미치는 영향에 대해서는 부정적인 인식이 지배적이다. 이러한 인식은 인구고령화로 인한 총인구와 핵심 주택수요 계층의 감소에 초점을 두고 있으며, 이에 따라 주택수요가 감소하고 결과적으로 주택 가격이 하락할 것으로 보고 있다.

인구구조 변화가 주택수요 및 주택 가격에 미치는 영향에 대한 학술적 연구는 여러 가지로 존재하는데 널리 알려진 것으로 멘큐-웨일(Mankiw and Weil, 1989)의 연구가 있다. 이 연구는 가구의 주택수요량은 가구를 구성하는 가구원의 주택수요량의 합이며, 가구원의 연령에 따라 개별 가구원의 주택수요량이 다르다는 것을 가정한다. 이들은 미국의 센서스 자료를 이용해 실증 분석을 했는데 1950년대 베이비붐에 따른 인구 증가가 이들이 성년이 되는 시점인 1970년대의 주택수요 증가 및 실질주택 가격 증가의 원인이 됐으며, 1990년대에는 베이비 버스트 세대가 주요 주택수요계층으로 등장하면서 과거 40

넌간보다 주택수요는 천천히 증가할 것이며, 실질주택 가격도 향후 20년에 걸쳐 지속적으로 하락할 것으로 전망했다.

멘큐-웨일의 연구 결과는 핵심 주택수요 계층의 감소가 주택 가격의 하락으로 이어질 것이라는 일반적인 인식과 맥을 같이하고 있다. 그러나 이후 많은 후속 연구들은 다양한 측면에서 이 연구 결과의 신뢰성에 문제를 제기해왔다.[3] 물론 핵심 주택수요 계층의 감소가 주택시장에 긍정적 영향을 줄 수는 없을 것이다. 그렇다면 우리나라의 경우 핵심 주택수요 계층은 누구일까? 핵심 수요계층의 규모가 주택수요에 영향을 주는 유일한 요인일까? 다른 중요한 요인들은 없을까?

아래 [그림 1]은 면적 기준의 연령대별 주택수요량을 보여준다.[4] 각 연령대에 속하는 가구원 1인당 주택수요량은 가구원이 60-64세에 이를 때까지 지속적으로 증가하다 그 이후에는 완만하게 감소하는 추세를 보인다. 이 결과는 미국의 1970년 센서스 자료를 이용한 맨큐-웨일의 추정 결과와 다른 모습을 보이는데 그들의 추정 결과에서는 30대 후반에서 40대 초반 가구원의 1인당 주택수요량이 다른 연령 가구원에 비해 상대적으로

---

3) 이에 대한 내용은 정의철·조성진(2005), 정의철(2006) 등을 참조하기 바람
4) M-W는 원래의 맨큐-웨일 모형을 이용해 연령대별 주거면적 수요량을 추정한 결과며, 수정 M-W는 원래의 맨큐-웨일 모형에 소득, 주거비용, 가구규모, 거주지역(수도권) 변수를 추가해 연령대별 주거면적 수요량을 추정한 것임. 2004년, 2010년, 2014년 주거실태조사를 이용했음.

높게 나타난다. 따라서 당시 미국의 경우 30대 후반에서 40대 초반 인구가 핵심 주택수요 계층이라고 한다면, 우리나라의 경우 연령대가 더 높아진 50대부터 60대가 핵심 주택수요 계층이라고 할 수 있다.[5] 또한 면적기준의 가구원 1인당 주택수요량은 60대 이후에도 완만하게 감소하는 경향을 알 수 있다. 따라서 우리나라에서는 고령화가 진행돼 고연령 가구가 많아진다고 하더라도 주택수요량의 변화는 크지 않을 것으로 판단된다.

[그림 1] 연령대별 주택수요량

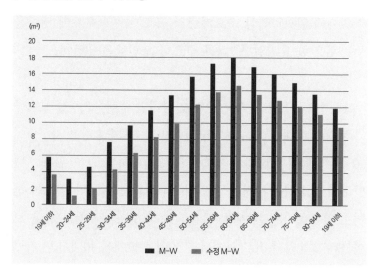

---

5) 맨큐-웨일 연구에서는 금액기준의 주택수요량을 측정한 반면 이 글에서는 면적 기준의 주택수요량을 측정해 비교가 어려울 수 있으나, 동일한 자료를 이용해 주택 가격을 관찰할 수 있는 자가거주 가구만을 대상으로 해 주택 가격 기준의 원래의 맨큐-웨일 모형을 추정한 결과에서도 40~60대 초반 가구원의 주택수요량이 상대적으로 높게 나타나며 60~64세 가구원에서 주택수요량이 가장 높음.

한편 주택소비의 기본 단위는 가구다. 그리고 소득과 주거비용과 같은 가구의 경제적 조건들이 가구의 주택수요량을 결정한다. 통계청(2017)의 장래가구추계는 장래인구추계와는 다른 모습을 보인다. 장래가구추계에 따르면 우리나라 일반가구는 비록 증가율은 둔화되겠지만 절대 수치는 2043년까지 지속적으로 증가하는 것으로 예측된다. 2030년을 기준으로 하면 일반가구 수는 2015년에 비해 약 260만 가구가 증가할 것으로 전망된다. 인구증가율과 가구증가율을 비교해보면 가구는 점차적으로 소규모화 될 것이다. 그러나 가구가 주거소비의 기본 단위이므로 가구규모와 무관한 기초 주택수요량을 고려하면 가구 증가에 따른 주택수요량의 증가가 가구의 소규모화에 따른 주택소비량의 감소보다 더 클 것으로 전망된다. 일반적으로 주택은 소득이 높으면 주택수요량도 높은 정상재의 성격을 가지고 있다. 따라서 또한 소득증가에 따라 주택수요량도 증가할 것이다. 우리나라의 잠재 경제성장률은 고령화에 따라 둔화되겠지만 그렇다고 해 특별한 대형 외부충격이 없는 한 경제성장률이 마이너스가 될 가능성은 거의 없다고 볼 수 있다.

[그림 2]는 모형을 이용해 추정한 결과를 바탕으로 2030년까지 예측한 연간 주택수요 증가율이다.[6] 주택수요 증가율은

---

6) 통계청의 인구 및 가구구조 변화는 장래인구추계(2016), 장래가구추계(2017) 자료를 이용했으며, 소득 변화는 한국보건사회연구원(2014)의 실질 경제성장률 가정에 대한 결과를 이용했고, 주거비용은 연간 3% 증가한다는 것을 가정한 예측 결과임.

2017년 2.2%에서 점차적으로 감소해 2030년에는 1.48% 낮아질 것으로 예측된다. [그림 2]에서와 같이 주택수요 증가율의 장기 추세는 매우 점진적이다. 이러한 결과가 도출되는 주된 원인은 60대 이상 인구의 1인당 주택수요량은 연령이 높아질수록 감소하나 그 감소 추세가 완만하다는 점과 가구 수 증가율은 둔화되나 절대 수준은 꾸준히 증가하고 있으며, 주택수요의 핵심변수인 소득 증가 또한 주택수요에 긍정적인 영향을 미칠 것이라는 데 있을 것이다. 이에 따라 장기주택수요 증가율은 2030년까지 양(+)의 값을 가지고 있으므로 주택수요는 2030년까지 증가할 것으로 예상된다.

[그림 2] 주택수요 증가율

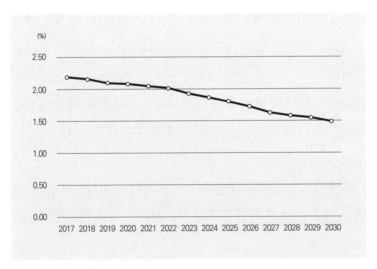

주택 가격은 수요와 공급의 결과다. 향후 사회·경제적 여건의 변화와 인구 및 가구구조 변화는 주택수요를 변화시킬 것이다. 주택공급이 이러한 수요요인의 변화에 대응해 조절된다면 인구 및 가구구조 변화가 주택 가격에 미치는 영향은 매우 제한적일 것이다.

〈참고문헌〉
· 정의철·조성진,「인구구조 변화에 따른 장기주택수요 전망에 관한 연구」,『국토계획』, 제40권 제3호, 제3호 37-46, 2005.
· 정의철,「인구구조 고령화와 주택수요」,『인구구조 고령화와 산업수요』제3장, 한국개발연구원, 67-112, 2006.
· 통계청,「장래인구추계」, 2016.
· 통계청,「장래가구추계」, 2017
· 한국보건사회연구원,「초저출산·초고령사회의 위험과 대응전략」, 2014.
· Mankiw, N. Gregory and David N. Weil,「The baby boom, the baby bust and the Housing Market」, Regional Science and Urban Economics, Vol. 19, No. 2, 235-258, 1989.

08
베이비붐 세대의 은퇴가 집값 폭락을 가져오는가?

| 정의철 |

흔히 베이비붐 세대라고 하면 1955~1963년 출생자를 의미한다. 이 세대는 2010년 기준 총인구의 14.6%(714만 명)로 추산되고 있다. 민간 기업에서 퇴직하는 시점을 대략 55세라고 하면 1955년 출생자들은 2010년에 55세에 도달해 은퇴를 시작했을 것이고, 향후 10년에 걸쳐 베이비붐 세대의 75.8%인 549만 명이 은퇴할 것으로 전망되고 있다.

이 세대 중에는 일부는 새로운 직장을 얻어 근로활동을 지속할 수 있을 것이다. 그렇다고 해서 과거와 같은 수준의 소득을 벌거나 자산을 추가적으로 축적하기 어려울 것이다. 새로운 직장을 얻게 되든지, 그렇지 못하든지, 이 세대는 이미 축적된 자산을 이용해 소비해야 하는 소위 유동성 제약조건에 직면할 가능성이 크다. 상당수 전문가는 베이비붐 세대는 대부분 자산을 부동산의 형태로 보유하고 있으므로 일상적 소비활동을 위해서는 부동산 자산의 처분이 필요할 것으로 예상하고 있다. 그리고 이렇게 되면 주택공급 물량이 증가해 주택매매가격의 급격한 하락이 불가피하다고 전망한다.

베이비붐 세대의 은퇴가 주택시장에 긍정적인 영향을 줄 수는 없겠으나 그렇다고 우려할 만큼 부정적인 효과를 가져올지는 의문이다. KB국민은행의 주택매매가격지수를 기준으로 주택 가격의 변화를 살펴보면 전국적으로 주택매매가격은 2012년 하반기와 2013년 초반기를 제외하고는 꾸준히 올라간 것으로 나타나고 있다. 서울과 수도권에서는 2013년까지 감소하다 이후 지속적으로 상승했다. 서울과 수도권에서의 주택시장 침체를 베이비붐 세대 은퇴로 인한 것으로 판단하기는 어렵다. 왜냐하면 이 기간의 주택시장 침체는 베이비붐 세대의 보유 주택 처분으로 인한 기존 주택의 공급에 의한 것이 아니라 거시경제 여건이 전반적인 좋지 않았고 또한 공공부문의 주택공급정책의 영향이 컸기 때문이다.

은퇴 이후 축적한 자산으로 소비활동을 이어가게 되는 현상은 주로 생애주기가설에 의해 설명된다. 생애주기가설에 따르면 생애주기마다 가구가 처하게 되는 사회·경제적 조건이 다른데 일할 수 있는 나이에 소득을 모아 저축을 하고 은퇴한 이후에 저축으로 축적된 자산으로 소비하는 것이 생애 전체의 효용을 극대화하는 것이라고 설명한다. 이런 생애주기가설이 맞다면 베이비붐 세대는 은퇴 이후 보유하고 있는 주택을 처분해 얻은 자금으로 여생 동안 사용하는 것이 가장 좋은 방법이 될 것이다. 그렇게 되면, 그리고 그런 사람이 많을수록 주택시장에서는 주택공급이 증가해 주택 가격이 급격하게 하락하게 될 것이다.

그러나 대부분 국가에서는 이러한 현상이 나타나지 않았으며, 왜 그런지에 대해서 많은 연구가 존재한다. 이 연구들은 주택시장이나 주택자산의 특성을 강조한다. 첫째, 주택자산 처분은 거래비용이 높기 때문에 보유 주택을 즉시 처분할 가능성이 크지 않다는 것이다. 둘째, 사람들은 예상치 않은 미래 여건의 변화에 대비해 축적된 자산 또는 저축을 사용하지 않고 남겨두는 예비적(Precautionary) 동기를 가지고 있다는 것이다. 이러한 예비적 동기 때문에 주택자산 처분이 늦게 발생할 가능성이 크며 특히 기대수명의 연장 등으로 불확실한 기간이 길어질수록 예비적 동기의 영향이 더 커질 것이다. 셋째, 가구는 다양한 형태로 자산을 보유하고 있으며 필요에 따라 자산을 처분하게 되는 경우 처분의 순서가 존재한다는 것이다.

즉, 필요한 소비를 충족시키기 위해서 소득이나 금융자산의 사용이 우선되며, 주택자산이나 연금자산은 가구가 경제적으로 매우 어려운 상태에서만 처분된다고 주장한다. 이러한 주장들은 가구가 은퇴 등으로 소득이 감소한다고 해 곧바로 주택자산을 처분해 소비에 활용하지 않을 것이며 아마도 주택자산이 자산 중에 가장 늦게 처분되는 자산이 될 것이라고 예측하고 있다. 이러한 주장을 받아들인다면 베이비붐 세대의 은퇴가 주택시장에 미치는 영향은 즉각적이지 않고 제한적이며 매우 완만하게 나타날 것이다.

베이비붐 세대 가구가 은퇴 후의 소비를 충당하기 위해서 보유 주택을 처분한다면 다음과 같은 사건이 관찰돼야 한다. 첫째, 주택을 팔면 다른 주택으로 이사해야 하므로 주거이동이 일어나야 한다. 둘째, 여생에 필요한 자금을 마련하기 위해서는 주택을 임차하든지, 아니면 현재보다 싼 주택으로 이사해야 한다. 따라서 주거이동, 주택점유형태의 변화(소유에서 임차로), 주택을 계속 소유하는 경우보다 싼 주택으로 이사하는 현상을 살펴보면 은퇴 이후의 의사결정 결과를 알 수 있을 것이다. 다음 〈표 1〉과 〈표 2〉는 한국노동패널 자료를 이용해 자가거주 가구의 주거이동, 주거이동 후 선택한 주택점유형태, 주거이동 후 다시 자가거주를 선택한 가구의 주택소비 상태를 분석한 것이다.

〈표 1〉은 특정 연도에서 자가로 거주하는 가구가 그다음 해에 주거이동을 했는가를 분석한 결과다. 2004년에서 2014년 기간 동안에는 가구주 연령이 55세 미만인 자가거주 가구

의 주거이동비율 9.6%인 반면 가구주 연령이 55세 이상인 자
가거주 가구의 주거이동비율은 4.4%에 불과했다. 2009년 이
후 관측된 자가거주 가구 중에 주거이동한 비율은 더 낮아져
3.6%였다. 이렇게 낮은 주거이동비율은 높은 거래비용이 주
된 원인이며, 주거이동이 발생하는 이유는 가구주의 은퇴, 혼
인상태의 변화, 배우자의 사망 등으로 분석되고 있다.

〈표 1〉 연령계층별 주거이동 비율 및 주거이동 후 자가/임차 비율

	2004-2014년		2004-2009년		2009-2014년	
	55세 미만	55세 이상	55세 미만	55세 이상	55세 미만	55세 이상
총 자가 가구 수	15,142	15,994	6,949	5,883	8,193	10,111
주거이동 자가 가구 수	1,457	696	746	337	711	359
주거이동 비율(%)	9.62	4.35	10.74	5.73	8.68	3.55
주거 이동 후 자가 비율(%)	45.64	52.01	38.87	47.48	52.74	56.27
주거 이동 후 임차 비율(%)	54.36	47.99	61.13	52.52	47.26	43.73

주거이동을 한 자가거주 가구가 주거이동 후 어떠한 주택
점유형태를 선택했는지를 보면 2004년에서 20014년 기간 동
안 주거이동한 자가거주 가구 중 가구주 연령이 55세 미만인
가구의 54.4%가 임차를 선택했으며, 가구주 연령이 55세 이
상인 가구의 경우에는 약 48%가 임차를 선택했다. 2009년에
서 2014년 기간 동안에는 가구주 연령이 55세 이상인 가구의
43.7%가 임차를 선택했다. 즉, 보유하고 있는 주택을 팔고 임
차해 여생에 필요한 소비자금을 확보할 것으로 추정되는 가구

비율이 그렇게 높지 않다는 것을 보여준다.

물론 보유 주택을 팔고 임차하는 방법만이 여생에 필요한 소비자금을 확보하는 유일한 방법은 아니다. 보유 주택을 팔고 보유 주택보다 싼 집을 사서 이사하는 방법도 있을 것이다. 〈표 2〉는 보유 주택을 팔고 새로 주택을 구입해 이사한 가구만을 대상으로 이사 이전의 거주한 주택의 실질가격과 이사 이후 구입한 주택의 실질가격을 비교한 것이다. 한국 노동패널에서는 자기 주택을 가지고 있는 가구가 스스로 주택 가격을 보고하는 방식으로 주택 가격을 측정하고 있기 때문에 실제 주택 가격인지에 대해 오류가 존재할 수 있다. 이러한 요인을 감안해 이사 이전 보유 주택의 실질가격에 비해 이사 이후 보유 주택의 실질가격이 20% 이상 높으면 '상향이동', 반대로 이사 이후 보유 주택의 실질가격이 20% 이상 낮으면 '하향이동', 그 중간이면 '완만한 이동'으로 봤다.

〈표 2〉 자가로 이사한 가구의 주택소비 조정

	2004-2014년		2004-2009년		2009-2014년	
	55세 미만	55세 이상	55세 미만	55세 이상	55세 미만	55세 이상
자가로 이사한 가구 수	665	362	290	160	375	202
하향 조정(%)	12.33	27.07	12.41	26.88	12.27	27.23
완만한 조정(%)	28.72	27.90	28.28	26.25	29.07	29.21
상향 조정(%)	58.95	45.03	59.31	46.88	58.67	43.56

전체 분석기간(2004~2014년)을 대상으로 살펴보면 가구주 연령이 55세 미만인 가구의 경우 하향조정을 선택한 가구 비율이 약 12.3%로 나타나며, 가구주 연령이 55세 이상인 가구의 경우 약 27.1%다. 이러한 패턴은 분석기간에 따라 큰 차이가 없었다. 상대적으로 나이가 많은 고연령 가구의 하향 조정 비율이 높았다. 그러나 주거소비를 늘린(상향조정) 고연령 가구의 비율이 더 높았다. 가구주 연령이 55세 이상인 고연령 자가거주 가구가 주거이동 후 다시 자가거주를 선택했을 때 약 45%는 오히려 주거소비를 늘렸다(상향조정). 비교집단인 가구주 연령 55세 미만 가구의 경우에 비해 하향조정 가구의 비율은 높고, 상향조정 가구 비율은 낮지만 그럼에도 불구하고 상향조정을 선택한 가구 비율이 하향조정을 선택한 가구 비율에 비해 약 1.7배 높았다. 분석기간을 5년 단위로 구분해 살펴봤을 때에도 결과는 유사했다.

국·내외 연구들은 다음과 같은 주요 결과를 제시하고 있다. 첫째, 고연령 자가거주 가구의 주거이동 비율은 전반적으로 낮으며 기존 주택에 거주하고자 하는 경향이 높다. 주거이동은 주로 배우자의 사망, 혼인상태 및 건강상태의 변화 등 인구학적 요인에 의해 유발될 가능성이 크며 소득과 자산 간의 불균형성 또는 자산 간의 불균형성이 높은 가구를 중심으로 주거이동이 발생한다. 둘째, 주거이동을 경험한 고연령 자가거주 가구는 주거이동 후 다시 자가거주를 선택하는 비율이 높다. 고연령 자가거주 가구의 임차로의 주택점유형태 전환은 예상보다 높은 연령계층에서 발생하고 있으며 55세~65세 미만 고연령 가구의 주거이동 후 자가거주 선택 비율이 상대적으로 높다는 것은 해당 구간의 연령이 은퇴시점과 유사하다고 가정할 때 은퇴 후 즉각적으로 거주주택을 처분하고 임차로 전환할 확률은 높지 않다는 것을 의미한다.

셋째, 고연령 자가거주 가구의 임차로의 주택점유형태 전환 확률은 총자산 대비 금융자산 비율이 높을수록 낮으며, 총자산 대비 주택자산 비율이 높을수록 높은 것으로 추정돼 고연령 가구가 유동성제약에 직면하는 경우 금융자산 처분이 주택자산 처분보다 선행된다는 것을 간접적으로 보여주고 있다. 넷째, 고연령 자가거주 가구가 주거이동 후 다시 자가거주를 선택했을 때 주거소비를 감소시킨 가구에 비해 오히려 주거소비를 늘린 가구의 비율이 높다. 이러한 전반적인 결과들은 베이비붐 세대의 은퇴와 고연령 가구의 증가에 따라 주택소비가 감소해 집 값 폭락과 같이 주택시장에 주는 충격은 즉각적이지 않으며, 그 영향 또한 크지 않을 것이라는 것을 시사한다.

09

수도권 주택 가격이 상승하면 지방 주택 가격이 오르는가?

| 남영우 |

우리나라의 주택 가격은 전반적인 추세로는 꾸준히 상승해 왔으나 외환위기와 금융위기 등의 여파로 인해서 상승폭이 크게 감소하거나 하락세로 전환되기도 했다. 주택의 가격은 시장에서 수요와 공급을 통해서 결정되므로 가격이 변동하는 것은 당연한 결과로 볼 수 있다. 또한 정부의 정책기조에 따라서 단기적으로 주택 가격이 영향을 받기도 한다. 주택시장은 부동산이 가지고 있는 부동성으로 인해서 지역시장으로 형성된다는 특징이 있다. 즉 토지는 이동이 불가능한 물건으로 지역 간 상품이동이 불가능하므로 지역 내의 수요와 공급에 영향을 받게 된다. 물론 행정적인 지역이 다르더라도 지역 간 대체관계가 형성되는 지역은 상호 간에 영향을 받을 수도 있다.

우리나라의 경우 많은 사람이 수도권 주택 가격의 변동이 전

국에 영향을 미친다고 생각한다. 서울의 강남지역 주택 가격상
승이 수도권의 주택 가격을 상승시키고 이러한 현상이 전국적
으로 확산되는 경향이 있다는 의견이다. 하지만 지역 간 대체관
계가 형성되기 어려운 수도권의 주택 가격에 지방 주택 가격이
크게 영향을 받는다는 것은 쉽게 받아들이기 어려운 의견이다.
다만 정부의 정책기조 등으로 인해 전체 부동산 시장이 영향을
받거나 특정지역에 대한 정부의 강한 규제로 투자수요가 이동
하면서 풍선효과 등이 나타나 지역 간에 시차를 두고 연계성이
있는 것으로 나타날 수 있다. 하지만 이러한 효과가 시장에서 항
상 나타나는 것으로 일반화할 수 있을지는 의문이다. 따라서 본
글에서는 지역과 시기별로 나타난 주택 가격의 변화를 분석해
수도권과 지방 주택 가격의 관계를 살펴보고자 한다.

　다음 그림은 수도권을 대표하는 서울과 지방을 대표하는 6
대 광역시의 주택 가격상승률이다.[1] 서울과 광역시의 주택 가
격은 2000년대 이전까지는 거의 유사한 수준의 가격상승률
을 나타내고 있으며 수도권의 가격상승이 선행하는 것으로
나타나는 시기도 있는 것으로 보인다. 이 시기에는 서울과 지
방광역시 모두 주택의 재고량이 절대적으로 부족한 시기였으

---

1) 정확한 분석을 위해서는 수도권과 인천을 제외한 5대광역시를 비교해야
　하나 KB국민은행의 가격상승률이 수도권은 2000년부터 인천을 제외한 5
　대광역시는 2004년부터 제공하고 있어 장기간의 변화를 보기 위해 서울과
　6대 광역시를 비교했다.

므로 정부의 공급촉진과 투기억제정책 영향력이 컸고 주택가
격이 같은 방향성을 가지고 비슷한 수준의 변동폭을 보인 것
으로 판단된다.

하지만 이러한 현상은 2000년 이후 변화하기 시작한다. 외
환위기를 극복하면서 서울의 주택 가격이 크게 상승한 2006
년까지 광역시의 주택 가격상승률이 과거와 달리 수도권의 가
격상승률에 비해 매우 낮은 수준으로 나타난 것이다. 반면 서
울의 가격상승률이 하락세로 돌아선 2011년까지 광역시의 주
택 가격은 크게 상승했다. 특히 부산광역시와 대구광역시의
경우 2010년과 2011년에 연평균 가격상승률이 10%를 넘는
등 시장이 과열되는 현상까지 나타났다. 이후에는 주택시장이
전반적으로 안정됐으나 최근 수도권과 지방시장의 연관성은
과거에 비해서 크지 않은 것으로 판단된다.

[그림 1] 연도별 주택 가격상승률

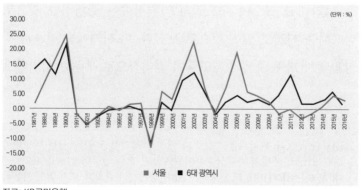

자료: KB국민은행

같은 기간 서울의 강남과 강북시장을 통해서 2000년대 중반 이후 지방시장과의 차이점을 살펴봤다. 아래 그림에서 확인할 수 있는 것처럼 서울의 강남과 강북시장은 2008년을 제외하면 거의 같은 방향성을 가지고 움직이고 있으며 2009년 이후에는 변동폭도 거의 유사한 수준으로 나타나고 있다. 따라서 서울시장의 경우 수급요인의 영향을 동일하게 받는 데 비해 지방은 지역별로 차이가 있다는 것을 확인할 수 있다.

[그림 2] 서울 강남·강북 지역 주택 가격

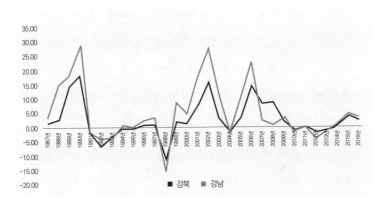

그렇다면 2000년 이후 수도권과 지방시장이 서로 다른 양상을 보이게 된 이유는 무엇일까? 먼저 지역별 수급동향의 차이가 원인으로 보인다. 외환위기를 극복하는 과정에서 전반적으로 주택공급이 크게 축소됐으나 이후 공급이 다시 증가하기 시작했고 상대적으로 수요가 많은 수도권 지역의 가격이 크게 상승했다. 하지만 2000년대 중반부터 가격상승폭이 높은 수

도권 지역에 공급이 집중되면서 2000년대 후반부터는 공급이 부족해진 지방광역시의 가격이 상승한 것으로 판단된다. 여기에 지방광역시의 경우 정부의 공기업 이전 등으로 인한 혁신도시 등 개발호재도 함께 작용해 가격상승폭이 더욱 커졌다. 따라서 주택 가격의 상승은 특정 지역이 상승한 효과로 다른 지역이 상승하기보다는 각 지역의 수급동향 등에 더욱 영향을 받는 것으로 판단된다.

지방광역시의 공급량과 가격과의 관계를 살펴보면 지역별 수급요인이 가격에 어떠한 영향을 미치는지를 명확하게 확인할 수 있다. 아래 그림은 매년 가격상승률과 2년 전 인허가량을 비교한 것이다. 인허가 후 입주까지 2년 정도 시차가 있다고 가정해 시장에 미치는 영향을 좀 더 정확하게 파악하기 위해 2년 전 인허가량을 적용했다. 비교결과 외환위기 이후 전국적으로 공급이 증가한 2000년대 초까지는 지방광역시의 가격상승률이 낮았으나 2000년대 중후반부터 인허가량이 감소하면서 2010년까지 가격이 크게 상승하고 이후 공급이 다시 증가하면서 가격이 안정되는 과정을 확인할 수 있다. 결국 지방의 주택 가격이 과거와 같이 전국적으로 동조화되는 현상을 보이지 않고 지방지역자체의 수급요인에 더 큰 영향을 받는 것으로 볼 수 있다.

[그림 3] 5대 광역시의 인허가량과 주택 가격

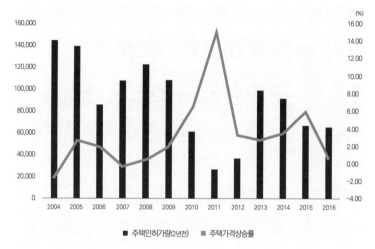

자료: 국토교통부, KB국민은행

이 글에서는 지역별 가격변동률을 기준으로 시장을 살펴봤지만 사실 주택시장에서 가격에 영향을 미치는 요인은 너무 다양해 몇 가지 변수로 정의하기는 어렵다. 따라서 특정 지역의 가격상승이 다른 지역의 가격을 이끄는 데 영향을 줄 수 있지만 그 효과의 크기는 시장의 환경과 지역의 특징에 따라서 결정될 것이다. 특히 우리나라의 부동산 시장이 과거에 비해 지역시장의 특징을 강하게 가지게 된 것을 사전에 고려한 후 의사결정을 해야 할 것으로 판단된다.

10

강남 재건축 아파트 가격이
수도권 가격 상승의 원인인가?

| 황규완 |

　말도 많고 탈도 많은 우리나라 부동산 시장에서 으뜸을 꼽으라면 강남 재건축 아파트를 빼놓을 수 없다. 정부가 부동산 관련 규제를 강화할 때마다 항상 언급되는 지역이요, 언론 등에서도 부동산 투기의 온상이니, 주택 가격 급등의 원흉이니 하는 악평을 받고 있으니 말이다. 최근 정부가 제시한 부동산 규제 강화 대책에도 강남 재건축 아파트는 각종 규제가 중첩되고 있다. 현 정부뿐만 아니라 10여 년 전에도 강남권 재건축 아파트는 규제 대상지역의 맨 앞에 이름을 올렸다. 대체 강남권 재건축 아파트가 뭐길래 이토록 오랫동안 이슈의 중심에 서는 것일까? 강남권 재건축 아파트에 대한 규제 강화를 주장하는 쪽은 암약하는 투기꾼들에 의해 강남 재건축 아파트 가격이 상승하고 이를 기회로 수도권 전역의 주택 가격이 상승함에 따라 서민들의 주택구입 기회가 박탈되고 주택 가격에

버블이 형성되고 있다는 견해를 갖고 있는 듯하다.

　이 글에서는 강남 재건축아파트 가격상승이 수도권 가격 상승을 야기한다는 주장에 대해 살펴보고자 한다. 외부에서 인식할 수 있는 현상은 특정 기간에 강남 재건축 아파트 가격 상승이 있고 나서 수도권 주택 가격 상승이 있었다는 것이다. 금융위기 이전의 시기를 분석기간으로 한 대부분의 연구에서 이러한 현상을 발견할 수 있었다. 그런데 금융위기 이후의 분석에서는 좀처럼 둘 사이의 특별한 관계를 발견할 수 없었다. 결국 둘 간의 특수한 관계는 특정 시점에서 한정적으로 나타났을 가능성이 크다. 또한, 실증된 것도 둘 간에 선후관계가 있다는 것뿐이지 강남 재건축 아파트 가격이 수도권 주택 가격 상승의 원인이라는 것은 아니다. 이와 관련해 재건축 아파트와 일반 주택의 가격형성 메커니즘이 다를 수 있으며 이 경우 둘 사이에 선후관계는 있을 수 있지만 인과관계는 존재하기 어렵게 된다는 연구도 있었다.

　사실 강남 재건축 아파트와 관련한 이슈는 대부분 재건축 아파트의 가격 형성 메커니즘을 이해하지 못한 탓일 수 있다. 현재 재건축이 진행 중인 잠실주공5단지 전용면적 76m^2의 매매시세는 15억 원을 넘는다. 이는 인근의 잠실 리센츠 아파트 전용면적 84m^2보다 비싸다. 건물이 노후돼 재건축을 해야 하는 집의 가격이 주변의 새 아파트보다 비싼 것이다. 더구나 크기도 더 작은데 말이다. 일견 상식에 위배돼 보이는 이 현상은 사실 자연스러울 수 있다. 일반 아파트와는 다르게 재건축 아파트는 재건축 이후의 새 아파트를 상정해 가격이 형성되기 때문이다. 물론 재건축 사업에 소요되는 비용을 부담해야 하지만 이 중 상당 부분은 일반분양 아파트의 매각 이익으로 충당할 수 있을 것이다. 위의 사례에서 전용면적 $76m^2$의 아파트를 재건축해 10년 후 전용 $84m^2$의 아파트로 바꿀 수 있다면 현재의 가격은 10년 후의 전용 $84m^2$의 새 아파트 가격을 반영할 것이다. 현재 눈에 보이는 작은 아파트가 아닐 뿐만 아니라 주변의 아파트보다 훨씬 새 아파트가 될 것이니 주변 시세보다 가격이 높게 형성되는 것은 이상한 일이 아니다.

좀 어려울 수 있지만 한 발 더 들어가보자. 재건축 사업은 간단히 말해 기존의 낡은 아파트를 철거하고 새 아파트를 짓는 사업이다. 사업비용은 조합원이 분담하지만 일반분양을 통해 얻어지는 수익(분양수익)으로 사업비용을 충당할 수 있다. 분양수익이 늘기 위해서는 일반분양 물량이 늘거나 분양가가 높아져야 한다. 일반분양이 늘기 위해서는 재건축 사업 이후 아파트의 총 호수[1]가 증가해야 한다. 총 호수의 규모는 법률 등의 규정에 제약을 받게 돼 단지별 상한선이 대부분 고정된다. 다만 법률 개정 등으로 총 호수를 늘릴 수 있게 되면 재

---

1) 실질적으로는 아파트 단지의 연 면적이지만 이해의 편의상 총 호수라고 하자.

건축 아파트 단지의 가격은 크게 상승한다. 언론 등에서 정부의 상한선 완화가 재건축 아파트에 호재로 작용한다는 기사를 본 경험이 있을 것이다. 하지만 웬만해서는 이런 규제완화는 일어나지 않는다. 기존의 도시 계획에 위배될 뿐만 아니라 특정 주민에 대한 특혜적 성격이 짙어 여론의 반발이 만만치 않기 때문이다.

수익 향상의 또 다른 수단은 일반분양 아파트의 분양가격 상승이다. 같은 양의 물건을 팔아야 하는 상황에서 수익을 늘리기 위해서는 판매가격이 높아져야 하기 때문이다.[2] 건설사 등이 아파트 분양가격을 마음대로 결정할 것 같지만 사실은 주변의 눈치를 보기 마련이다. 너무 비싸면 미분양이 발생하고 건설사 등이 손실을 감당해야 할 수도 있다. 통상 주변 아파트 시세를 감안해 분양가격이 결정되는데 이는 아파트 가격이 상승하는 시기에 분양가격도 높아진다는 의미다. 아파트 가격 상승은 분양가 상승을 통해 재건축 조합원의 비용 감소로 이어지게 된다. 더불어 아파트 가격이 상승하는 국면에서는 재건축 이후 조합원이 받게 되는 새 아파트의 가격 또한 상승할 것이다. 결과적으로 주택 가격 상승 시기에 재건축 조합원은 사업비 부담 감소에다 재건축 이후 자신이 받을 새 아파트의 가격상승이라는 두 가지 이득을 동시에 얻게 된다. 당연

---

2) 원가를 줄이는 방법도 고려할 수 있겠지만 품질이 낮아져 준공 후 아파트의 가치가 떨어질 수 있으므로 현명한 선택은 아니다.

히 주택 가격 하락기에는 이득이 손실로 바뀌므로 일반 아파트에 비해 훨씬 높은 가격하락을 감내해야 한다.

　지금껏 장황하게 설명한 내용의 핵심은 재건축 아파트는 일반 아파트에 비해 장래 가격의 변화에 훨씬 더 민감하다는 것이다. 주택 가격은 다른 자산의 가격과 마찬가지로 상승기와 하락기를 순환한다. 그런데 하락기 최저점에서 상승기로 전환되는 정확한 지점을 구분하는 것은 매우 어렵다. 상승기로의 전환은 매우 미세한 상승에서부터 시작되는데 재건축 아파트는 일반 아파트에 비해 장래 가격의 변화에 훨씬 민감하므로 이러한 미세한 변화에도 가격이 훨씬 빠르게 상승한다. 이후 상승기에 접어들게 되면 가격 상승폭이 확대되면서 재건축 아파트와 일반 아파트 사이의 상승률 격차는 더욱 확대되게 된다. 이러한 현상을 가격 추이로만 살펴보면 직관적으로 재건축 아파트는 일반 아파트보다 가격 상승 시작기에 더 높은 가격 상승률을 보일 것이며 일반 아파트는 이에 뒤따라 가격이 상승하는 것처럼 보일 수 있다. 부동산 가격변화에 관심이 높은 상황에서 언론 등은 일반 아파트에 비해 상대적으로 높은 가격 상승을 보이는 재건축 아파트에 대한 기사를 더 많이 작성할 것이다. 부동산 경기가 순환함에 따라 이런 현상이 반복되면서 강남 재건축 아파트 가격상승이 수도권 아파트 가격 상승의 원인처럼 인식됐을 가능성이 크다.

결론적으로 말하자면 강남 재건축 아파트의 가격 상승이 수도권 아파트 가격 상승을 야기한다고 보기 어렵다. 단지 재건축 아파트는 가격 형성 메커니즘상 일반 아파트보다 장래 가격 변화에 훨씬 민감한 특성을 갖고 있을 뿐이다. 이로 인해 가격 상승기에 더 높은 가격 상승률을 보일 것이며 재건축 아파트와 일반 아파트의 가격추이는 직관적으로 전자가 후자를 선도하는 것처럼 비쳤을 수 있다. 세간의 상식은 이러한 두 아파트의 가격 추이만을 놓고 내린 결론일 수 있다.

11

주택 전세제도는
사라질 것인가?

| 손재영 |

　미국발 금융위기 이후 수도권 주택 매매시장은 장기 침체에 접어들었고 지방시장은 상대적으로 활황을 보였다. 매매시장이 지역별로 각개약진하는 가운데 전세보증금(이하, 전세가)은 모든 지역에서 지속적으로 올랐다. 전세가가 오를 뿐 아니라, 전세집을 구하는 것 자체가 힘들었다. 한때 전세가가 매매가의 60%면 매매가가 오르기 시작할 것이란 예측이 매스컴에 자주 보이더니, 예측이 실현되지 않자 70%로 바뀐 수정 예측이 나왔고 그래도 '매매가 안정 – 전세가 상승' 추세가 계속되자 더 이상 그런 예측을 하지 않게 됐다. 전세가와 매매가는 어떤 관계에 있는 것일까?

　전세 세입자는 전세보증금의 이자 상당액만큼만 임대료로 부담하고, 나갈 때 보증금 전액을 돌려받는다. 같은 집에 집주인이 거주한다면 매매가의 이자 상당액에 덧붙여 세금, 수선유지비, 감가상각까지 부담한다. 세입자가 자가 거주자에 비해 낮은 주거비 부담을 한다. 투자수익 측면에서도 전세는 기묘한 제도다. 전세보증금은 통상 매매가의 40~70% 수준이다. 집주인이 이 돈을 받아서 예금하면 매매가 대비 수익률은 예금에 비해 40~70%밖에 되지 않는다. 금리가 3%라면 주택에 투자한 투자자(집 주인)의 수익률은 1.2~2.1%인 것이다. 집을 사서 전세를 놓는 것보다 그 돈을 예금하는 것이 절대적으로 유리하다.

이처럼 전세제도는 집주인에게 불리한 제도로 보인다. 그럼에도 불구하고 전세제도가 유지되는 것은 집주인에게 또 다른 수익의 원천이 있기 때문이다. 바로 자본이득이다. 세입자가 부담하는 전세보증금의 이자 상당액과 집값이 오르는 데 따르는 자본이득을 합쳐서 충분한 수익이 될 것으로 기대된다면 집주인도 기꺼이 전세계약에 응하게 된다. 이를 수익률 개념으로 표현하면 아래와 같다.

(총 임대수익률) = (전세보증금 운용수익률) + (자본이득 수익률)

여기서 총 임대수익률은 자본시장 전체적으로 결정된다. 예를 들어, 주택의 수익률이 너무 낮으면, 투자자들은 주식이나 채권에 투자하고 주택을 사지 않는다. 아무도 사지 않는 집은 가격이 내리고, 분양도 되지 않는다. 결국은 주택이 부족해지고 가격이 오른다. 이런 조정과정을 거쳐서 주택투자의 수익률이 주식이나 채권과 비교해서 적정한 수준을 유지하게 된다. 위 식의 왼쪽 항은 주어진 여건하에서는 고정된 수치로 봐야 한다는 것이다.

자본이득 수익률이 낮을 것으로 기대되면 전세보증금 운용 수익률이 높아야 시장이 균형을 이룬다. 따라서 집값 상승 전망이 낮을수록 매매가 대비 전세가의 비율은 높아진다. 만약 집값이 전혀 오르지 않을 것이 확실하다면, 전세가는 매매가보다 커진다. 자본이득이 발생하지 않으므로 투자수익 전체에 덧붙여 세금이나 감가상각까지도 전세보증금의 운용수익으로 충당돼야 하기 때문이다. 우리나라 주택시장에서 전세가가 매매가보다 작다는 것은 크든 작든 장래 자본이득에 대해 긍정적인 기대가 있음을 반영한다.

한 걸음 더 나아가면, 매매가격이 떨어지는 가운데서도 전세 가격(임대료)은 오르는 상황이 얼마든지 벌어질 수 있다. 바로 이런 상황이 2010년 이후 수도권 주택시장에서 연출됐다. 주택 가격 상승을 기대하기 어려운 상황이 오래 지속되면서, 매매가 대비 전세가의 비율이 높아진 것이다. 임차자들은 매매가에 가까운 전세금을 내느니 월세를 택했고, 임대인들도 안정적인 현금흐름을 제공하는 월세를 선호한 것이다.

당시 한 경제신문의 특집 시리즈 제목이 "요즘 누가 집 사나, 전세 살면 되지"였다. 집값 하락추세가 지속되면서 굳이 집을 사겠다는 의욕이 줄었고, 전세로 수요가 몰렸다. 전셋집을 구하기 힘들고 전세가가 높아도 많은 중산층 가정들은 불확실한 집값 전망 때문에 전세를 선호했다. 전세매물이 줄어든 이유는 집주인들이 전세로는 수지를 맞추기 어렵기 때문이었다. 목돈이 꼭 필요하지 않은 집 주인들은 월세를 주려고 하기 때문에 아파트 단지마다 전세매물은 부족하고 월세매물은 몇 달씩 세입자를 기다리는 모습이었다.

그 결과 주택 임대차계약에서 차지하는 월세 비중이 점점 높아졌다. 이 추세가 일시적인 이상 현상일까, 아니면 주택시장이 새로운 여건에 맞춰 변해가는 진화과정일까? 이는 전세라는 임대차 계약제도가 효용을 다했는가라는 물음이다. 주택시장이 만성적인 주택부족 상황인가? 주택 가격이 지속적으로 올라서 집주인이 임대료보다는 집값 상승 차익으로 충분한 수익을 올릴 수 있는가? 공식 금융기관의 문턱이 높아서 집주인이 세입자로부터 돈을 빌려 자금조달을 할 필요가 있는가? 등의 질문에 모두 "그렇다"는 답이 전세제도의 존립 기반이다.

현재와 미래의 주택시장 여건을 짚어보면 전세제도의 기반
이 유지되지 못할 것으로 전망된다. 일례로, 과거 장기추세를
보면 주택 가격이 대략 물가상승 정도로 올랐는데, 앞으로는
물가상승률도 낮아지고, 주택 가격 상승률도 낮아질 것으로
전망된다. 가격상승률이 둔화되면서 주택을 바라보는 시각도
자산(소유)보다는 소비재(거주)로 보는 쪽으로 바뀔 것이다.
이처럼 전세제도의 기반이 약화되면서 월세가 주택임대차의
대세가 될 것이다.

　대부분의 선진국과 마찬가지로 세입자 가구들은 월수입의
1/4~1/3이 임대료로 나가게 될 것이다. 우리나라의 경우 이제
까지는 전세금의 이자 상당액만이 월세 대신 들어가는 주거비
였으므로, 외국과 같은 정도의 임대료가 현금으로 나가는 부
담은 버겁다. 또, 외국과 달리 자녀 교육비에 이미 과중한 부
담을 하고 있으므로, 추가적으로 돈이 나올 여지도 적다. 전세
의 월세 전환은 많은 중산층 가계의 생활수준이 낮아지는 것
을 의미한다(저소득층은 이미 상당수가 월세를 살고 있으므로 상
대적으로 충격이 작다).

　전세제도는 세입자, 집주인, 정부 모두에게 좋은 제도였다.
세입자는 싼값에 집을 빌려 쓸 수 있었고, 집주인은 적은 돈
으로 전세를 끼고 집을 사서 시세차익을 얻을 수 있었다. 정부
는 돈 한 푼 안 들이고 수백만 호의 임대주택을 공급할 수 있

었다. 아쉽게도 좋은 시기는 지나가고 있다. 특히, 많은 지역에서 전세보증금이 집값의 70% 또는 그 이상에 달하면서 재계약 때 한꺼번에 몇천만 원 인상분을 마련하기가 어렵고, 결국 작은 집으로 또는 출퇴근이 힘든 곳으로 밀려나는 세입자의 고달픔은 이루 말할 수 없다.

그럼에도 불구하고 세입자를 돕는다는 취지로 전월세 상한제를 시행한다면 득보다 실이 많을 것이다. 전월세 상한제는 임대주택의 수익률을 낮춘다. 수익률이 낮아지면 집주인들은 여러 가지 방법으로 임대주택의 공급을 줄인다. 임대 기간이 만료되면 계약갱신을 거부하며, 임대주택을 자가나 다른 용도로 전환하고, 유지보수를 등한시해 주택의 질을 낮춘다. 이런 부작용을 막으려고 계약갱신청구권 등 이런저런 보완대책을 도입하게 되는데, 그럴수록 주택임대의 수익성은 더욱 떨어지고 임대주택 공급은 줄어드는 악순환에 접어든다.

이런 부작용은 우리나라에서 특히 심할 것으로 예상된다. 우리나라 주택 임대 시장은 다수의 개인이 여분의 주택을 공급하는 구조다. 이들이 제공하는 임대주택이 전 가구의 3분의 1 이상에게 주거를 제공하고 있다. 이 임대주택을 공급하는 사람들은 대개 다주택자다. 이들에게 아무 지원 없이 기회만 있으면 야단치고 중과세하던 정부가 다시 일방적인 희생을 강요하면 전세 제도 자체가 결정적인 타격을 받을 것이다. 집을 세놓아야 어차피 큰돈 버는 것도 아닌데, 정부 간섭을 받느니 아예 임대물건을 퇴장시킬 집주인들이 많기 때문이다. 주택시장은 크기가 일정한 파이가 아니다. 적정 수익률이 보장되지 않으면 파이의 크기는 줄어든다는 것을 명심해야 한다.

12
시장금리가 올라가면
주택 가격은 하락한다?

| 백수동 |

시장금리가 올라가면 주택담보대출금리가 올라 가계의 원리금상환부담이 늘어나서 주택에 대한 구매수요가 위축돼 결국에는 주택 가격이 하향 안정된다는 것이 일반적인 우리의 상식이다. 즉, 금리와 주택 가격은 음(-)의 상관관계를 가진다고 보는 것이다.

이러한 상식은 부동산 금융 이론적 원리로도, 그리고 여러 연구결과 보고서를 통해서도 쉽게 확인이 될 수 있다. 예를 들면, 수익환원법을 이용해 현재 시점의 부동산(주택 포함) 가격을 계산하는 경우 부동산에서 발생하는 임대료 등 미래의 소득을 적정한 할인율로 할인해서 구하는데, 이 할인율이 시장금리 수준에 의해서 결정된다. 즉, 시장금리가 오르면 할인율도 상승하게 되고, 따라서 부동산 가격도 떨어지게 된다.

2010년 7월 주택산업연구원이 발표한 금리변화가 주택 가격에 미치는 파급효과 보고서를 보면 콜금리가 0.5%p 증가할 때, 아파트 가격은 4분기까지 4.1% 하락하며, 8분기까지 14.1%, 12분기까지 26.1% 하락한다는 연구결과가 나왔다. 그리고 국토연구원이 2017년 3월 발표한 2017년 주택시장 영향요인 분석과 전망보고서에 따르면 기준금리가 0.5~1%포인트 오르면 주택 가격이 0.3~0.6%포인트 하락할 것이란 분석결과가 나왔다.

[그림 1] 금리와 아파트 가격지수 비교(2003.11~2017.08)

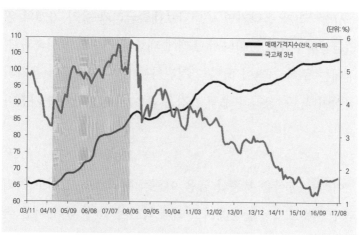

출처 : 한국감정원, 연합인포맥스

그러나 이러한 일반상식이나 이론, 일부 연구보고서 분석결과와는 다르게 지난 2003~2017년 기간 중에 특히 2004년 12월~2008년 6월까지는 시장금리의 가파른 상승(국고채 3년 물기준, 3.28% → 5.90%)에도 불구하고 아파트 가격이 급등하는 모습을 보였다(그림1). 결국, 일반적인 상식과 이론을 벗어나는 현상이 일부 기간에 나타났다. 그렇다면 금리 급상승국면에 아파트 가격 급상승을 견인하는 다른 주요변수들을 찾아보는 것이 합리적일 것으로 보인다. 이론적, 상식적으로는 금리상승 시 부동산(주택 등) 가격이 하락하는 것이 일반적이나, 항상 그런 것은 아니라는 점을 몇 가지 과거사례를 들어서 설명해보고자 한다.

첫째, 주택공급 부족요인을 들 수 있다(그림 2). 국가통계포털 KOSIS에 의하면 2003년도에 전국 주택건설 실적은 585,382호에 달했으나, 2004년 463,800호, 2005년 463,641호, 2006년 469,503호를 기록해 2003년도 연간실적 대비 해마다 약 12만 호 정도 감소해 신규주택공급 부족으로 동기간 중 금리상승에도 불구하고 아파트 가격이 급등한 것으로 추정된다. 참고로 신성호(2017)에 의하면 금리가 상승했음에도 불구하고 집값이 상승 내지 답보한 경우가 많았던 점은 금리의 집값에 대한 영향력이 제한적임을 시사하고 있다. 즉, 주택수급이 금리보다 영향력이 더 큰 편이라고 결론을 내리고 있다.

[그림 2] 공급과 아파트 가격지수 비교

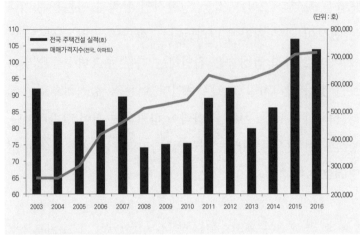

출처 : 한국감정원, KOSIS

둘째, 주택구매력에 영향을 주는 가계소득이 동기간 중 꾸준히 증가했다(그림 3). 국가통계포탈 KOSIS에 의하면 우리나라 도시근로자 월평균 가계소득은 2003년도에 2,930,755원, 2004년 3,112,474원, 2005년 3,252.090원, 2006년 3,444,054원, 2007년 3,656,201원, 2008년 3,900,622원을 각각 기록해 구매력 증가가 아파트 가격 상승을 견인한 것으로 보인다. 참고로 신성호(2017)에 의하면 금리가 상승함에도 불구하고 집값이 상승한 것은 소득 증가가 함께 뒷받침됐기 때문이라고 분석하고 있다.

[그림 3] 가계소득과 아파트 가격지수 비교

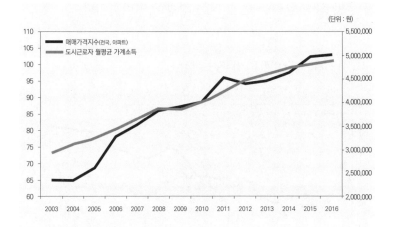

출처 : 한국감정원, KOSIS

셋째, 동기간 중 경기 순환 국면상 경기 확장 국면이 지속된 점을 들 수 있다(그림 4). 참고로 경기순환국면은 회복기, 확장기, 수축기, 불황기 등 크게 4단계로 구분하고, 이 중 확장기는 소비증가, 물가상승, 생산 및 고용확대 현상이 발생하는 국면을 말한다. 국가통계포털 KOSIS에 의하면 경기동행지수 순환변동치가 2005년 4월 저점인 98.6에서 2008년 2월 고점인 102.3을 기록해 경기 확장 국면을 지속함에 따라 금리 상승에도 불구하고 아파트 가격이 크게 상승했다.

경기 확장 국면이 지속되면 미래에 대한 낙관, 투자심리 개선, 고용증가, 소득증가로 이어져 주택에 대한 구매수요가 더욱 증가하는 것이 그 원인으로 분석된다. 또한 경기 확장기에는 인플레를 헤지(Hedge)하기 위해 주택 등 실물자산의 가치가 동반 상승 압력을 받게 되는 경향이 일반적이다.

[그림 4] 경기순환과 아파트 가격지수 비교

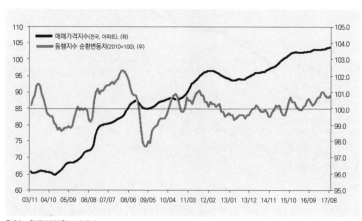

출처 : 한국감정원, KOSIS

　결론을 요약하면, 시장금리가 올라가면 주택담보 대출금리가 상승해 가계의 원리금상환 부담이 늘어나서 주택에 대한 구매수요가 위축돼 결국에는 주택 가격이 하향 안정된다는 것이 일반적인 우리의 상식이며 이론이다. 그러나 이러한 상식과 이론이 항상 통하는 것은 아니다. 비록 금리가 올라가더라도 주택수요우위, 가계소득증가, 경기확장 등의 현상이 나타나는 경우 부동산 가격이 상승할 수 있다는 점을 과거실례를 통해 확인할 수 있었다.

〈참고문헌〉
· 신성호, 『Where to 투자의 기초 invest?』, 해피스토리, 2017.

13

주택 가격이 하락하면
주택구입의 기회가 늘어날까?

| 황규완 |

　최근 집값이 오르면서 저성장, 저출산 등의 각종 사회적 문제의 원인이 높은 집값에 기인한다는 논란이 확대되고 있다. 이러한 논란은 비단 우리나라에서만의 문제가 아니다. 상대적으로 집값이 낮다고 알려진 미국에서도 주요 대도시를 중심으로 이런 이야기가 회자되고 있다. 사실 우리나라도 집값이 높다고 알려진 지역은 대부분 대도시 또는 그 인근이니 사람 사는 사정은 다 비슷한 모양이다. 현 집값의 적정성 여부를 떠나서 이러한 논란 뒤에는 집값이 너무 비싸서 구입하기 어렵다는 이야기와 함께 집값이 좀 떨어지면 집을 살 것이라는 설문조사 등이 첨부된 언론 기사를 종종 찾아볼 수 있다. 또한, 이러한 기사 하단에는 기사 내용에 동의하는 댓글이 달리기도 한다. 하지만 진짜로 집값이 떨어지면 집을 살 수 있는 기회가 늘어날 것인지에 대해 자세히 살펴본 적은 별로 없다.

주택이란 사람이 거주하는 공간이라는 측면에서 필수재에 가깝다. 다만, 주택을 직접 구입해야만 공간을 확보할 수 있는 것은 아니다. 쉽게 말해 월세든, 전세든, 자가든 사는 사람 편한 대로 공간을 사용하면 된다는 뜻이다. 그럼 어떤 때에 임차(월세, 전세)를 선택하고 어떤 때에 자가를 선택하는 것일까? 주택이 생활의 터전이기 때문에 이와 관련한 다양한 학술연구가 있어 왔고 대략의 결론도 나온 상태다. 연구 결과를 대략 종합해보면 가구주의 연령, 직장의 위치, 자산 및 수입 등이 자가 구입에 영향을 미치는 것으로 확인됐다. 여기에 반드시 포함되는 요소가 '거주비용'이다. 거주비용은 한 가구가 특정한 공간에 거주하는 데 소요되는 비용을 말하며 임차로 거주할 경우는 임차비용이 들지만, 자가로 거주할 경우에도 '자가 거주비용'이라 부르는 비용이 소요된다. 여기에는 자가를 마련하는 데 소요되는 비용과 이 비용을 지불함으로써 포기하게 되는 기회비용을 합한 금액이 포함된다.

'비용'이기 때문에 사람들은 당연히 낮은 쪽의 거주 형태를 선호하게 될 것이다. 쉽게 말해 자기 집에 살고 있더라도 거주비용은 발생하며 임차했을 때의 거주비용보다 자기 집에 살 때의 거주비용이 낮을 경우 집을 살 확률이 높아진다는 의미다. 당연히 이자율이 낮아지거나 임대료가 높아질 경우 집을 구입할 확률이 높아지게 된다. 그리고 집값이 올라갈 경우에도 집을 구입할 확률이 높아진다. 이자비용이나 기회비용이 있더라도 집값이 올라 이를 만회할 수 있기 때문이다. 결론적으로 주택 가격이 하락하면 자가거주비용이 높아지기 때문에 집을 잘 사지 않게 되고 주택 가격이 상승할 때는 자가거주비용이 낮아지므로 오히려 집을 잘 산다는 뜻이다. 이는 설문조사와 확연히 다른 내용이다. 하지만 실제 데이터는 설문 조사 등으로 확인한 일반의 상식이 잘못됐음을 보여준다. 2006년부터 격년으로 조사되는 주거실태조사 결과를 보면 전국의 자가거주율은 2008년 56.39%로 정점에 도달한 이후 2014년 53.64%까지 하락했다가 2016년 56.77%로 급격히 상승했다. 금융위기 이후 주택 가격이 하락했던 시기에는 집을 구입한 가구가 줄어든 반면 가격이 상승한 최근 몇 년 동안에는 집을 구입한 가구가 늘어난 것이다.

지금까지의 이야기는 집을 구입하려는 측의 입장만을 본 것이다. 집을 파는 사람 입장은 어떨까? 재미있게도 집값이 하락할 때 집을 팔려는 사람도 줄어드는 경향이 있다. 집값이 하락할 때 집을 팔면 집주인의 손실이 '확정'되기 때문이다. 보통 집주인은 집값이 5,000만 원 오를 때 느끼는 행복감보다 5,000만 원 하락할 때의 불행을 훨씬 더 강하게 느낀다. 이로 인해 가격이 하락할 때 집주인은 집을 팔아 손실을 확정하기보다는 집값이 다시 상승하거나 또는 목표 금액에 도달할 때까지 여간해서는 팔지 않고 버티려고 하게 된다. 이를 '손실회피 성향'이라고 부른다. 결국 가격이 하락할 때는 수요자가 집을 사려 해도 원하는 양질의 집이 매물로 나오지 않게 되고 전체 주택거래는 위축될 수밖에 없다. 이렇듯 집값이 하락하게 되면 사려는 사람과 팔려는 사람이 모두 줄어들게 돼 집을 구입할 확률은 낮아지게 되고 반대로 값이 오를 때는 집을 구입할 확률은 높아지게 된다.

수요자들이 거주비용만으로 집 구입 여부를 판단하는 것은 아닐 수 있다. 이런 수요자들 입장에서는 집값이 좀 싸지면 집 살 기회가 늘어날 수 있지 않을까? 예를 들어 서울의 전용 84㎡ 규모의 평균 아파트 가격이 7억이라고 가정하자. 연봉이 7,000만 원인 근로자가 10년을 꼬박 모아야 살 수 있는 가격이다. 만일 집값이 5% 하락한다면 어떨까? 언론 등에서는 부동산 버블이 붕괴했다느니 하는 기사가 연일 게재될 것이다. 그런데 집값이 이 정도로 하락한 경우는 금융위기 등 거시경제 전반에 강한 충격이 발생했을 때뿐이다. 거의 일어나지 않는다는 것이다. 이렇게 드문 경우가 발생했다고 하더라도 집값은 6억 6,000만 원 수준으로 9년은 넘게 모아야 할 테니 여전히 손쉽게 구입할 수 없다. 웬만큼 가격이 하락하지 않고서는 쉽게 살 수 있는 수준으로 집값이 형성되지 않으니 집을 살 수 있는 기회는 크게 늘어나지 못한다.

그러면 집값이 한 2~30% 수준으로 하락하면 어떨까? 30% 하락한다고 가정하면 5억 원이 못 되는 가격이 될 것이니 이

제 좀 수월하게 구입할 수 있는 가격이 된 듯하다. 이제 연봉을 꼬박 7년 모으게 되면 집을 살 수 있을까? 안타깝게도 집 값이 5% 하락했거나 집값이 오를 때보다 집을 살 수 있는 가능성은 더욱 낮아지게 된다. 집값 하락이 은행 부실로 이어지면서 거시경제 전반의 붕괴로 확산될 것이기 때문이다. 이쯤 되면 집 살 고민은 사치가 되고 당장 일자리를 잃을까 걱정을 해야 할 것이다. 멀리 갈 것도 없이 10년 전의 미국발 금융위기 및 5년 전의 남유럽 신용위기와 그 여파가 이러한 현상을 그대로 보여줬다. 미국의 주택 가격을 대표하는 Case-Shiller index는 금융위기를 전후로 30%가량 하락했다. 널리 알려졌다시피 집값 하락으로 미국인들이 집을 구입하기는커녕 집값 하락의 충격으로 상당수의 중산층이 직장을 잃고 큰 어려움을 겪었다. 우리나라도 외환위기를 전후해 집값 급락과 이에 따른 엄청난 사회, 경제적 충격에 직면한 적이 있었다. 이러한 역사적 사실로 얻을 수 있는 교훈은 집값의 급격한 하락은 국민 모두의 고통으로 이어지며 부의 불균형이 더욱 심화될 뿐이라는 것이다.

자 그렇다면 집을 살 가능성이 가장 큰 시나리오는 어떤 것일까? 집값이 물가 상승률을 약간 상회하는 수준으로 안정적으로 상승하는 경우가 가장 높은 것으로 알려져 있다. 수요자, 공급자의 욕구를 모두 충족시킬 뿐만 아니라 경제 시스템에 부담이 가장 적기 때문이다. 재밌는 것은 우리나라의 주택 가격이 장기적으로 물가 상승률을 약간 상회하는 수준으로 상승해왔다는 것이다. 한국감정원이 발표하는 전국 주택 가격지수를 살펴보면 2003년 12월부터 2017년 9월까지 전국의 주택 가격은 연평균 3.2% 상승했다. 그리고 같은 기간 한국은행이 발표하는 소비자 물가지수는 연평균 2.7% 상승했다. 적어도 이 수치만을 놓고 보면 지난 10여 년간 집을 사기에 적절한 시기가 지속됐다고 볼 수 있다.

어떤
부동산 금융상품을
선택할까?

14

주택대출은
어디서 받든 마찬가지다?

| 최수석 |

LTV, DTI, DSR 이러한 영어 약자들이 주택을 구입하고 주택을 담보로 하는 대출을 이용하는 데 있어 필수적인 용어가 되고 있다. 각자 도입된 해를 살펴보면 주택담보대출비율을 의미하는 LTV(Loan To Value ratio)는 2002년, 총부채상환비율인 DTI(Debt To Income ratio)는 2005년, 총체적 상환능력비율인 DSR(Debt Service Ratio)은 2018년에 여신심사모형을 개발해 2019년 정착을 목표로 하고 있다. 주택을 담보로 한 대출을 받으려고 금융기관을 알아볼 때 일반적인 주택대출 상품의 LTV와 DTI는 은행이나 보험회사, 저축은행, 새마을금고, 신협 등 모든 금융기관에서 동일하게 적용된다.

저금리시대이다 보니 금리도 큰 차이가 나지 않는 것 같고 내 주택을 담보로 제공하니 잘해주겠지 하는 생각으로 별생각

없이 금융기관을 선택하고 대출을 받게 된다. 그러나 대출상품 종류에 따라 LTV와 DTI가 더 높게 적용돼 대출을 더 많이 받을 수도 있고, 이자율도 금융기관마다 다르고 연말정산 시 세금혜택이 주어지는 대출도 있다. 그리고 주택대출은 대출기간이 길다 보니 조그마한 금리 차이, 예를 들어 3억 대출시 금리 차이 1%인 경우 1년간 300만 원, 대출 최장기간인 35년 기간의 대출을 받았다고 하면 1억이 넘는 차이가 있게 된다.

현명한 소비자라면 투자 측면의 재테크도 잘해야 하지만, 대출을 잘 활용해 레버리지 효과를 극대화하면서 지출을 최소화하는 것에도 신경을 써야 한다. 지금부터 주택담보대출을 받으면서 활용 가능한 비용의 재테크에 대해 알아보기로 한다. 첫째, 정부지원 주택 관련 대출 3종 세트를 이용하는 것이다. 집을 구입할 때 자기 자금과 주택담보대출로 전체 자금을 마련하지 못하고 2~3% 이상의 이자를 더 물어가며 비싼 신용대출로 조달하거나 또는 후순위로 담보설정하면서 10%에 가까운 고금리로 조달하는 경우가 있다. 일부 주택시장의 과열을 진정시키기 위한 2017년 8.2대책은 투기지역과 투기과열지구, 청약조정 대상지역에 대해 LTV와 DTI를 대폭 강화했는데, 주택 마련 시 충분한 자기자금이 확보되지 않은 경우 자금조달에 애로를 겪고 대출이자비용을 높게 부담해야 한다.

이때 정부가 지원하는 주택 관련 대출 3종 세트인 내집마련 디딤돌대출, 보금자리론, 공유형모기지를 활용하면 LTV, DTI 규제를 피해가면서 대출한도와 금리 등에서 상당한 혜택을 볼 수 있다.

〈표 1〉 정부지원 주택관련 대출 3종 세트

(대출기간 10년 기준, 2017.10월 현재)

구분	LTV/DTI	대출금리	금리우대	대출한도	취급 금융기관
내집마련디딤돌대출	70%/60%	2.25%~2.85%	다자녀가구 연 0.5%p 등	2억 원	6개 시중은행
보금자리론	70%/60% * 60%/50%	3.00%	취약계층 0.4%p 등**	3억 원	은행, 보험사, 저축은행
공유형모기지	70%/60%	수익공유형 1.50% 손익공유형 1%~5년이후 2%		2억 원	신한, 우리, 국민은행

* 보금자리론 투기지역과 투기과열지구, 청약조정대상지역의 LTV/DTI : 60%/50%(실수요자는 70%/60%)
** 안심주머니 앱(App) 금리할인쿠폰 0.02%p, 전자약정 아낌e보금자리론 0.1%p

　특히 내집마련 디딤돌대출 중 하나인 유한책임대출은 대출 상환책임을 해당 주택에만 한정하는 대출로 부부 합산 연 소득 3,000만 원 이하인 무주택자들이 이용할 수 있다. 또한 주택담보대출시 일반적으로 LTV 범위 내에서 주택임대차보호법상의 소액임차보증금을 공제하고 대출하는데 모기지 신용보증(MCG : Mortgage Credit Guarantee)을 이용하면 신용보증된 금액까지 추가대출이 가능하다. 그리고 오피스텔에도 주택도시기금 대출이 가능하다. 부부합산 총소득이 6,000만 원 이하인 세대주로서 세대원 전원이 6개월 이상 무주택자면 최고 7,000만 원 이내까지 연 2.8% 금리로 최장 20년까지 이용할 수 있고 전용면적 60제곱미터 이하 준공된 주거용 오피스텔로서 가격이 1억 5,000만 원 이하인 경우가 해당된다.

둘째는 금리를 최대로 낮게 적용받는 것이다. 은행연합회 홈페이지의 대출금리 비교에는 신용등급별로 5개 구간, 그리고 은행별 평균금리가 소개돼있다. 2017년 9월 기준으로 만기 10년 이상 분할상환방식 주택담보대출을 보면 최저 3.01%에서 최고 3.66%으로 고시돼 최대 0.65% 차이가 난다. 예를 들어 10년간 주택담보대출 3억에 대해 최고금리가 적용된 은행을 이용하게 되면 총 1,950만 원의 이자를 더 물게 되는 것이다.

보금자리론 종류 중 하나인 적격대출은 12개 은행에서 취급하며 은행별 제시 금리가 2017년 9월 기준으로 3.34%에서 3.91%로 고시돼있다. 똑같은 조건으로 똑같은 금액을 대출받아도 은행선택에 따라 0.57% 차이가 나게 된다. 내집마련과 노후생활비 걱정을 동시에 해결하는 주택연금 사전예약 보금자리론은 주택담보대출을 받고 있다가 60세가 되면 주택연금으로 전환하는 상품이다. 이 상품으로 대출 6억 원을 20년 만기로 이용하면 기본 우대이율 0.15%만 적용받아도 216만 원을 전환장려금으로 일시에 지급받는 혜택이 있다.

은행마다 주거래고객으로 유치하기 위한 거래실적에 따른 금리우대도 활용할 필요가 있다. 공과금이나 아파트 관리비 자동이체, 신용카드 사용, 예적금 청약 등을 거래할 경우 최대 1.1% 이내에서 금리우대를 받을 수 있다. 이러한 금리우대는 은행별로 약간의 차이가 있으나 대동소이하다. 그리고 대출을 만기일 이전에 상환하게 될 경우 페널티 성격으로 부과되는 중도상환수수료도 은행별로 최저 0.5%에서 2.0%까지 차이가 있으므로 사전에 잘 선택하는 것이 중요하다.

마지막으로 주택담보대출과 관련된 세금혜택 챙기기다. 서민의 주택 관련 부담을 줄여주기 위한 각종 세금 혜택은 종류가 다양하고 공제요건이 복잡하므로 그 내용을 잘 알아야만 충분히 혜택을 누릴 수가 있다. 특히 근로자들은 주택종합청약저축을 가입하면서 연간 최대 96만 원까지 소득공제를 받고 이후 주택을 취득하면서 주택담보대출을 받을 경우 이자상환액에 대해 최대 1,800만 원까지 매우 큰 소득공제 혜택이 있으므로 이를 잘 활용해야 할 것이다. 그리고 2017년 7월 가입자가 4만 5,000명을 넘어서면서 가입자들이 평균 98만 원을 매달 지급받아 노후 보장책으로 큰 인기를 누리고 있는 주택연금은 보유주택에 대한 재산세 25% 감면과 연금소득 공제혜택도 있다. 주택대출과 관련된 세금혜택의 주요한 내용은 다음과 같다.

〈표 2〉주택대출 관련 상품의 세금혜택

(2017년 10월 기준)

주택대출 상품	세금혜택 내용(연간 기준)	공제요건
주택담보대출	이자 상환액에 대한 소득공제 1,800만 원	· 만기 15년 이상, 고정금리 & 비거치식 · 취득 시 기준시가 4억 원 이하(공통) · 과세기간 종료일 1주택인 근로자(공통)
	이자 상환액에 대한 소득공제 1,500만 원	· 만기 15년 이상, 고정금리 또는 비거치식 분할상환(상기 공통사항 포함)
	이자 상환액에 대한 소득공제 300만 원	· 만기 10년 이상, 고정금리 또는 비거치식 분할상환(상기 공통사항 포함)
주택연금	재산세 25% 감면, 이자비용은 200만 원 한도로 소득공제	· 부부 만 60세 이상 · 시가 9억 원 이하인 주택 · 부부 기준 1주택만 소유
주택청약종합저축	납입액의 40%인 최대 96만 원 소득공제	· 총급여 7,000만 원 이하 무주택 세대주 인 근로자

이상에서 살펴본 바와 같이 주택대출은 어디서 받든 마찬가지가 아니다. 취급 금융기관별로 상품별로 여러 가지 차이가 있다. 정부지원 주택대출 3종 세트를 이용하거나 발품과 손품을 팔아 대출금리를 낮게 제시하는 금융기관을 선택하고 주거래은행을 정해 금리우대를 받고 주택 관련 대출을 활용하면서 세금혜택까지 챙기면 알뜰살뜰한 비용의 재테크 고수가 될 수 있다.

〈참고문헌〉
· 김덕례·박홍철, 「주택금융규제 적정화 방안」, 주택산업연구원, 2017.

15

대출규제는
투기를 방지하기 위한 대책인가?

| 박합수 |

가계부채가 1,400조 원대에 이르며 대출규제의 목소리가 커지고 있다. 시간이 갈수록 늘어나는 부채를 관리해야 하는 것은 당연하다. 경제 전반에 부정적인 영향을 미칠 수 있기 때문이다. 다만, 관리 방법이 지나치게 총액 중심으로 흘러서는 곤란한 일이다. 또한 대출규제를 부채 관리보다 부동산 투기방지 차원에서 접근하는 것도 고민해야 한다. 획일적인 가이드라인을 적용할 경우 소득이 적은 실수요자가 더 어려움에 처할 수 있다. 이런 대출규제에 대한 다양한 시각을 살펴보고 대안을 마련해보자.

가계부채는 한국은행이 매 분기 발표하는 '가계신용' 수치로 예금은행, 비은행 예금 취급기관, 기타 금융기관 등과 판매신용까지 총 망라된 포괄적인 의미의 가계부채 금액이다. 기타 금융기관 등에는 기금, 공적 금융기관 등의 대출금액도 포함돼있다. 그중 일부는 복지 차원의 지원으로 상환에 부담이 없음에도 대출로 계상되는 등 광범위하다. 특히, 판매신용 중 신용카드 사용액(약 50조 원 전후)은 매월 결제되는 지불수단으로 연체율을 통한 관리방식이 적합하다. 신용카드 사용액은 내수 소비지표다. 사용금액의 증가는 경제 활성화 측면에서 고무적이나, 가계부채 문제로 접근하면 단지 축소 대상일 뿐이다.

가계부채는 총량 개념의 숫자일 뿐 그 자체가 모두 우려 대상은 아니다. 그 금액은 우리나라 금융기관의 매출액이고 정상적인 대출이다. 약 70% 이상은 소득 4~5분위가 보유한 우량대출로 경제의 순기능 역할인 신용창출 효과가 있다. 무조건 총량을 기준으로 축소대상, 관리대상으로 적시하면 상황이 복잡해진다. 물론 총량도 일정 부분 관리대상이 돼야 하는 것은 불가피하나, 과도하게 금액에 집착할 경우 득보다는 실이 더 많을 수 있다. 국민의 심리적 위축으로 소비를 축소하는 등 경제에 영향을 줄 수 있다.

가계부채 금액인 가계신용 중에서 관리의 대상으로 삼을 수 있는 별도의 지표를 개발해야 한다. 즉, 집중관리 대상인 취약계층(저신용자 대출 등) 대출금액의 증감과 연체율 등을 중심으로 새 지표를 만들어야 한다. 그래야 우량 대출 수요자는 과도한 규제의 굴레에서 벗어날 수 있다. 정부가 2017년 10월 24일 발표한 〈가계부채 종합 대책〉에서 취약 차주에 대한 맞춤형 지원방안을 발표한 것은 바람직한 방향이다. 정책이 체계적으로 관리돼 실질적인 개선효과를 이룰 수 있도록 관리감독 등의 모니터링을 지속적으로 강화해야 한다.

가계부채 축소와 대출규제의 대상으로 주택담보대출(이하 주담대)이 꼽히고 있다. 주담대는 2017년 3/4분기 기준 가계신용 1,419.1조 원 중 758.2조 원으로 53.4%의 비중이다. 최근 가계부채의 증가 추이는 주담대 증가세와 밀접하다는 것이 정부의 분석이다. 다만, 가계의 상환능력이 양호하고, 장기 고정금리와 분할상환 중심으로의 전환 노력 등으로 가계대출의 질적 구조가 개선된 데다, 연체율과 BIS비율 등을 감안 시 금융시스템 리스크로 이어질 가능성은 제한적이라는 것이 정부의 진단이다.

그럼에도 불구하고 가계부채 증가의 원인으로 지목된 주담대 축소가 가계부채 감소라는 목표를 달성할지는 불분명하다. 당분간은 주택공급 물량이 증가함에 따라 총량은 지속적으로 늘어나기 때문이다. 내용적으로도 우량대출인 주담대가 축소의 주대상인지도 의문이다. 특히, 집중 축소 대상으로 떠오른 집단대출(중도금 대출)은 아파트 선분양제하에서 발생하는 일시적인 주택금융 형태로 시공사의 건설 공사비 성격(기업금융)도 있다. 공사완공 후 입주 시 분양자의 전세보증금, 주택매도자금 등으로 일정 부분 상환 후 잔여 금액은 주택구입자금 대출로 전환된다. 중도금 대출 축소가 자칫 주택사업 위축으로 연결돼 주택 공급이 감소할 경우, 주택 가격이 상승하는 부작용이 초래될 수 있다.

현재 주택시장은 공급이 어느 정도 막바지에 다다른 상태다. 지방에서는 이미 공급을 축소하고 있다. 수도권도 신도시(2기 신도시, 보금자리주택지구 등) 분양이 마무리 단계에 있어, 점차 감소할 것으로 예상된다. 정부가 2011년 이후 신규 택지개발 사업을 중단하고, 도시재생 사업으로 전환하며 자연적으로 부채 총액은 줄어들 수 있다. 인위적인 감축보다는 시장 흐름에 맡기는 것이 적절해 보인다.

가계부채를 관리하기 위한 방안으로 투기지역, 투기과열지구 내에서의 대출 건수를 제한하고 있다. 가계의 소득범위 내에서 상환능력을 감안해 적정 대출액을 유도하기 위한 LTV(담보인정비율), DTI(총부채상환비율), 신DTI(생애소득을 감안한 총부채상환비율), DSR(총체적원리금상환비율) 제도를 운영하고 있다. 대출에 대한 합리적인 관리 방식이다. 적절한 비율과 운영방식이라면 가이드라인의 필요성은 인정된다. 다만, 과도하게 운영할 경우 소득이 상대적으로 적은 소비자의 피해가 커질 수 있다.

현재 대출규제는 투기를 방지하는 수단으로 활용되고 있다. 투기의 대상으로 지목된 것은 다주택자다. 다주택자가 대출을 받아 주택을 여러 채 매입하는 것을 문제 삼는 것이다. 그런데 우리나라에는 독특한 방식인 전세제도가 있다. 그래서 다주택자는 은행 대출보다 무이자 대출이라 할 수 있는 전세보증금을 활용하는 방안을 선택한다. 전세를 끼고 집을 사는 속칭 '갭 투자'는 대출을 전혀 수반하지 않는다.

안타깝게도 투기방지 차원에서의 대출규제 정책은 한계가 있다. 부자는 자금을 가지고 있어 가격이 하락할 때까지 기다릴 여유가 있다 보니, 실수요자보다 다양한 투자 기회를 얻을 수 있다. 정작 대출을 더 필요로 하는 사람은 현금이 많지 않은 실수요자다. 일반적으로 실수요자는 자기 자금 외에 대출을 받아야 내 집 마련이 가능하다. 금액의 다과는 있지만, 통상 30~40%는 대출로 조달해야 한다. 간혹 몇천만 원이 모자라 집을 못 사는 경우도 있다. 과거처럼 무리하게 대출을 받아 집을 사려는 수요자는 거의 자취를 감췄다. 하우스푸어의 전철을 경험했고 향후 금리 인상이 예고된 상태기 때문에 그에 따른 대비를 하는 사람이 대부분이다.

실수요자를 위한 대안으로 정책모기지 등을 저금리로 유지해 취약계층에 대한 지원을 확대해야 한다. 또한 60세 이상 대출 수요자의 주담대를 주택연금 형태로 전환해줘야 한다. 대출상환기간을 개선하고 장기대출인 30년 만기 위주로 운용해 상환원리금 부담을 줄여줘야 한다. 특히, 생애최초 주택구입자를 위해서는 대출 대상자의 소득금액을 상향 조정(현재 부부 합산 7,000만 원 → 1억 원)하고, 장기대출 형태로 상환 여력을 확대해 소비 진작, 주거 마련을 통한 출산장려책으로 활용할 수도 있다.

가계부채를 줄이고 다주택자 등 투기를 방지하는 차원의 대출규제는 현금이 부족한 실수요자의 어려움을 가중시킨다. 장래의 늘어나는 소득을 감안한 신DTI 제도까지 도입하고 있지만, 생애최초 주택구입자 등을 위한 수혜의 폭을 늘려야 한다. 실수요자가 내 집을 마련할 수 있도록 지원하는 것은 궁극적으로 주택시장과 가격안정에 도움을 준다. 가계부채 관리는 지나친 총량 중심의 운용은 지양하고, 주담대 등 우량 대출보다 취약계층 대출 관리에 집중할 필요가 있다.

16

가계부채 문제로
주택대출을 줄여야 한다?

| 손재영 |

1990년대 말의 외환위기 이전에는 집을 사기 위해 대출받는 일이 쉽지 않았다. 모든 자원을 산업부문에 몰아주는 경제발전 기본 틀에서 주택대출은 비생산적인 투자로 치부됐기 때문이다. 경제위기 극복을 위한 규제완화의 일환으로 2000년 전후에야 주택금융이 자유화됐다. 외국에 비해 수십 년 늦게 출발한 주택담보 대출의 성장세는 놀라웠다. 2016년 말 기준 1,300조 원을 넘은 가계부채가 우리 경제의 불안요인이라는 광범위한 공감대가 이뤄져 있지만, 이 지적은 새로울 게 없다. 가계부채(한국은행 통계로 가계신용)가 500조 원을 넘었던 2005년 무렵부터 이곳 저곳에서 경계의 목소리가 높았지만, 별일 없이 10여 년이 지났다.

우리는 언제가 모두 죽을 것이고, 인류가 멸망할 것이며, 지구도 소멸할 것이다. 이 예측들이 아무리 정확하다 해도, 우리 자신과 자손들을 위해 관심을 가지고 해결해야 하는 수많은 문제에 비해 너무 먼 미래의 일이라면, 그 정확성은 별 의미가 없는 것이다. 가계부채가 잠재적으로 문제일 수 있지만, 의미 있는 시간 지평과 여건변화 전망 내에서 현실화될 가능성이 작다면 호들갑을 떨 필요가 없다.

가계부채가 경제에 악영향을 줄 수 있는 경로는 두 가지 측면에서다. 첫째로, 금융시스템의 불안정을 초래할 수 있다. 금리가 급격히 상승하거나 집값이 폭락하거나, 대규모 실업 및 소득 상실 사태가 벌어지는 등 어떤 이유로든 가계부채가 대량 부실화되면 금융기관들이 부실화되고 금융의 기능이 마비될 수 있다. 금융부문이 제 기능을 못 하면 실문 부문도 위축될 수밖에 없다. 일본의 '잃어버린 20년'과 유사한 상황이 벌어질 가능성이다.

둘째로는, 직접적으로 실물경제에 영향을 미칠 수 있다. 부채가 많다는 사실 자체가 소비심리를 위축시켜 소비를 줄이게 하는 소위 부(-)의 자산효과가 나타날 수 있고, 더 직접적으로는 원리금상환 때문에 쓸 돈이 없어져서 소비가 줄 수도 있다. 최근에는 소비의 수준뿐만 아니라 그 진폭이 커지는 영향도 고려하는 연구들이 나온다. 예를 들어, 경기하락 등의 외생적 충격이 있을 경우 부채가 많다면 그렇지 않을 경우에 비해 소비지출의 감소폭이 커지고, 이는 실물부문을 더욱 위축시킬 수 있다.

 이런 잠재적 문제들을 고려해 우리나라 가계부채 문제를 연구한 상당수의 실증분석이 나와 있는데, 이들 분석은 대체로 아직은 큰 걱정을 할 필요가 없다는 결론을 내리고 있다. 상대적으로 상환능력이 양호한 고소득층을 중심으로 가계부채가 증가해왔는데 이들은 실물자산 축적을 기반으로 부채상환 능력이 높다. 또, 현실성 있는 범위의 위기 시나리오를 설정하고 진행된 시뮬레이션 결과들을 보면 2007년 이래의 미국발 금융위기 수준의 경제위기가 닥쳐도 가계부채의 대규모 부실화 위험은 크지 않다. 주택담보 대출의 LTV가 낮으므로, 가계부채 부실화가 곧바로 금융기관의 대규모 손실로 이어지지 않는 것이다.

 이런 연구결과들에도 불구하고, 예상을 뛰어넘는 충격이 닥칠 가능성을 완전히 배제할 수 없다. 1990년대 말의 아시아 경제위기, 서브프라임 사태로 초래된 미국발 금융위기, 유가급락에 따른 산유국의 재정위기 등 "예상을 뛰어넘는" 크고 작은 위기가 빈발하기 때문이다. 긴 시각을 가지고 가계부채의 잠재적 위험을 줄여가는 대책을 착실히 추진해야 한다.

 첫째로, 어떤 충격이 와서 많은 가계대출이 부실화돼도 우리 금융시스템이 비교적 안정을 유지할 수 있는 이유는 금융기관들이 위험의 상당 부분을 채무자에게 전가하기 때문이다. 미국 등과는 달리 우리나라 주택담보 대출은 소구대출(Recourse Loan)이다. 금융기관이 담보로 잡은 주택을 경매에 부쳐도 원리금이 모두 상환되지 못할 경우 채무자의 다른 자산과 소득까지도 채권회수에 활용한다는 것을 의미한다. 또 변동금리 대출 비중이 높아서 이자율 변동의 위험을 채무자가 부담하며, LTV가 낮아서 담보를 매각해 원리금을 회수할 여력이 크다. 이런 대출 구조 아래에서는 채무자가 대출금을 갚지 못하고 담보 주택을 잃게 되더라도, 금융기관은 궁극적으로 대출금을 회수할 가능성이 크다. 채무자는 망해도 금융기관은 사는 것이다.

채무자와 대출기관 간의 이 같은 위험분담이 적절한 것인가에는 의문이 제기된다. 미국에서 1930년대 대공황을 거치면서 정부가 적극적으로 개입해 표준화된 고정금리, 원금분활상환 대출을 일반화한 이유는 채무자들이 내 집을 잃는 가능성을 줄이고 금융시스템의 안정성을 높이려는 데 있었다. 우리 정부도 2016년까지 고정금리, 비거치식 대출의 비중을 30%까지 높이는 정책을 추진했지만, 아직도 채무자들에게는 크게 환영받지 못하고 있다. 고정금리 대출에서 채무자가 위험을 덜 부담하는 만큼 가격(이자율)이 올라갈 수밖에 없는 점이 충분히 납득되지 못하기 때문일 것이다.

둘째로, 금융접근성과 대출채권 안정성 간의 조화가 필요하다. 가계부채의 위험을 낮추는 가장 손쉬운 방법은 가계부채의 규모를 줄이는 것이다. 그러나 부채는 채무자들이 생활자금이나 사업자금을 조달하거나 주택을 구입하는 데 요긴하게 쓰인다. 금융 안정을 위해 금융 본래의 기능을 외면할 수는 없다. 그러나 어떤 계층에게 어느 정도의 금융 기회를 부여하는 것이 타당한가에 대해서는 논란이 많다.

미국의 서브프라임 사태의 원인과 교훈에 관한 가장 큰 쟁점 중의 하나는 저소득층 내 집 마련을 돕기 위한 미국 정부의 주택정책이 위기의 원인이었는가 하는 문제였다. 미국 정부는 1995년 법 개정을 통해 은행들이 저소득층 주택대출을 늘리도록 했고, 은행들은 대출기준을 완화할 수밖에 없었다. 1996년에는 미국 주택도시개발부(HUD)가 주택금융담당 준공기업들(패니메와 프레디맥)의 투자자산 중 저소득층 대출채권을 늘리도록 했다. 이와 같은 주택정책을 꾸준히 편 결과, 저소득층 대출을 늘리기 위해 대출기준이 낮아졌다. 많은 사람이 금융 혜택을 받고 내 집 마련을 할 수 있었지만, 다른 한편으론 외부 충격에 취약한 대출도 많아졌다. 이들 불량 대출이 주택 가격 하락 시 대량 부실화된 것이 금융위기의 결정적인 원인이었다는 주장에 대해서는 논란이 있지만, 그 논란 자체가 금융접근성과 안정성 사이의 상충문제를 잘 나타낸다.

가계부채에 대한 연구들은 어떤 큰 외생적 충격이 있다면 다중채무자, 영세 자영업자, 저소득자, 고령자 등에 대한 대출이 심각한 어려움에 빠질 가능성이 큰 것을 보여준다. 그런데, 경제적 약자를 보호한다거나 제2의 출발을 돕는다는 등의 목적으로 정부는 금융기관들을 독려해 이들에 대한 대출을 강요하곤 한다. 주택부문만 봐도 정부는 2010년 이후 주택 전세가격이 오르자 전세자금 대출을 크게 늘렸다. 이런 정책 대출들은 정상적인 금융상품이라기보다는 경제적 약자에 대한 지원이라는 성격을 가지므로 대출자격 심사나 원리금상환을 보장하는 장치를 소홀히 하는 경향이 있다. 어떤 경우든지 금융은 금융이어야 한다. 상환되지 않는 자금지원은 금융이 아니라 자선이다. 애초에 자금상환 능력이 불확실한 저소득 계층에 대해서는 정부재정이 지원을 담당해야 한다.

셋째로, 다양한 대출수요 계층에 대한 차별화된 접근이 필요하다. 2016년 말 현재 가계부채(한국은행 통계로는 가계신용)은 총 1,342.5조 원이며 그중 대출은 1,269.8조 원인데, 주택담보 대출은 예금취급기관과 공적금융기관을 모두 합쳐서 약 579.9조 원이다. 그런데, 주택담보 대출이 모두 주택구입에 활용되는 것은 아니다. 2014년 가계금융복지조사에 의하면 담보 및 신용대출의 용도 중 거주주택마련 목적은 36%고 사업자금 및 생활비 마련은 31.9%였다. 주택구입 자금은 주택담보 대출의 최대 절반, 전체 가계부채의 4분의 1 정도다.

주택구입을 위한 대출은 확실한 담보를 가지고 있고, 채무자들의 변제 의지가 높은 우량대출이다. 2016년에 은행 전체의 기업대출 연체율이 0.8%였는데, 가계대출 연체율은 0.3%였다. 주택 구입자금만 뽑아서 보면 연체율이 더 낮을 것이다. 국민의 내 집 마련을 통한 주거안정이나 주택경기 활성화에 필수적인 자금공급이란 측면과 부실화될 가능성이 작다는 양 측면을 고려하면 실제 주택구입을 위한 실수요자 대출에 대해서는 생활자금 마련이나 사업자금 마련 등의 대출에 비해 융통성 있는 접근이 필요하다.

주택담보 대출은 주택 구매를 지원해 국민의 주거를 안정시키는 임무를 가진다. 금융시스템의 불안을 초래할 정도의 방만한 대출이 이뤄져서는 안 되겠지만, 발생 가능성이 낮은 문제를 걱정해서 지나치게 대출을 억제하는 것도 바람직하지 않다. 정부가 주택담보 대출, 그중에서도 특히 주택 구입자금 대출을 무리하게 억제할 경우, 소득이나 축적된 자산이 작은 계층, 예컨대 신혼부부나 생애 최초 주택 구입자 등이 가장 크게 영향을 받아 내 집 마련의 꿈을 이루지 못하게 되고 일부는 고금리 제2 금융권의 문을 두드릴 것이다. 정부는 점진적이고 예측 가능한 수준으로 금융 시스템의 안정을 위해 필요한 조치들을 취해가야 할 것이지만, 과격하게 주택 구입자금 대출을 억제하는 것은 바람직하지 않다.

17
부동산은
환금성이 약하다?

| 최수석 |

'부동산 투자의 최대약점은 환금성이 약하다'라는 말은 부동산 투자시장에서 만고불변의 진리처럼 통용되고 있다. 영원한 혁신자로 자처하는 미래에셋금융그룹의 박현주 회장도 2011년 기자들과 인터뷰에서 핵심펀드상품인 인사이트펀드와 부동산의 환금성에 대해 언급한 바 있다. 그는 "지금의 펀드 환매는 부동산 시장 경색에 영향받은 바가 크고, 부동산이 환금성이 약하다 보니 일단 환금성이 좋은 펀드를 환매하고 있는 양상"이라고 지적했다.

물론 현금이나 은행예금, 펀드상품에 비해 부동산의 환금성이 약한 것은 사실이다. 소유하고 있는 부동산을 팔기 위해서 일단 부동산중개업소나 전문 중개법인에 매도의뢰를 해야 하고 부동산 가격이 고가이다 보니 적합한 수요자를 찾는 것이 쉽지 않다. 더구나 실물경기 침체, 공급과다 등으로 부동산 경기가 어려워진 상황이거나 LTV, DTI를 통한 금융억압, 거래세와 보유세에 대한 세율 인상 등 정부의 부동산 시장에 대한 규제가 강화되면 매각이 어려워져 환금성 저하 논란에 휩싸이게 된다.

그러나 금융의 발달로 부동산의 환금성 저하문제가 많이 해결됐고, 오히려 부동산에 금융을 접목시켜 환금성을 보강한 부동산금융이 대안투자(Alternative Investment)의 선봉장이 되고 있다(대안투자는 주식투자나 채권투자의 대안이라는 성격으로 대체투자라고도 일컬어짐). 부동산에 환금성을 높여주는 주요 수단에는 금융기관을 통한 대출, 부동산 실물자산 유동화, 부동산 펀드, 리츠가 있다.

먼저 부동산 금융, 특히 부동산 담보대출을 통한 부동산의 환금성 문제를 극복할 수 있다.

IMF 외환위기 이전까지 억제 대상이었던 부동산 관련 금융정책은 우리나라의 부동산 금융 발전을 가로막는 요소였지만, 지금은 각 금융권의 활발한 부동산 금융 분야 참여로 경제 활력 창출의 일원을 담당하고 있다. 가장 일반적인 형태인 부동산 담보대출, 그리고 ABS(Asset Backed Securities)와 같은 자산유동화증권 발행을 통한 자금조달, 프로젝트 파이낸싱의 활성화도 부동산의 환금성 극복수단으로 활용되고 있다.

부동산의 환금성에 큰 영향을 미치는 부동산 담보대출 중 주거용 부동산에 대해는 LTV, DTI 등 금융당국 규제가 있어 부동산 담보대출시장의 수요와 공급에 의한 시장논리로 접근 되지 못하는 측면이 있다. 그러나 수익용 부동산에 대해는 은 행, 보험사, 저축은행, 여신 전문사, 새마을금고, 신협 등 다양 한 형태의 금융기관에서 자체적인 판단기준으로 활발한 환금 성 지원이 이뤄지고 있다.

〈표 1〉 우리나라 부동산 담보대출 취급 금융기관

(단위: 개)

합계	은행	보험사	증권사	종금사	저축은행	여신전문사	신협	농협	수협	산림조합	새마을금고
3,745	16	37	1	1	79	28	904	1131	90	137	1,321

주 : 2017.10. 각 협회 기준으로 추정

두 번째는 보유 중인 부동산의 유동화를 통한 환금성 확보 다. 금융시장에서의 자산유동화는 주로 주택저당채권 또는 부 동산 PF와 같은 대출채권의 유동화를 의미하는데 여기에서는 부동산 실물자산의 유동화를 의미한다. 즉, 현재 보유 중인 부 동산을 가지고 현금흐름을 만드는 것으로 6가지 방법을 제시 할 수 있다. 이 중 3가지는 누구나 알 수 있는 작은 부동산으로 이동, 자가소유에서 전세로 이동, 전세에서 월세로 이동이 될 것이다. 나머지 3가지는 ABL의 활용, Sale & Lease back 활 용, 주택연금과 농지연금의 활용을 들 수 있다.

ABL(Asset Backed Loan, 자산담보부대출)은 부동산의 소유권을 유지하면서 향후 창출될 현금흐름으로 환금성을 확보하는 방법이다. 예를 들어보자. 어떤 장사가 잘되는 유명식당이 있는데 보유한 식당의 부동산 가격이 10억 원, 식당의 연간 신용카드 매출액이 10억 원 정도라고 할 경우 일반적인 부동산 담보대출은 6억 원 수준일 것이다. 그러나 식당 부동산을 담보 제공하면서 신용카드 매출액을 동시에 ABL화 시키면 자금조달 규모가 10억 원 이상으로 늘어나게 된다.

Sale & Lease back은 일단 부동산의 소유권을 넘기되 다시 해당 부동산을 임차해 사용하면서 일정 기간 이후 다시 받아오는 조건으로 환금성을 확보하는 방법이다. 부채가 많은 경우 부동산을 매도해 재무건전성을 확보하면서 영업에도 지장을 받지 않고 일정 기간 이후 사정이 좋아지면 다시 매도했던 부동산을 확보할 수 있어 상호 윈윈이 될 수 있는 방법이다.

주택연금은 주택소유자 또는 배우자가 만 60세 이상인 경우로서 소유주택을 담보로 맡기고 평생 혹은 일정한 기간 동안 매월 연금방식으로 노후생활자금을 지급받는 국가 보증 역모기지론을 말한다. 시가 9억 원 이하의 주택 또는 해당 지자체에 신고 된 노인복지주택이 대상이며, 2017년 10월 현재 주택 가격 5억 원인 경우 60세에 가입하면 매달 104만 9,000원을 받을 수 있다. 농어촌공사에서 운영하는 농지연금은 만 65

세 이상 농업인이 소유한 농지를 담보로 매월 연금형식으로 받으면서 담보농지를 직접 경작하거나 임대할 수 있으며, 주택연금처럼 연금채무 상환 시 부족액에 대해 상속인에게 청구하지 않는다.

마지막 세 번째는 소액으로 환금성이 높은 부동산 관련 금융상품에 투자하는 것이다. 개인들이 소액으로 부동산에 투자할 수 있는 금융투자상품에는 부동산공모 펀드와 상장공모리츠가 있다. 투자자 입장에서 유사한 제도인 부동산 펀드와 리츠는 2017년 제도개편을 통해 두 가지 투자수단의 차별점이 사라졌다. 부동산 펀드나 리츠는 주로 대형 오피스 빌딩, 상업시설, 물류창고, 임대주택 등의 투자를 통해 임대수익을 투자자에게 배분하고 투자 종료 시 부동산 가격이 상승했을 경우 자본이득도 제공한다.

일반 부동산 투자의 경우 좋은 투자물건을 확보하기 위해서는 많은 지식과 노하우 그리고 비용이 들기 마련이다. 하지만 부동산 펀드나 리츠에 투자할 경우 전문 인력들이 철저하게 분석하고 투자를 실행하므로 수익성과 안전성이 높아지게 된다. 이렇게 개인들이 투자하기 어려운 대형 물건에 대한 간접투자방식으로 활용되는 부동산 펀드와 리츠는 주식시장에 상장할 수 있어 환금성이 확보된다. 또한 글로벌 상장리츠에 투자할 경우 전 세계를 대상으로 투자대상을 확대할 수 있다. 해외의 부동산 펀드나 리츠는 은행, 증권사 같은 금융기관의 추천 상품을 눈여겨보면서 환 헷지도 염두에 둬야 한다.

　부동산의 태생적 약점이었던 환금성 저조 문제는 금융이 발달하면서 이제는 오히려 금융시장에 활력을 주는 요소로 변해가고 있다. 부동산과 금융의 융합으로 탄생하는 새로운 부동산 투자상품들은 부동산 시장의 막힌 곳을 뚫어주면서 생동감 넘치는 부동산 생태계를 만드는 데 큰 역할을 해 나갈 것이다.

〈참고문헌〉
· 부자학연구학회, 『부자의 생각은 당신과 다르다』, 도서출판 무한, 2008.

18

리츠는
부동산 펀드의 일종이다?

| 노승한 |

　수익용 부동산은 안정적인 운영수입과 적절한 자본이득을 얻을 수 있는 좋은 투자처다. 그럼에도 불구하고 수익용 부동산에 대한 직접투자는 거대 자본금과 관리에 대한 전문성이 요구된다는 부담이 있어 쉽게 투자 대상으로 접근하기 어려운 것도 사실이다. 따라서 우량한 수익용 부동산을 전문적으로 투자·운용하는 투자기구를 이용(투자)해 간접적으로 수익용 부동산에 투자하는 효과를 얻도록 만들어진 것이 부동산 간접투자기구다. 이러한 부동산 간접투자방식의 대표적인 형태가 리츠와 부동산 펀드인데, 많은 사람이 그 차이를 구분하지 못한다. 심지어 혹자는 리츠를 부동산 펀드의 한 종류라고 소개하기도 한다. 그렇다면 그 둘의 차이는 무엇이고 투자자 입장에서 각각 어떠한 특징이 있는 투자처일까?

리츠와 부동산 펀드의 차이를 쉽게 이해하기 위해 각각 비교할 수 있는 투자기구를 알아보자. 우선 리츠와 비교할 수 있는 투자처는 한국증권거래소에 상장돼있는 '삼성전자' 또는 '현대자동차'를 생각할 수 있다. 일반적인 투자자들이 '삼성전자'에 투자하는 방식은 주식시장을 거쳐 해당 주식을 사는 것이다. 이를 통해 투자자가 기대하는 것은 첫째, 만기가 없는 대형 영속형 회사의 풍부한 유동성(원하는 시기에 현금화), 둘째, 전문적이고 안정적인 회사 운영을 통한 배당수익, 셋째, 다양한 파이프라인을 통한 지속 가능한 성장이 만들어내는 자본수익, 넷째, 상장된 주식회사의 지분을 갖고 있는 주주로서 정관에 따라 행사할 수 있는 의결권 등이다.

리츠도 기본적으로 이러한 회사에 투자하는 것과 같은 기대를 할 수 있는 회사라고 생각해야 하는데, 다만 그 회사의 자산이 수익형 부동산이고, 매출은 수익형 부동산을 전문적으로 관리·운용해 발생하는 임대수입이라고 이해하면 된다. 공모형 리츠는 일반주식과 동일하게 상장돼있기 때문에 주식시장을 통해 개인의 투자가 가능하며 현금으로 회수도 용이하다. 일반적으로 리츠는 안정적인 배당을 위해 시장이자율과 같은 거시경제의 변화에 따른 리스크가 크지 않도록 운영하는 것이 원칙인데 이를 위해 운영수익 안정성이 높은 우량 오피스나 대형 쇼핑몰 등에 투자하는 전략을 구사한다. 즉 높은 수익보다는 낮은 운영수익 리스크 관리를 중시하는 경향이 있다.

또한 리츠는 기본적으로 주식회사기 때문에 투자한 주식비율 만큼 주주총회에서 의결권을 가지고 회사의 의사결정에 적극적인 참여가 가능하다.

반면 부동산 펀드와 비교할 수 있는 투자처는 'BRICs증권 신탁펀드'와 같은 사모펀드를 생각할 수 있다. 일반적으로 투자자들이 이러한 사모펀드에 투자하는 방식은 해당 펀드를 신탁·운용하는 증권사나 금융기관에서 제공하는 자료와 설명을 바탕으로 투자결정을 내리고 투자금을 위탁하는 것이다. 이를 통해 투자자가 기대하는 것은 첫째, 해당 펀드가 투자하는 투자대상의 목표 수익률, 둘째, 자산운용사 또는 펀드매니저의 투자 경험과 지식에 바탕을 둔 전문성, 셋째, 일반 투자자들은 접근할 수 없는 특별한 투자기회와 서비스를 제공받는다는 만족감 등이다.

부동산 펀드도 이러한 사모펀드의 일종으로 개인보다는 기관과 연기금 위주로 투자자를 구성하고 투자대상을 수익형 부동산에 집중하는 상품으로 이해하면 된다. 일반적으로 고수익을 추구하기 때문에 수익률을 맞추기 위해 리스크가 높은 부동산개발자산 등에 투자하기도 하고 높은 담보대출비율(LTV)도 감수하는 전략을 사용한다. 부동산 펀드와 같은 사모펀드는 투자한 이후 만기가 도래할 때까지 환매가 불가능한 폐쇄형(Closed-Ended)으로 운용되고, 투자금의 운용을 위탁받은 펀드매니저(또는 운용사)가 투자와 펀드 운용에 관한 모든 의사결정권을 갖지만 투자자는 이에 관여할 수 없는 구조다. 따라서 부동산 펀드는 운용사의 선정과 역할이 무척 중요한데 리스크를 관리하며 목표 수익률을 달성하기 위해서는 많은 전문성이 요구되기 때문이다.

리츠와 부동산 펀드는 간접투자기구로서의 이러한 특성 이외에도 근거하는 법적 제도적 측면에서도 많은 차이를 갖고 있다(표 1 참조). 우선 근거법과 주무부처가 달라 규제사항과 투자대상 등의 차이가 존재한다. 근거법의 차이는 리츠와 펀드를 구분하는 가장 명확한 기준이다. 리츠는 〈부동산 투자회사법〉에 근거해 관련 규정에 따라 설립되며 국토교통부에서 관장한다. 반면 부동산 펀드는 〈자본시장과 금융 투자업에 관한 법률〉에 근거하며 금융위원회에서 관장한다.

근거 법률이 다르기 때문에 설립요건도 차이가 존재한다. 최저자본금은 리츠의 형태에 따라[1] 70억 원 이상 또는 50억 원 이상이다. 부동산 펀드는 회사형의 경우 최저 순자산액 10억 원, 신탁형은 제한이 없다. 자산구성에 관한 규정도 다르다.

---

1) 리츠가 직접 자산을 운용하는 자기관리형리츠는 70억 원 이상, 리츠는 페이퍼컴퍼니고 이를 자산운용사에 위탁해 운용하는 위탁관리리츠 및 기업구조조정리츠(CR리츠)는 50억 원 이상이다. 기업구조조정리츠는 구조조정기업의 부동산을 매입해 운용하는 회사다.

리츠는 총자산의 70% 이상이 부동산으로, 80% 이상이 부동산 및 부동산 관련 유가증권 또는 현금으로 구성돼있어야 하고, 대출도 불가능하다. 반면, 부동산 펀드는 총자산의 50% 이상 70% 미만이 부동산이어야 하며, 대출도 가능하다.

리츠와 펀드는 투자대상에 관한 규정도 다르게 적용된다. 리츠는 총자산의 70% 이상을 부동산으로 구성해야 하며, 80% 이상을 부동산 및 부동산 관련 유가증권 또는 현금으로 구성해야 한다.[2] 부동산 사업 등에 대한 대출도 불가능하다. 부동산 펀드는 총자산의 50% 이상 70% 미만을 부동산으로 구성해야 하며 부동산 PF대출도 가능하다. 특히 신탁형펀드는 부동산 투자비율 규제가 존재하지 않는다.

개발 사업에 대한 투자규정도 다르다. 한국의 리츠는(개발형 리츠가 아닌 경우) 총자산의 30% 이상을 개발 사업에 투자할 수 없도록 규제하고 있다. 이러한 규제의 이유는 리츠의 중요한 기본원칙 중 하나인 안정적이고 높은 배당금 분배의 원칙 때문이다. 즉 리츠는 우량한 부동산 투자를 통해 안정적인 임대수익을 바탕으로 투자자들에게 연 수입의 90% 이상을 배당해야 한다. 그러나 부동산 개발자산은 개발이 완료된 후 성공적인 임차인 입점을 통해 안정적인 임대수입이 발생하는 시

---

2) 기업구조조정리츠는 총자산의 70% 이상을 기업구조조정을 위해 처분되는 자산으로 구성해야 한다.

〈표 1〉 리츠와 부동산 펀드 비교

구분	리츠	부동산 펀드	
		공모	사모
근거법률	부동산 투자회사법	자본시장과 금융투자업에 관한 법률	
주무관청	국토교통부	금융위원회	
진입	· 리츠: 인가(사업계획 검토) · 자산관리회사 : 인가 　(자본금 70억 원 이상)	· 펀드: 등록 · 자산운용사 : 인가 　(자본금 80억 원)	· 펀드: 등록 · 자산운용사 : 등록 　(자본금 20억 원)
공모· 상장의무	있음 (다만, 법률에서 정한 요건충족 시 의무면제)	없음	
주식 소유 제한	위탁관리: 40% 자기관리: 30%	2인 이상	
관리감독	· 분기별 + 수시공시(도입) · 감정평가 의무	· 수시공시 · 감정평가	· 수시공시 (X) · 감정평가 (X)
투자제한	· 증권투자 제한(10% 이내) · 금전대여 불가 · 개발사업 총자산의 30% 이하(개발 　전문리츠는 100%까지 가능)	· 증권투자 제한 없음 · 금전대여 가능 · 개발사업 투자제한 없음	

자료 : 국토교통부 2016.02.23. 보도자료 일부 인용.

점까지 별다른 수입이 없는 위험 자산이다.

따라서 배당이 불가능하고 개발사업 자체가 운영수입보다
는 자본이득에 집중하는 리스크가 큰 자산이기 때문에 리츠
에 적합한 투자대상이 아니라는 것이 일반적인 인식이다. 반
면 부동산 펀드는 배당에 대한 부담이 없고 고위험·고수익을
추구하는 경우가 있기 때문에 개발사업에 대한 제한규정이 특
별히 존재하지 않는다. 아시아의 선진리츠시장으로 분류되는
싱가포르는 리츠의 개발자산을 전체자산의 10% 이상 보유할

수 없도록 규정하고 있다. 일본의 경우 리츠의 배당특성을 바탕으로 고령화시대에 적합한 저위험·저수익 연금형 투자자산으로 인식하고, 정부 차원에서 리츠시장 안정화를 위해 매년 상당한 금액을 리츠산업에 투자하고 있다. 정부 주도로 처음 리츠를 설립한 홍콩은, 안정성과 성장성을 보장하기 위해 정부가 보유하고 있던 우량자산을 유동화한 리츠를 설립해 세계적 규모로 성장시켰다. 이러한 일련의 해외사례를 통해서 알 수 있듯이 리츠의 투자안정성 확보는 중요한 이슈며, 이러한 이유로 리츠와 부동산 펀드는 자산운용의 목적과 대상 등에서 차이를 나타낸다.

국내에서 리츠와 부동산 펀드를 동일시 여기는 것은 국내 리츠시장이 부동산 펀드와 차별점을 부각하지 못하고 펀드와 유사한 형태로 성장해왔기 때문인 것으로 생각된다. 한국의 리츠는 대부분 설립 당시부터 만기가 정해져 있는 사모리츠와 같은 형태가 주를 이루는 시장으로 성장해왔다. 따라서 투자자들의 시점에서는 한국의 리츠가 펀드와 동일하다고 느낄 수밖에 없는 것이다. 반면 부동산 펀드는 펀드가 가지는 단점을 보완하며 지속적인 성장을 이룩해 왔다. 펀드는 낮은 유동성을 보완하기 위해 재간접 상장을 추진하기도 하고, 정보공개의 투명성 차원에서 뮤추얼펀드를 활용해 보완하기도 했다.

비록 국내에서는 성장이 더디지만, 공모형 상장리츠는 부동산 시장의 선진화 및 투명화, 투자자의 보호 등 다양한 측면에서 장점을 가지고 있다. 이러한 공감대에 따라 국토교통부는 지난 2016년 '부동산 서비스산업 육성방안'의 일환으로 '리츠 공모 및 상장 활성화 방안'을 선정하고 다양한 연구 및 지원을 추진하고 있다. 또한 2017년 9월 28일 국회에서 리츠의 상장 촉진방안을 담은 〈부동산 투자회사법〉 개정안이 통과됐다. 이처럼 정부 차원의 리츠산업 성장을 위한 노력이 지속되는 가운데 산업계 스스로 차별화된 장점들을 부각해 성장할 수 있도록 노력해야 할 것이다.

저금리기조가 계속되면서 부동산 투자에 대한 관심도 높아지고 있다. 이러한 상황에서 부동산 간접투자시장은 소액으로 부동산에 투자해 수익을 올릴 수 있는 기회를 제공한다. 부동산 간접투자시장에 진입하고자 하는 투자자들은 리츠와 부동산 펀드의 차이점을 분명히 이해하고 개인의 투자성향과 투자목적, 투자기간 등을 고려해 어떠한 상품에 투자할 것인지 판단해야 할 것이다.

〈참고문헌〉
· 국토교통부, 「리츠의 사회·경제적 파급효과 분석 및 상장 활성화 방안 연구」, 2017.
· 최인천, 『커피 한 잔 값으로 초대형 오피스 주인 되기 : 리츠 얼리어답터』, 매일경제신문사, 2017.

19

리츠에 투자하면
배당을 많이 받을 수 있다?

| 노승한 |

 우리 주변에서는 30년 동안 일한 회사의 퇴직금을 모두 투자해 집 근처에 원룸을 짓고 임대를 놓아 거둬들이는 월세로 은퇴 후 생활비를 충당하기로 했다는 사람들을 볼 수 있다. 개인이 수익용 부동산에 투자하며 기대하는 것은 가격상승을 통한 자본이득도 있겠지만, 안정적으로 들어오는 운영수입(임대료)도 무척 중요한 요소인 것이다. 그러나 일반적으로 개인투자자는 자본금 부족과 관리에 대한 부담감으로 수익용 부동산 투자를 고려하기 어렵다.

 1960년 미국에서 처음 등장한 리츠는 수익용 부동산 투자에 있어 개인투자자들이 소외될 수밖에 없는 상황에 대한 대안으로 만들어졌다. 즉, 수익용 부동산을 투자·운용·관리해 수익을 얻는 상장회사인 리츠주식에 투자함으로써 간접적인 방식으로 수익용 부동산 투자와 유사한 효과를 얻도록 하겠다는 것이다. 우선 분할된 형태의 지분인 주식에 대한 투자이기 때문에 개인도 투자가 가능하고, 이를 통해 자본이득을 얻을 수 있다. 그리고 높은 배당을 의무화해 임대료와 같은 안정적인 운영수입을 얻는 것과 같은 구조를 만들었다. 리츠가 배당 가능수입의 90% 이상을 배당해야 한다는 의무조항은 이러한 배경을 갖고 있다.[1]

일반적으로 리츠는 분기 또는 반기 단위로 배당을 실시하는데, 미국 및 캐나다의 일부 리츠는 월 단위 배당을 실시하는 곳도 존재한다. 따라서 리츠 선진국에서는 리츠를 노후를 대비한 안정적인 연금형 투자상품으로 바라보고 있다. 리츠 투자를 통해 얻을 수 있는 배당수익률은 상당히 높은 편이다. 전 세계에서 가장 규모가 크고, 선진화된 리츠시장인 미국의 리츠는 지난 10년간 평균 5.58%의 배당수익률을 보여줬는데, 이는 S&P500의 10년간 평균 배당수익률인 1.83%를 웃도는 수치다. 10년 국고채 배당수익률 또한 3.87%로 리츠에 미치지 못했다. 2016년 한해만 봐도 리츠의 월 평균 배당수익률은 4.18%로 S&P500 2.13%, 미국 10년 국고채 1.84%를 상회한다.

---

1) 우리나라의 경우 〈부동산투자회사법〉에 의해, 미국의 경우 〈Internal Revenue Code(내국세법)〉에 의해 90% 이상 의무배당을 규정하고 있다. 단, 우리나라의 자기관리리츠는 50%를 의무화하고 있다.

[그림 1] 최근 10년간 미국 투자종목별 배당수익률

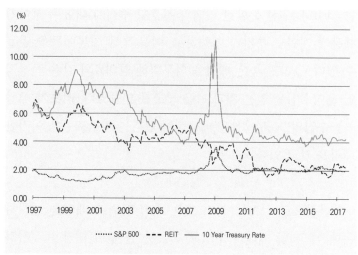

자료 : www.multpl.com, www.reit.com

    리츠는 일반주식보다 더 높은 배당수익률을 보여주는데, 이는 리츠가 보유하고 있는 부동산으로부터 창출되는 임대소득이 일반주식의 배당보다 그 수익률이 충분히 더 높기 때문이다. 즉 리츠는 보유 부동산의 임대수익에서 발생하는 연간 과세대상소득의 90% 이상을 투자자에게 배당하기 때문에 투자자들은 사실상 리츠가 보유한 우량한 자산으로부터 발생하는 부동산임대소득을 얻는 것과 마찬가지다. 미국뿐만 아니라 일본은 3~4%, 캐나다와 싱가포르는 6~7% 수준의 연평균 배당수익률을 보여주고 있다.

    또한 리츠는 낮은 변동성에 의해 위험분산효과가 높다는 장점이 있다. 미국 NAREIT 수석부사장(Senior Vice President) 인 Brad Case의 분석에 따르면 1981년부터 2017년까지의 미국증시에 상장된 리츠와 소형주(Small-Cap)[2]를 비교한 결과 리츠는 상대적으로 높은 수익률과 낮은 변동성, 뛰어난 위험분산효과를 보여줬다. 지난 25년간 리츠의 월간 총 수익 변동성은 13.5%에서 16.6% 사이였는데, 이는 15.9%에서 17.9% 사이의 변동성을 나타낸 소형주보다 낮은 수치다.

배당수익률 측면에서 볼 때 한국의 리츠시장도 미국 등 다른 나라와 크게 다르지 않다. 2008년부터 2016년까지 한국리츠와 일반주식의 배당수익률을 비교해보면 리츠가 더 높은 수익률을 달성하고 있음을 알 수 있다. 수익률의 변동성이 주식에 비해 높지만 평균 6% 이상의 높은 배당수익률을 제공하고 있다.

그러나 한국리츠시장에 나타나는 커다란 문제점은 리츠 투자를 통해 높은 배당수익률은 얻을 수 있으나 개인이 리츠에 투자할 기회가 적다는 것이다. 한국의 리츠는 사모중심의 시장으로 발전해 개인투자자들이 접근하기 어려운 구조를 갖고 있다. 한국의 전체 리츠자산 규모는 25조 원에 육박하지만 공

---

2) Brad Case는 리츠를 소형가치주(Small-Cap value companies)로 평가했다. 미국에서 가장 규모가 큰 리츠인 American Tower는 IT기업인 Apple의 1/14에 불과하며, 과거 25년간의 자료를 바탕으로 분석한 결과 미국증시에 상장된 리츠와 소형주는 72%로 높은 상관관계를 보여주고 있다고 분석했다.

[그림 2] 한국리츠 및 주식배당수익률

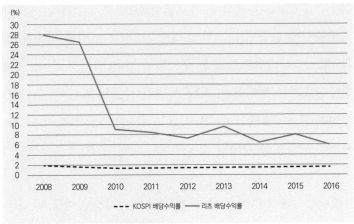

자료 : 한국은행 경제통계시스템, 한국리츠협회.

모리츠는 1.4%인 3,500억 원에 불과하며, 지난 5년간 신규 상장된 리츠는 3개에 불과하다. 사모중심으로 성장한 원인에 대해서는 다양한 해석이 존재한다.

리츠는 주식회사로서 투자자들은 주주로 참여한다. 공모로 설립할 경우 다수의 투자자를 유치해 투자자관리가 상대적으로 복잡하기 때문에 리츠를 설립하는 자산운용사에서 사모를 선호한다는 것이다. 또한 기관투자자 입장에서도 투자기구가 비공개 상태로 유지되면서 기대했던 수익률을 만들기 위해 효율적으로 부동산을 관리하고 청산을 통해 적극적으로 자본 수익을 추구하는 사모리츠를 더 선호한다는 설명도 가능하다.

해외에서는 리츠를 높은 수익보다는 안정적인 운영수익과 리스크관리를 하는 장기투자처로 인식하고 투자하는 반면, 한국의 기관투자자들은 리츠를 펀드처럼 고수익을 얻을 수 있는 상품으로 취급해 만기가 왔을 때 목표한 수익률을 얻고 청산하는 구조를 선호하는 것이다. 이러한 리츠투자자와 운용사의 수요가 반영돼 한국의 리츠 산업은 다수의 우량부동산으로 이뤄진 부동산 포트폴리오를 구축하며 영속적으로 성장하는(다양한 투자자가 공존하는) 공모상장리츠보다는 단일 우량 부동산을 단기간 보유하고 자본 이득을 얻고 소수의 지분참여자에게 수익을 나눠주고 청산하는 형태로 발전했다.

한편 과거 상장리츠에서 발생했던 횡령 및 배임사건[3]으로 인해 리츠라는 투자기구에 대한 신용이 크게 떨어진 사건들이 있었다. 이에 한국거래소는 리츠의 상장규정을 대폭 강화해 현재의 공모상장리츠의 설립은 해외시장과 비교해도 무척 까다로운 것이 사실이다. 개인투자자들에게 수익용 부동산을 간접적으로 투자할 방법을 제공한다는 리츠의 설립정신을 상기한다면, 사모펀드 형태로 운영되고 있는 한국의 리츠산업이 빠른 시간 내에 재편돼 공모상장리츠 위주의 시장으로 나아가야 할 것이다.

---

3) 2008년 한국 최초로 자기관리리츠 영업허가를 획득한 다산리츠는 임원진의 횡령 및 배임행위로 인해 상장 9개월 만인 2011년 상장폐지 됐다.

개인투자자들은 적은 수의 국내상장리츠로 인해 리츠 투자 기회가 적어졌지만, 해외로 눈을 돌려볼 수 있을 것이다. 리츠산업을 태동시키고 가장 크고 많은 리츠를 보유하고 있는 미국과 더불어 일본, 싱가포르, 호주, 홍콩 등의 주식시장에서 리츠는 활발하게 거래되고 있다. 이러한 나라들의 대형 리츠는 다양한 해외시장 또는 다양한 형태의 부동산에 투자해 다각화된 부동산 포트폴리오를 구축하고 있다. 이들 리츠에 투자하는 것은 전 세계의 다양한 수익용 부동산에 간접적으로 투자하는 것과 다름없다. 더 나아가 리츠지수에 투자하는 ETF(상장지수펀드) 상품도 있는데, 이러한 상품을 이용하면 다양한 리츠에 분산투자하는 포트폴리오 구축도 가능하다.

리츠는 안정적으로 높은 배당수익률을 얻을 수 있는 투자기구다. 고령화가 국가적 이슈로 자리하고 있는 현시점에서 리츠는 노후대비를 위한 수단으로도 활용될 수 있다.[4] 그러나 한국은 개인투자자가 리츠의 장점을 누리기에 상대적으로 어려운 시장 환경이 조성돼있다. 이에 관계부처와 업계는 개인투자자들도 리츠의 이익을 함께 누릴 수 있도록 노력해야 할 것이며, 이것이 리츠업계뿐 아니라 한국의 부동산 산업을 발전시키는 것임을 주지해야 할 것이다.

---

4) 이러한 목적으로 가장 성공적으로 리츠산업이 자리매김한 나라는 일본 이다.

〈참고문헌〉

· Brad Case, "REIT Volatility, Correlation, Beta, and Alpha as of Mid-2017: Not Your Father's Small-Cap Value Stocks(Thank Goodness)", NAREIT, 2017.

20
부동산에도
핀테크가 활용될 수 있다?

| 최수석 |

'비트코인으로 두바이 주상복합아파트 분양한다'라는 신문 기사가 눈길을 끈 적이 있다. 2017.9월 미국 CNN방송에 따르면 영국 사업가들이 중동의 두바이과학공원 부지에 3,700억 원 규모의 40층 아파트 2동과 영화관, 수영장, 상가를 건설하면서 침실 1개짜리 아파트는 50비트코인, 스튜디오는 30비트코인에 매매한다고 밝혔다. 비트코인은 가상화폐로서 핀테크의 한 분류인 블록체인을 이용한 가상통화산업에 속한다. 4차산업혁명은 2016년 세계경제포럼(WEF)에서 처음 거론된 이후 빅 데이터, 인공지능(AI), 증강현실과 가상현실, 사물인터넷, 스마트 카, 핀 테크 등으로 그 영역을 확장해나가고 있다.

2017년 6월 발표된 Forbes의 "세계에서 가장 혁신적인 성장기업" 20개사 중 부동산기업이 1위 포함, 3개사가 선정될 정도로 전통산업인 부동산업에서도 첨단 ICT(Information & Communication Technology) 접목을 통한 혁신적인 변화가 활발히 진행 중이다. 우리나라에서도 빅 테이터를 이용한 부동산 앱 250여 개가 활동 중이며 직방, 다방, 슈가힐, 호갱노노 등이 부동산 O2O(Online to Offline) 시장을 주름잡고 있다.

〈표 1〉 세계에서 가장 혁신적인 성장기업 중 부동산 기업

순위	기업명	5년 평균 매출증가율	기업가치	내용	국가
1	rightmove find your happy	14.6%	4.6억 달러 (5.2조 원)	2000년 설립, 영국1위 부동산 플랫폼	영국
13	Zillow GROUP	69.1%	6.6억 달러 (7.5조 원)	2006년 설립, 미국1위 부동산 플랫폼	미국
15	CoStar Group	27.2%	6.7억 달러 (7.6조 원)	1987년 설립, 상업용부동산에서 출발, Apartments.com 등 온라인업체 인수(2014)	미국

주 : 2017.8.22차 한율(1,136.4원)
자료 : Forbes, "The Worlds Most Innovative Growth Companies(2017.6)"
출처 : 산은경제연구소 이슈브리프(2017.9.18.)

핀 테크(FinTech)는 금융(Financial)과 기술(Technology)의 결합어이며, 핀 테크를 활용한 핀 테크 산업은 블록체인 기반 가상통화산업, 결제서비스산업, 송금서비스산업, 로봇 어드바이저를 이용한 자산관리산업, 크라우드 펀딩산업 등이 있다. 핀 테크는 기존의 금융거래비용을 절감시키고 금융거래 당사자 간의 정보의 질 격차를 해소시키며 기존 금융회사가 포괄하지 못하거나 하지 않는 금융서비스를 담당해 금융이용의 기회를 넓히고 금융이용자의 권익을 신장시키는 역할을 하

면서 시간과 장소의 구애를 받지 않고 이뤄질 수 있다. 이러한 핀 테크는 부동산에 투자하고 싶은 투자자와 부동산을 이용해 자금을 조달하고 싶어 하는 차입자를 연결시키면서 부동산 시장에 직접적인 영향을 미칠 수 있고, 부동산과 핀 테크가 접목되면서 가장 주목받고 있는 분야가 크라우드 펀딩 (Crowd Funding)이다.

크라우드 펀딩은 집단지성의 힘을 이용해 수많은 투자자로부터 자금을 모아 수요자에게 연결하는 방식이며 투자 형태인 지분형, 대출형과 후원 형태인 보상형, 기부형으로 나눌 수 있다. 이중 투자 형태가 일반 사업과 연관된 형태이지만 지분형 크라우드 펀딩의 자금모집 대상에 부동산업이 제외돼있어 부동산과 연관된 크라우드 펀딩은 대출형 크라우드 펀딩이다.

〈표 2〉 크라우드 펀딩의 종류

구분	투자목적	부동산 투자 가능여부
지분형	배당, 자본이익	불가능
대출형	이자	가능
보상형	보상	불가능
기부형	보람	불가능

대출형 크라우드 펀딩(이하 P2P대출 : Peer to Peer)은 개인과 개인, 개인과 법인, 법인과 법인 사이에 이뤄지는 직거래 금융서비스의 일종으로 자금수요자는 금융기관을 통하지 않

고 쉽게 자금을 조달할 수 있고, 투자자는 높은 이자수익을 낼 수 있어 P2P방식을 통한 대출이 매우 활성화되고 있다. 자본시장연구원과 크라우드 연구소에서 2017년 9월 발표한 자료에 의하면 전체 P2P금융사의 P2P대출은 2016년 6월 이후 월평균 16% 이상 성장세를 보이고 있으며, 2017년 8월 말 기준 누적대출액 1조 6,741억, 업체 수 171개를 기록하고 있고 부동산PF와 부동산담보가 전체의 59%를 차지하며 증가세를 견인하고 있다고 밝히고 있다.

〈표 3〉 P2P금융 누적대출규모 추이와 상품별 비중, 규모

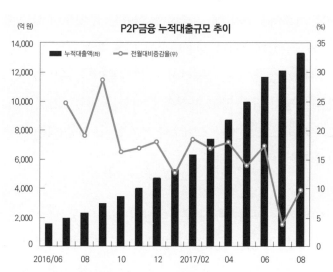

주 : 한국P2P금융협회 가입 회원사 대상, 월말 기준
자료 : 한국P2P금융협회
출처 : 자본시장연구원 자본시장포커스(2017-19호)

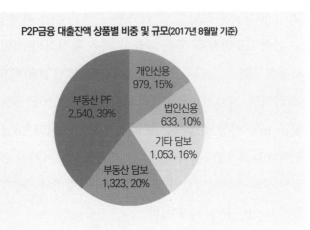

P2P금융 대출잔액 상품별 비중 및 규모(2017년 8월말 기준)

개인신용
979, 15%

법인신용
633, 10%

기타 담보
1,053, 16%

부동산 담보
1,323, 20%

부동산 PF
2,540, 39%

출처 : 자본시장연구원 자본시장포커스(2017-19호)

　P2P대출이 부동산에 집중하는 이유는 무엇보다 담보력이다. 동산담보대출이나 신용대출에 비해 확보된 부동산 담보로 처분을 통한 회수 가능성이 크기 때문이다. P2P 투자는 원리금 보장이 되지 않고 아직은 신뢰도가 약한 P2P회사를 보고 투자하므로 투자자 스스로를 보호할 수 있는 회수 안전장치가 무엇보다 중요하다.

　P2P회사는 투자자에게 투자대상이 되는 부동산의 위치, 부동산 유형, 부동산의 시세와 감정평가금액, 개발사업의 경우 완공 후 가치 등 각종 정보를 자세하게 제시하고 투자자는 본인 책임하에 각종 내용을 확인한 후 투자하게 된다. 투자자의 투자금이 P2P회사 통해 조달되면 대출이 실행되고 투자자에게 지속적인 투자서비스를 제공하고 차입자로부터 투자금 회

수업무를 관리하게 된다. 이러한 부동산 P2P투자는 소액으로
도 거액 부동산 투자를 가능하게 하고, 투자자와 차입자 간
의 직거래를 통해 거래비용을 낮추고, 다양한 부동산에 투자
할 수 있는 분산투자의 기회를 제공하며, 투자자에게 투자대
상 부동산에 대한 투명한 정보의 제공과 아울러 회수될 때까
지 투자자를 위해 투자관리 활동을 하므로 부동산 투자에 대
한 자산관리서비스를 받을 수 있는 이점이 있다.

〈표 4〉 P2P방식으로 부동산 간접 투자할 경우 장점

구분	적은투자 금액	낮은거래 비용	분산투자 용이성	투자투명성	투자관리
직접투자				○	○
P2P 간접투자	○	○	○	○	○

  부동산 산업에서 핀 테크의 활용은 더 이상 거스를 수 없는
대세가 되고 있다. 4차산업혁명의 한축인 핀 테크의 발전은
그 속도와 영향도가 갈수록 증가되고 있고 핀 테크의 핵심인
P2P금융 역시 매우 빠른 속도로 그 영역을 확장해나가고 있
다. P2P 투자는 개인투자자 의존도가 낮아지면서 기관 투자가
중심의 시장으로 발전해나가고 있으며, 대출대상인 부동산 사
업의 규모도 점차 대규모 사업으로 옮아가고 있다. 대출의존
도가 높은 국내 부동산 시장은 핀 테크의 선봉장인 P2P금융과
의 융합과 협업을 통해 기존의 금융시장에서 볼 수 없었던 새

로운 시장을 개척해 나갈 것이다.

〈참고문헌〉
· 이슈브리프, 「빅데이터로 부동산 시장의 판을 바꾸다」, 산은경제연구소, 2017.
· 부동산포커스, 「핀테크혁신이 부동산 시장에 미칠 영향에 관한 고찰」, 자본시장연구원, 2016.
· 자본시장포커스, 「최근 P2P금융의 급성장과 시사점」, 자본시장연구원, 2017.

21

주택연금에 가입한 후
주택 가격이 오르면 손해 본다?

| 하서진 |

　보유한 주택 외에 다른 소득이 없는 노년층의 생활을 안정적으로 보장할 수 있는 제도가 있다. 바로 주택연금 제도다. 만 60세 이상이며 9억 원 이하의 주택을 보유해야 가입할 수 있으며 주택연금의 가입자가 사망하는 때까지 매월 연금액이 지급된다. 주택연금은 보유한 주택에 평생 거주하면서 일정한 금액의 연금을 지급받을 수 있어 생활과 주거의 안정을 도모할 수 있다는 점과 국가가 보증하고, 세제혜택을 받을 수 있다는 점이 장점이다.

　하지만 제도상의 문제점도 존재한다. 주택연금 가입 당시 평가한 주택 가격을 기준으로 가입 기간 동안 지급되는 연금액이 산출되기에 주택 가격이 상승하더라도 그 상승분이 지급금액에 반영되지 못한다는 점이다. 해당 주택에 임차보증금이 있는 세입자가 존재하는 경우 가입이 불가한 점, 기존 주택 담보대출이 있으면 주택연금 가입이 어렵다는 제약 또한 존재한다.

'평생 거주, 평생 지급'이라는 강점을 가지고 주택연금이 출시된 지 10주년인 2017년, 주택연금 가입자는 4만 5,300명을 넘어섰다. 2017년 상반기 가입자 수는 5,942명으로 전년 동기 대비 11.8% 증가한 수치다.[1] 만 60세 이상의 고령자부터 가입이 가능한 주택연금이 고령자를 위한 제도로서 주거 안정과 생활비 보장이라는 기능을 충실히 수행해 가입자 또한 꾸준히 증가하는 것으로 해석할 수 있다.

그러나 가입자 증가추세와 함께 주택연금 제도가 지닌 문제점과 제약으로 인해 주택연금의 해지 건수도 증가하는 추세다. 주택연금 출시연도인 2007년부터 2015년까지 해지 건수는 매년 가파르게 증가하고 있다. 주택연금을 해지하는 주된 요인은 주택연금 가입 후(주택연금 담보를 설정한) 주택 가격의 상승이다.

---

1) 2017년 상반기 기준으로 주택연금 가입자 4만 5,371명(한국주택금융공사 보도자료(2017.7.25.), '올 상반기 주택연금 가입 역대 최고' 참고).

〈표 1〉 주택연금 가입 및 해지 현황

구분	2007년	2008년	2009년	2010년	2011년
신규공급(건수)	515	695	1,124	2,016	2,936
해지(건수)	4	71	79	132	315
구분	2012년	2013년	2014년	2015년	누계
신규공급(건수)	5,013	5,296	5,039	6,486	29,120
해지(건수)	306	562	852	1,189	3,510

자료 : 진미윤(2016), '주거복지적 관점에서 본 주택연금의 역할과 과제', 주택금융월보 제143호.
참고 : 해지(건수)는 2007년도부터 가입된 고객의 당해년도 해지 건수.

　　주택연금 제도상 주택연금 지급액은 가입 당시의 주택 가격으로 결정돼 계약기간 동안 그 지급액이 고정된다. 따라서 가입 후 주택 가격이 상승한다면 지급액이 더 높게 설정될 수도 있기 때문에 가입 후 집값 상승은 가입자에게 '손해'로 인식될 수 있다. 그러나 주택연금 보증기관에서는 이와 같은 '손해'에 대비해 상환절차를 마련, 진행하고 있다.

　　[그림 1]과 같이 주택연금을 신청하고자 하는 가입자는 보유한 주택을 담보로 한국주택금융공사에 보증신청을 한다. 보증기관인 한국주택금융공사는 해당 신청 건에 대해 심사한 후 기준에 적합한 경우, 보증약정체결과 저당권 설정의 과정을 거쳐 금융기관에 보증서를 발급한다. 그 후 가입자가 금융기관을 방문, 대출거래약정을 체결한다. 금융기관은 주택연금 계약 종료 시까지 대출에 따른 원리금(주택연금 지급금)을 가

입자에게 지급한다. 이때 주택연금 지급금액은 가입 당시의 집값을 기준으로 산정되며 가입 기간 동안 고정된다.

[그림 1] 주택연금 신청 및 대출실행 과정

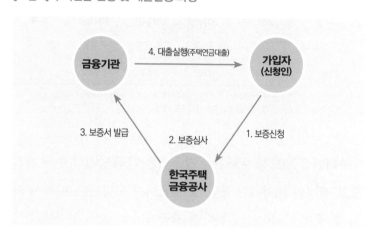

〈표 2〉월 지급금 예시

(단위: 천 원)

연령	주택 가격								
	1억 원	2억 원	3억 원	4억 원	5억 원	6억 원	7억 원	8억 원	9억 원
50세	135	270	405	540	675	810	945	1,080	1,215
55세	156	312	468	625	781	937	1,093	1,250	1,406
60세	209	419	629	839	1,049	1,259	1,469	1,679	1,889
65세	252	505	758	1,010	1,263	1,516	1,768	2,021	2,274
70세	308	616	924	1,232	1,540	1,849	2,157	2,465	2,773
75세	381	762	1,143	1,524	1,905	2,286	2,667	3,033	3,033
80세	481	963	1,444	1,926	2,407	2,889	3,362	3,362	3,362

주 : 일반주택, 종신지급방식, 정액형, 2017.2.1. 기준임.
출처 : 한국주택보증공사 홈페이지(www.hf.go.kr)

예를 들어 일반주택에 주택연금을 설정, 종신지급 방식 및 정액형을 설정한 경우[2] 〈표 2〉 월지급금 예시와 같이 지급받게 된다. 4억 원 주택에 거주하는 60세의 경우 월 83만 9,000원을 지급받는다. 가입자의 사망, 채무인수 불이행, 장기 미거주, 소유권 상실 등 주택연금의 계약 종료 시, 보증기관은 주택연금의 저당권을 설정했던 주택에 대해 다시 주택 가격을 평가해 주택처분금액을 산출한다.

계약 중 가입자에게 지급된 주택연금의 총 지급액과 계약 종료 시의 주택처분금액을 비교해 주택 가격이 계약기간 동안 지급된 총 지급액보다 더 높은 경우, 보증기관은 그 차액을 가입자의 상속인에게 상환한다. 주택연금에 가입 후 주택 가격이 상승해 총 지급금과 비교해 손해가 발생할 우려가 존재할 수 있으나 계약 종료 후 주택연금 총지급액과 주택 처분금액을 비교해 그 차액을 상환받기에 금전적으로 '보상'받는 대안은 마련돼있는 셈이다.

---

2) 주택연금의 월 지급금 지급방식으로 종신방식, 확정기간방식, 대출상환방식 중 선택이 가능하며 월지급금 지급방식에 따라 지급유형(정액형, 전후후박형 등)의 선택이 가능함.

〈표 3〉 주택연금 계약 종료 시 주택처분금액 상환 여부

금액 비교	비고
주택처분금액 〉 연금지급총액	남는 부분에 대해 채무자(상속인)에게 돌려줌
주택처분금액 〈 연금지급총액	부족분에 대해 채무자(상속인)에게 별도 청구 없음

출처 : 한국주택보증공사 보도자료(2017.7.25.), '올 상반기 주택연금 가입 역대 최고'

만약 총 지급액이 계약 종료 시의 주택 처분금액보다 높은 경우, 발생하는 부족 금액에 대해서는 보증기관에서 상속인(채무자)에게 별도로 청구하지 않는다. 주택연금 계약 중에 집값 상승에 따른 '손해'가 우려된다면 주택연금 계약 종료까지 기다려서 그 차액을 상환받는 것 외에 계약 중에 주택연금 계약 자체를 해지하는 것도 대안이 될 수 있다. 다만 그동안 지급받은 주택연금 월 지급금과 이자, 가입 초기에 납부하는 보증료 등을 납부해야 하지만 주택연금의 이자가 시중은행 주택담보대출금리보다 낮은 것을 고려한다면 해지에 따른 이자부담은 일반 주택대출보다는 낮은 편이다.

주택연금의 월 지급금은 별다른 소득이 없는 가입자에게 노후 생활비가 돼 안정적인 노후생활을 꾸려나갈 수 있는 소득원이 될 수 있을 것이다. 주택 가격 상승분을 그때그때 반영하지 못하는 제도상의 제약이 존재해 손해가 발생할 수 있다는 오해가 발생할 수도 있다. 그러나 보증기관에서 물가상승에 따라 매년 일정 비율로 주택 가격이 상승하는 것으로 가정

해 월 지급금을 산출하기에 주택 가격 상승에 따른 주택의 가치 변화는 월 지급금 산출 과정에서 이미 반영돼 있다. 그리고 보증기관에서 진행하는 (주택연금 계약 종료 시의) 주택처분금액의 상환절차가 존재함을 고려한다면 '주택연금 가입 후 주택 가격이 상승하면 손해 본다'는 인식은 오해다.

〈참고문헌〉
· 진미윤, 「주거복지적 관점에서 본 주택연금의 역할과 과제」, 주택금융월보 제143호, 2016.

22

DSR(Debt Service Ratio)
40% 규제는 적정한가?

| 김정엽 |

　가계부채 관리를 위한 최근 정부의 정책 방향은 차입자의
상환능력에 초점을 맞추고 있다. 즉 능력이 되는 만큼 대출을
받고 고정금리로 나눠 갚을 수 있도록 노력하고 있다. 이를 위
해서는 근본적으로 금융권의 심사능력 강화와 함께 차입자의
상환능력을 적절히 평가해 반영할 수 있는 시스템의 도입이
중요하다. 차입능력지표로 사용되는 DTI(Debt To Income)
를 강화해 차입자의 상환능력을 종합적으로 심사할 수 있는
DSR(Debt Service Ratio)에 대한 도입을 검토하고 있는 것도
같은 맥락이다.

　부채의 위험과 차입자의 상환능력을 측정하는 지표로서 학
계와 금융기관들은 다양한 기준들을 개발하고 실제 모형에서
적용하고 있으며, 금융당국에서도 몇몇 기준들을 제도화해 가

계부채 안정화 및 건전성 강화의 도구로써 활용하고 있다. 해당 기준들의 대부분은 소득 대비 부채, 자산대비 부채의 정도를 그 바탕으로 하고 있으며, 기준에 따라 크게 저량과 유량지표로 구분된다. 부동산담보대출의 대출한도를 결정하는 대표적인 저량 지표로는 LTV(Loan To Value ratio)가 있다. 담보물의 자산 가치대비 대출금액의 비율을 의미하며, 대출금액에는 선순위채권, 임차보증금, 최우선변제 및 소액임차보증금 등을 가산한다. 담보물의 자산 가치는 전문 감정기관의 감정평가액 또는 유사물건의 실거래가를 적용한다. 대표적인 유량지표로는 DTI(Debt To Income ratio)를 들 수 있으며, LTV와 함께 금융기관에서 대출한도를 결정하는 주요 지표로 사용된다.[1] 금융당국에서도 부동산 시장 정책규제의 도구로서 DTI 비율을 활용한다. DTI는 차입자의 총 소득대비 해당 부동산 담보대출의 원리금 상환액과 기타 부채의 이자상환액을 합산해 결정된다. 일반적으로 DTI는 차입자의 소득을 고려해 부동산담보대출의 건전성을 측정하는 지표로서 부동산의 가격과 차입자의 소득의 충격을 방어하는 역할을 했으며, LTV는 담보가치를 고려해 주택가격의 하락을 통한 리스크를 차입자의 담보물에 한정시켜 금융시스템을 방어하는 역할을 수행했다.

DTI는 지역별로 규제 여부가 다르고 부동산의 종류도 아파

---

1) 일반적으로 저량 지표의 기준은 자산의 정도이며, 유량지표의 기준은 소득이다. 저량이 총량의 개념이면 유량은 현금흐름의 개념이다.

트로만 한정하고 있어 거시적인 정책을 결정하고 관리하는 지표로서는 한계가 있다. 따라서 현재 새롭게 차입상환능력 지표로 논의되고 있는 지표가 DSR이다. DSR은 DTI와는 다르게 모든 부채에 대한 연간 총 원리금 상환액을 연간 가처분소득으로 나눈 지표이다. DTI와 동일하게 유량개념의 지표이나 중도상환금액과 카드대출, 할부금액, 마이너스통장 등의 금액까지 모두 합산되므로 일반적으로 DTI보다 보수적인 지표라고 할 수 있다.[2] DSR의 구체적인 활용방법에 대한 규정은 명확하지 않지만 여신심사 선진화 가이드라인상 DSR이 80% 수준을 넘어설 경우 금융권 자체적으로 관리할 수 있음을 명시하고 있으며, 향후 정부에서는 DSR을 40% 수준으로 규제하는 방안을 검토 중에 있다.

[그림 1] DTI와 DSR의 원리금 산정방식의 차이

DTI						DSR					
부동산담보대출			기타대출			부동산담보대출			기타대출		
기존	기존	신규	기존	기존	기존	기존	기존	신규	기존	기존	기존
원금	원금	원금	원금	원금	원금	원금	원금	원금	원금	원금	원금
이자	이자	이자	이자	이자	이자	이자	이자	이자	이자	이자	이자

---

2) 기존 DTI는 신규 주담대 원리금+기타 대출(기존 주담대, 신용대출 등) 이자만 적용됐으나, 2018년 이후 시행되는 신 DTI는 모든 주담대 원리금+기타 대출(신용대출 등) 이자 등이 적용된다. DSR은 모든 가계대출의 원리금(부동산+기타대출)을 포함한다.

선진국들의 금융규제 수준은 어떠할까? 실제로 홍콩, 싱가폴, 캐나다 등의 국가에서 DSR의 개념과 유사한 방법을 활용하고 있으며, 대부분 40~60% 수준에서 대출한도를 제한하고 있다. 또한 일방적인 규제가 아닌 주택담보대출의 사용 목적, 소득의 종류 및 안정성 등을 고려해 상한 한도를 조정하는 등의 방법을 활용하고 있다.

〈표 1〉 DSR개념의 상환능력 지표의 해외사례

국가	명칭 및 정의	적용대상 및 규제내용	참고사항
홍콩	DSR (소득 대비 총 원리금)	• 대출시점에 주택담보대출 있음: 50% • 대출시점에 주택담보대출 없음: 40%	• 비거주용일 경우 – 10%
프랑스	DTR (수입 대비 총 원리금)	• 총 소득의 33%	• 임대소득에 대해 은행별로 70~80%만 인정 • 순자산 수준, 처분가능소득을 검토
네덜란드	DSTI (가처분 소득 대비 총 원리금)	• 소득 수준에 따라 차등적용	• 독립기구인 NIBUD의 자문을 받아 재무부와 내무부가 발표
캐나다	GDS (소득대비 주택관련 총비용) TDS (소득대비 총 대출비용)	• 정부보증 있음: GDS 39%, TDS 44% • 정부보증 없음: GDS 32%, TDS 40%	• 캐나다 중앙은행 5년 고정 주택담보대출 이자율 적용(가장 낮은 고정 이자 대출보다 2%p 높음)
싱가포르	TDSR (소득 대비 총 원리금)	• 담보대출 시 60% 수준 권장	• 60%를 넘는 대출 실행은 적절한 절차 수행 및 MAS 보고

※ 한국금융연구원 발표자료(2017. 9. 5)를 참고해 재정리

그렇다면 '이와 같은 금융규제 비율은 타당한가?'라는 의문이 생긴다. 질문에 답하기 위해서는 어떠한 기준을 바탕으로

규제정도를 정했는지 먼저 그 기준점을 명확히 해야 한다. 이러한 기준들은 국가와 정책적 관점에서 전반적인 규제의 필요성이 있다고 판단되거나 금융권 자체 심사를 통해 일정수준 비율로 대출규모를 조절할 필요성이 있으면 자체적인 기준을 세워 적용하기도 할 것이다. 그러나 보다 합리적인 기준은 '대출을 실행하는 소비자, 즉 차입자가 어느 정도 부담을 느끼고 있으며, 연체나 디폴트와 같은 직접적인 위험행동이 어느 수준에서 발생할 가능성이 높은가?' 하는 부분일 것이다.

대출소비자의 행동특성을 알아보기 위해 가계금융복지조사 (2012~2016년) 자료를 활용해 차입자의 상환부담의 종류를 객관적지표인 DSR과 주관적 지표인 상환부담을 느끼는 정도로 구분해 연체확률을 분석해봤다. 분석결과 DSR 단계별 변수를 투입한 모형에서는 DSR 1~4단계까지는 연체확률에 영향을 주지 않았지만 5단계 이상부터 차례로 영향을 줬으며, 영향을 주는 효과도 점점 증가하며 방향의 일관성도 보이는 것으로 분석됐다. 따라서 담보대출만 보유한 가구의 경우 DSR 5단계 수준 이후부터는 연체행동으로 진행할 가능성이 크는 것을 알 수 있었다. 주관적 지표인 상환부담확률 단계별 변수를 살펴보면 역시 1~5단계까지는 영향을 주지 않았으나 6단계 이후부터 연체확률에 영향을 줬으며, DSR과 마찬가지로 효과도 점점 증가해 방향의 일관성을 보였다.[3]

〈표 2〉 DSR 단계 구분 분석결과

구분	DSR단계별 연체확률 영향여부 및 구간값				
	영향여부	강도	DSR 평균(%)	MIN(%)	MAX(%)
DSR 3단계	×	–	30.29	27.31	33.47
DSR 4단계	×	–	36.81	33.48	40.20
DSR 5단계	○	중·상	45.14	40.21	51.59
DSR 6단계	○	상	64.12	51.61	225.68

〈표 3〉 상환부담확률 단계 구분 분석결과

구분	상환부담확률 단계별 연체확률 영향여부 및 DSR 평균값		
	영향여부	강도	DSR(%)
부담확률3단계	×	–	28.14
부담확률4단계	×	–	31.70
부담확률5단계	×	–	34.04
부담확률6단계	○	중	37.69
부담확률7단계	○	중	41.63
부담확률8단계	○	상	52.02

결론적으로 주관적 상환부담확률과 객관적 상환부담지표의 DSR 평균이 각각 37.69%, 45.15% 수준으로 대체로 원리금 상환액이 전체 소득의 약 37% 수준 이상이 되면 상환에 대한 부담감이 커져 연체행동으로 이어질 수 있음을 확인할 수 있었다. 그러나 DSR 5단계의 구간값을 살펴보면 40.21~51.59%

---

3) 김정엽(2018), 부동산 담보대출 상환부담과 연체결정에 관한 연구의 일부 내용을 재구성함.

수준이었으며, 상환부담확률을 활용한 분석결과에서도 연체확률에 미치는 영향이 증가하는 구간은 DSR 평균이 52.02%인 8단계 수준이라는 것도 알 수 있었다. 또한 분석의 기준이 연체확률이기 때문에 차입자의 디폴트로 연결되는 부담의 수준은 보다 더 높을 것으로 판단된다. 즉 직접적인 위협으로 이어지기까지 어느 정도의 갭이 존재할 수 있다는 의미다.

따라서 주관적 상환부담을 고려할 경우 금융회사 여신심사 선진화 방안에서 기준으로 제시하고 있는 DSR 40%의 기준보다 더 낮은 수준에서 연체위험이 발생할 가능성도 존재했으나, 동시에 부동산 시장과 기타 경제적 여건 등을 고려했을 때 차입자의 원리금 상환부담과 위험수준을 평가해야 할 필요성이 있음도 알 수 있다. 차입자가 느끼는 상환부담이라는 것은 소득과 원리금뿐만 아니라 소비수준 증가와 부동산 시장침체와 같이 DSR에 직접적으로 연관된 부분 이외의 요인에게도 영향을 받을 수 있기 때문이다. 현재 정부가 논의 중인 DSR 40% 수준의 규제는 2012~2016년의 자료를 바탕으로 평가했을 때는 어느 정도 타당성이 있어 보인다. 그럼에도 불구하고 전술한 분석결과 및 선진국 금융규제정도를 참고했을 때 약 10~20% 정도 탄력적 운용이 가능할 것으로 보인다. 대출의 종류, 차입자의 수준, 지역적인 부동산 시장 등 여러 가지 요건들을 추가적으로 고려해야 하며, 대출규제의 궁극적인 목적은 금융시장의 체질개선을 통한 건강한 경제성장이므로 상황에 맞는 부드럽고 기민한 규제가 필요함을 강조하고 싶다.

　보다 더 발전된 금융시스템을 위해 새롭게 도입되는 지표인 만큼 규제의 목적과 그 기준을 구체화해 차입자들의 부담을 경감시켜줄 목적과 건전한 금융환경 조성을 위해 규제를 실시하는 것인지를 명확히 할 필요가 있어 보이며, 철저한 준비를 통해 도입돼 단순한 정책 목적달성을 위한 수단으로 사용되지 않길 바라는 바다.

〈참고문헌〉
· 김경환·손재영, 『부동산 경제론』, 건국대학교 출판부, 2012.
· 김문년·이용만, 「주택담보대출의 연체위험 분석」, 주택연구, 제23권(2), 2014.
· 김영도, 「금융회사 여신심사 선진화 방안: 발표자료」, 한국금융연구원, 2017.
· 김재용, 「주택자산이 가계부채에 미치는 효과」, 박사학위 논문, 강원대학교 대학원, 2014.
· 김정엽, 「부동산담보대출 상환부담과 연체결정에 관한 연구」, 박사학위 논문, 건국대학교 대학원, 2018.
· 기획재정부, 「가계부채 종합대책」, 관계기관 합동브리핑 자료
· 임미화, 「주택자산이 가구의 자산축적 및 금융자산 포트폴리오선택에 미치는 영향」, 박사학위 논문, 건국대학교 대학원, 2012.
· 정의철, 「구조모형을 통한 주택금융수요 추정에 관한 연구」, 국토계획, 제40권(6), 2005.
· 주원·조규림, 「국내 가계부채 증가의 원인 및 전망」, 현대경제연구원, 제16권(42), 2016.

· Brueckner, Jan K., 「The Demand for Mortgage Debt: Some Basic Results」, Journal of Housing Economics , No.3, 1994.
· Del-Rio, Ana and Young, Garry, 「impact of unsecured debt on financial distress among British households」, Bank of England Working Paper, No. 262, 2005.

부동산 투자는
어떻게
하나?

23

다주택자들은
꼭 임대주택 등록을 해야 하나?

| 문지영 |

문재인 정부가 출범하고 나서 첫 부동산대책을 냈다. 이름해 8.2 부동산 대책이라 불리는 주택정책으로 주택을 통해 자산증대를 기대하던 사람들에게는 부동산 규제 종합선물세트를 받은 느낌이 들 것이다. 특히나 다주택자들에게는 금융규제 강화와 양도소득세 가중과세를 예상하고 있어 마치 대한민국에서 서울의 다주택자들은 죄인취급이라도 받는 기분이다. 그런데 그 규제의 종합판 속에서도 유일하게 정부가 다주택자들의 숨통을 트게 해주는 당근책이 있으니 바로 임대주택 등록 유인책이다.

추가로 작년 연말에는 '임대주택 등록 활성화 방안'까지 발표하면서 임대주택 등록을 촉진하고 있다.[1]

---

1) 반면에 2018.4.1.부터는 임대주택 요건 강화(양도세·종부세 혜택 기준이 종전 '5년'에서 '8년'으로 변경)

임대주택은 1세대만으로도 등록 가능하고 일정 요건을 지키면 취득세, 재산세, 종합부동산세, 임대소득세, 양도소득세까지 취득부터 보유, 매각에 걸쳐 각종 세제혜택을 주겠다고 밝히고 있다. 세금에 민감한 부자들에게는 귀가 솔깃해질 만한 얘기다. 그럼에도 불구하고 이렇게 좋은 혜택을 준다는 것이 분명 정부의 호의 같은데, 덥석 물자니 본능적으로 불안한 기운이 오는 것도 사실이다. 수많은 채찍 속에 하나 있는 당근을 물었다가 예상치 못한 채찍이 날아오는 건 아닌지, 예상치 못한 불리함이 나에게 돌아오는 건 아닌지 동물적인 촉이 생겨 선뜻 임대주택 등록을 해야 하나 머뭇거리게 된다.

의심을 걷고 현실을 직시하기 위해서는 '왜' 다주택자가 보유하는 부동산은 각종 규제를 하면서 다주택자의 주택인데도 '임대주택 등록'을 하면 혜택을 주는 건지, 임대주택에 대한 개념과 필요성부터 이해해야겠다. 우선 민간임대주택이란 임대목적으로 제공하는 주택으로서 임대사업자가 등록한 주택을 말하며, 주체에 따라 '기업형'과 '민간형'으로 분류가 된다. 임대주택을 필요로 하는 서민들에게 국가 등이 주택을 제공해야 하지만 현실적으로 국가가 공급을 다 감당할 수는 없어 기업이나 민간이 국가를 대신해 임대주택을 제공한다면 정부의 역할을 대신해 주는 만큼 혜택을 줘야 하는 논리다. 특히나 기업이 아닌 민간이 서민을 위해 임대주택을 제공한다면, 정부 입장에서는 그 주택 제공자가 예쁘게 보일 것이다. 그리해 민간형 임대주택도 8년 이상을 임대한다면 공공에 이바지하는 바가 커 준공공임대로 정의되고 각종 혜택을 부여하게 되는 것이다.[2]

　그렇다면 준공공 임대주택의 단계별 혜택은 무엇이 있는지 살펴보자. 신규 분양의 경우 전용면적 $60m^2$ 이하의 경우 취득세가 면제된다. 또한 재산세는 전용면적 $40m^2$ 이하는 면제되고, $85m^2$까지는 규모에 따라 50~75% 재산세 감면 효과가 있다. 수도권 소재 공시가격 6억 이하라면 종합부동산제도 합산 배제가 된다. 규모와 금액 조건이 맞으면 임대소득세도 75%까지 감면되며, 일정 요건에 갖춰 2017년 말까지 준공공임대로 등록할 경우 양도소득세 100% 감면이라는 파격적인 혜택도 제시돼있다.[3] 심지어 1채만 등록해도 이 모든 혜택을 누릴 수 있다니 새로운 부동산 규제 정책이 나올 때마다 세금부담 증가로 골치 아프던 다주택자에게는 이 혜택들이 충분히 매력적으로 보일 수 있다.

　그렇다면 다주택자에게 임대주택의 등록이 최선의 선택인 것인가? 세금만큼 골치 아픈 게 없는데 세제혜택을 준다는 데 왜 망설이느냐 하는 분들이 계시다면 '세금은 나무고 부동산은 숲'이라는 표현을 하고 싶다. 우리가 숲만 보고 나무를 보지 않으면 안 되고, 나무만 보느라 숲을 보지 못해도 안 되듯

---

2) 민간임대주택에 관한 특별법(법률 제14542호) 제2조.
3) 각주 6 참고

이 나열된 세제혜택만으로 선택을 판단해서는 안 될 것이다.

　첫째, 준공공임대 주택으로 등록하게 되면 임대보증금 및 임대료 증액을 5% 이하로 해야 한다.[4] 부동산 가격을 결정하는 방식에는 원가방식, 비교방식, 수익방식이 있다. 이론적으로 보면 주택은 '하우스(House)'가 아닌 '홈(Home)'을 추구하기 때문에 주거쾌적성을 효용가치로 보고 가격형성은 주변 유사 부동산과의 대체성을 따져 비교방식으로 결정되게 된다. 그러나 현실에서는 다가구주택, 다세대주택의 경우 임대료 수익을 기반으로 하는 수익형 부동산으로 바라보는 시각이 크기 때문에 결국, 주거용 부동산도 투자 자산으로 보는 인식에서는 수익방식의 개념을 차용해 그 내재적 가치를 산정할 수밖에 없다. 수익방식은 해당 부동산의 임대료 수준을 파악하고 이를 기준으로 투자 가치를 매기게 된다. 그렇다면 임대료 증액 제한으로 인해 주변 부동산보다 임대주택으로 등록된 주택이 낮은 임대료를 받게 되는 상황이 온다면, 스스로 부동산의 투자 가치 상승을 발목 잡게 되는 건 아닌지에 대해서도 고민해볼 부분이다.

　둘째, 임대주택 등록 시 소득은 노출될 수밖에 없다. 지금이야 임대소득 2,000만 원 비과세와 향후 분리과세가 예정돼 있다고는 하지만 이는 한시적이고, 한번 노출된 소득은 숨기기

---

4) 민간임대주택에 관한 특별법(법률 제14542호) 제44조.

가 어렵다. 국가가 성장하고 복지개념이 확대되는 추세를 고려한다면 세금을 부과할 수 있는 소득이 한 번이라도 노출된다면, 그 후 소득에 대해 눈감아줄 이유가 없을 것이다. 이런 장기적인 흐름을 고려했을 때 덜컥 지금 내 소득을 노출시키는 게 부담이 될 수밖에 없다.

셋째, 소득이 공개되면 향후 소득에 대한 세금부담도 문제지만 이 못지않게 지역보험의 부담도 같이 온다. 준공공임대주택의 등록 시 건보료 부담은 임대의무기간 동안 인상분의 80%를 감면해준다. 세금은 일 년에 한두 번 부과되지만 지역보험은 매달 부과돼 더 싫다는 사람이 있을 정도로 임대의무기간 후까지 생각하면 반쪽짜리 혜택으로 느껴지는 것이 사실이다.[5]

마지막으로, 부동산 시장의 투자 가치의 논리로는 수익상승 제약이 있지만 수많은 세금혜택을 관심에 두고 임대주택등록을 하려는 사람들에게 한 번 더 머뭇거리게 하는 부분이 있다. 임대의무기간 준수, 표준임대차계약서 준수, 임대조건 신고 성실 의무를 지키지 않으면 과태료가 부과된다. 소득을 숨기고 싶고, 지역보험 부담을 줄이고 싶은 다주택자들에게 재산권 행사를 제약하는 각종 부담과 미래의 불확실성으로 임대주택 등록을 망설이게 한다.

---

5) 2017.12.13. '임대주택 등록 활성화 방안'

앞에 언급된 우려 사항들로 인해 임대주택등록을 바로 서두르기에는 머뭇거리게 만드는 상황들이 있다. 그렇지만 이 제도는 누군가에게는 불편함을 주지만, 누군가에는 분명 등록 유도를 위한 당근책이고 향후 등록 시 부여되는 혜택은 줄어들 가능성이 크다. '어느 날 갑자기 등록제를 의무화한다면?'이라는 두려움이 있는 것도 사실이다. 그러나 아직 일어나지 않은 일에 대해서까지 고민할 필요는 없겠지만 개별 상황에 맞게 유리한 선택을 해야겠다. 임대료는 낮고 시장상승률도 미비하고, 이에 비해 가격상승에 큰 기대가 있는 주택이라면 준공공임대주택으로 등록해도 좋을 것이지만, 반대의 경우라면 굳이 운영수익 상승에 제약을 둬 투자 가치를 하락시킬 이유는 없을 것이다. 결국 다주택자에게 임대주택 등록 여부는 세제혜택을 통해 누리게 될 이점과 임대료 인상 제약과 의무임대기간 부담에 따른 매매와 투자 가치 창출에서의 한계점 사이에서 스스로 가치 판단을 하고, 미래의 물가상승률과 주택가격 상승률을 스스로 비교분석을 해야 하는 숙제가 생긴 것이다.

〈표 1〉 임대주택 등록 시 단계별 세제혜택

구분	세금혜택	의무규정	제재규정
민간임대주택에 관한 특별법		① 일반임대 : 4년 이상 임대 ② 준공공임대 8년 이상 임대	1,000만 원 이하의 벌금
취득세	신규 분양의 경우 전용면적 60㎡ 이하 : 취득세 면제	① 일반임대 : 4년 이상 임대 ② 준공공임대 : 8년 이상 임대	감면 취득세 추징

재산세	① 일반임대 2채 이상 등록 시 재산세 감면 전용면적 40㎡ 이하 : 면제 전용면적 60㎡ 이하 : 50% 감면 전용면적 85㎡ 이하 : 25% 감면 ② 준공공임대 2채 이상 등록 시 재산세 감면 전용면적 40㎡ 이하 : 면제 전용면적 40㎡ 초과 60㎡ 이하 : 75% 감면 전용면적 60㎡ 초과 85㎡ 이하 : 50% 감면	① 일반임대 : 4년 이상 임대 ② 준공공임대 : 8년 이상 임대	감면 재산세 추징
종합부동산세	종합부동산세 합산 제외 수도권 공시가격 : 6억 원 이하 비수도권 공시가격 : 3억 원 이하	8년 이상 임대 (2018년 4월부터)	종합부동산세 추징
임대소득세 (종합소득세)	전용면적 85㎡ 이하고 공시가격 6 억 원 이하 요건 충족 시 소득세 감면 ① 일반임대 : 30% 감면 ② 준공공임대 : 75% 감면	① 일반임대 : 4년 이상 ② 준공공임대 : 8년 이상	감면 임대 소득세 추징
양도소득세 (거주주택 양도 시)	등록한 임대주택 주택 수에서 제외 ① 수도권 : 공시가격 6억 원 이하 ② 비수도권 : 공시가격 3억 원 이하	5년 이상 임대	거주주택 양도소득세 추징
양도소득세 (임대주택양도시)	① 장기보유특별공제 추가 공제 ◆ 일반임대(수도권 공시가격 : 6억 원, 비수도권 : 3억 원 이하) : 6년 이상 임 대시장기보유특별공제 2%~10% 포인트 추가 공제 ◆ 준공공임대(전용면적 85㎡ 이하고 연간 임대료 증가율 5% 이하) : 8년 이 상 임대한 경우 장기보유특별공제 70% 적용 ② 임대기간 중 발생한 양도소득세 100% 감면(2017년까지 계약금 납부 하고 준공공임대(전용면적 85㎡ 이하고 연간 임대료 증가율 5% 이하)로 등록한 주택에 한함) [6]	① 장기보유특별공제 추가 공제 ◆ 일반임대 : 6년 이상 임대 ◆ 준공공임대 : 8년 이상 임대 ② 양도소득세 감면 ◆ 준공공임대 : 10년 이상 임대	사전 요건 충 족 시 적용하 므로 해당 사 항 없음

6) 세부 기준은 법 개정안과 정책으로 인해 변동될 수 있음.

24

갭 투자는
항상 유효한 투자방법인가?

| 이충한 |

친구로부터 오랜만에 연락이 왔다. 친구는 부동산 투자에 대한 조언을 부탁했다. 나는 환경 개선이 기대되는 재건축 아파트에 전세를 안고 투자할 것을 추천했다. 그러나 친구의 반응은 좋지 않았다. 이왕이면, 살기 좋은 주거환경을 원했기 때문이다. 친구는 가치 상승이 기대되고, 좋은 주거 환경을 가지고 있으며, 저평가된 아파트에 투자하고 싶어 했다. 나는 그 친구에게 되물었다. "투자를 하고 싶은 거야? 아니면, 살기 좋은 전세를 구하고 싶은 거야?" 많은 사람이 높은 투자 가치와 우수한 주거환경을 갖춘 완벽한 주택을 원한다. 과연 그러한 주택을 쉽게 구할 수 있을까?

주택은 사용적인 성격과 투자적인 성격의 양면성을 가진 매우 특별한 상품이다. 주택의 양면성에 따라, 주택시장은 사용을 목적으로 하는 주택임대차시장과 수익을 목적으로 하는 주택투자시장으로 나눌 수 있다. 그렇다면 각각의 가격은 어떻게 나타날까? 주택임대차시장의 임대차가격은 당연히 전월세 가격이다. 사용의 대가로 전월세 임대료를 지불한다. 하지만, 순수 주택투자시장의 투자 가격은 매매가격이 아니다. 주택 매매가격에는 투자 외 사용에 대한 가격도 포함돼있기 때문이다. 사용 목적이 없는 순수 투자라면 매매가격에서 전(월)세 가격을 빼줘야 한다. 따라서 순수 주택 투자의 투자 가격은 "매매가격-전세 가격"이 맞을 것이다(이 글에서는 "매매가격-전세 가격"을 "순 주택투자 자기자본"으로 부르겠다. "순 주택투자 자기자본"은 주택 매입 후 전세를 임대한 투자금을 의미한다). 즉, 주택 매매가격은 사용 목적의 전세 가격과 투자 목적의 "순 주택투자 자기자본"의 합이 된다.

전세 가격과 "순 주택 투자 자기자본"은 각각 어떤 성격을 가지고 있을까? 전세 가격은 주택을 직접 사용함으로서 얻게 되는 효용의 가치다. 따라서 주거사용의 편익, 교통 환경의 편익, 공원의 유무, 교육환경, 주택의 노후도 등 실거주가치가 반영돼있다. 순 주택 투자 자기자본은 주택 "매입 후 임대"를 통해서 매매차익을 얻게 되는 순수 투자 가치다. 순 주택 투자 자기자본은 금융상품의 선물 투자와도 매우 유사한 성격을 가지고 있다. 금융상품의 선물 투자가 증거금으로 현재가치 대비 미래 상승에 대한 투자인 것처럼, 순 주택 투자 자기

자본의 투자도 매매가 일부 금액으로 현재가치 대비 미래 주택 가격 상승에 대한 투자가 된다. 순 주택 투자 자기자본은 주택시장 경기상승에 대한 기대, 물가상승에 대한 기대, 개발에 대한 기대, 전세가치 상승에 대한 기대, 정부정책에 대한 기대, 지하철역 개통 등 교통 환경 개선에 대한 기대, 공원건설에 대한 기대, 교육환경 개선의 기대 등 매우 복잡하고 다양한 기대가 반영돼있다.

전세 가격과 순 주택 투자 자기자본은 어떤 수익(또는 비용) 구조를 가지고 있을까? 전세 가격의 수익(비용)은 임대료다. 임차인에게는 비용이고, 임대인에게는 수익이다. 전세 가격은 월세로 전환될 수 있고, 월세는 전세로 전환될 수 있다. 임대료는 안정적이지만 드라마틱한 변화를 기대하기 힘들다. 은행 예금이자처럼 적지만 보수적이고 안전한 수익이다. 순 주택 투자 자기자본의 수익은 매매가격 상승으로 나타난다. 매매가격 상승은 전세 가격 상승분과 매입 후 임대가격 상승분으로 구분할 수 있다. 순 주택 투자 자기자본의 투자는 상대적으로 드라마틱한 수익변화가 기대되는 공격적인 투자로서, 큰 수익을 기대할 수 있다.

그렇다면 큰 수익을 기대할 수 있는 순 주택 투자 자기자본 투자를 소자본으로도 할 수 있을까? 갭 투자를 통해서 가능하다. 갭 투자는 낮은 매매가격과 높은 전세 가격의 주택에 대해 전세를 안고 매입하는 투자 전략을 말한다. 레버리지를 극대화한 투자이기 때문에, 순 주택 투자 자기자본의 금액이 적고, 상대적으로 소액의 투자자들도 주택 투자를 할 수 있다. 그러나 투자자는 이러한 높은 레버리지로 인해 투자 손실 가능성도 크다는 것을 염두에 둬야 한다. 갭 투자는 레버리지를 높이기 위해 전세가 비율이 높은 곳을 투자 대상으로 하므로, 강남보다는 강북, 재건축아파트보다는 신축아파트, 대형보다는 소형아파트, 수도권보다는 지방, 대도시보다는 소도시에 투자하는 경향이 있다. 반면에 순 주택 투자 자기자본의 재건축아파트 투자는 낮은 레버리지 투자전략에 속한다. 재건축 아파트에는 개발에 대한 기대가 크게 반영돼있어 순 주택 투자 자기자본이 상대적으로 크기 때문이다.

갭 투자는 어느 시기에 가장 효과적일까? 주택시장 경기상승기에 가장 효과적이다. 갭 투자는 투자 수익을 주택시장 경기상승기 매매가격 상승에 크게 의존하기 때문이다. 반면에 개발 등 주거환경 개선에 따른 매매가 상승 의존도는 상대적으로 낮다. 주택시장 경기상승기에는 주택의 공급부족, 높은 인플레이션, 임대비용 상승(전세가 상승), 저금리의 유동성 등이 나타나기 때문에 일반적으로 주택 가격이 상승하게 된다. 반면에 갭 투자의 높은 레버리지 즉, 상대적으로 높은 전세가율(낮은 갭 투자 자기자본 비율)은 이미 주거환경이 상대적으로 안정돼있음을 의미하므로 환경개선에 따른 가치상승을 기대하기는 쉽지 않다.

비록 갭 투자가 주택시장 경기상승에 크게 의존하지만, 높은 레버리지를 이용하기 때문에 주택시장 경기상승기에는 단순 매매보다 수익률이 높다. 갭 투자는 특히 주택시장 경기상승 초반에 더욱 유리하다. 주택시장 경기상승기의 순 주택 투자 자기자본 상승은 전세 가격 상승에 비해 후행하는 성향이 있어, 주택시장 경기상승기 초반에 레버리지를 좀 더 높일 수 있다. 순 주택 투자 자기자본 상승이 전세 가격 상승보다 후행하는 것은 세금 및 직전 주택시장 경기하강기 임대선호 성향 등으로 매매 진입장벽이 생겼기 때문일 것이다. 따라서 갭 투자자는 주택시장 경기상승기 초반에 투자하는 것이 낮은 순 주택 투자 자기자본과 높은 전세 가격으로 레버리지를 극대할 수 있어 고수익을 달성하는 데 유리하다.

주택시장 경기하락기에도 갭 투자로 수익을 낼 수 있을까? 갭 투자는 주택시장 경기하락기에는 매우 위험하다. 갭 투자는 주거환경이 안정된(전세가율이 높은) 주택의 투자기 때문에 주택시장 경기 외에 주택 가격 상승요인이 작다. 그리고 주택시장 경기하강기에는 상대적으로 주택 가격이 하락할 가능성이 크다. 따라서 주택시장 경기하락기 갭 투자는 투자 손실 가능성이 크게 된다. 더욱이 갭 투자는 높은 레버리지를 이용하기 때문에 단순 매매보다 손실 규모가 크게 늘어나게 된다. 그럼 어떻게 해야 될까? 주택시장 경기하강기에는 갭 투자를 반대로 하면 된다. 갭 투자가 주택을 매입하고 전세를 놓는 것이므로, 반대는 주택을 팔고 전세보증금을 돌려줘 임대를 청산하는 것이다.

　자가주택 거주자라면, 주택을 매도하고 전세를 얻는 것이 된다. 갭 투자가 투자 행위라면, 갭 투자를 반대로 하는 것은 투자 회수 행위다. 굳이 이름을 붙이면, "갭 투자 회수"는 어떨까? 당연히 갭 투자 회수는 주택 가격이 하락할 것을 예상해 투자를 회수하는 행위다. 갭 투자 회수는 2008년 금융위기 이후에 성행했다. 그 시기에, 주택 소유자들은 주택 가격 하락을 예상해, 주택을 매도하고 전세를 매수(임차 또는 임대청산)했다. 주택 매도는 주택 가격의 하락을 촉진했고, 전세 매수(임차 또는 임대 청산)는 전세가의 상승을 유발했다. 그에 따라 "2008년 금융위기 후 매매가 하락 및 전세가 상승"은 사회적으로 큰 이슈로 부각됐다.

　주택 거래시장의 매입은 "자가 사용 목적의 주택 매입", "전세 매입", "순수 주택 투자를 위한 매입 후 임대" 등이 있다. "자가 사용 목적의 주택 매입"은 사용과 투자를 모두 매입하는 행위다. "전세 매입"은 사용을 매입하는 행위다. 그리고 "순수 주택 투자를 위한 매입 후 임대"는 주택매입 후 전세임대를 통해 투자를 매입하는 행위다. 특히, 갭 투자는 순수 주택 투자로서 레버리지를 최대화했기 때문에 리스크가 매우 높은 투자 매입 행위다. 부동산 투자자들은 주택시장 경기상승기 및 경기하강기 등에 대해 신중히 판단해 시기에 맞는 적절한 투자를 고민해야 할 것이다.

25

오피스텔투자는
시세차익을 기대할 수 없다?

| 박합수 |

최근 1~2인 가구의 대세로 오피스텔의 인기가 높아지고 있다. 오피스텔은 우리나라에만 있는 호칭으로 '오피스와 호텔'의 합성어다. 건축법상으로는 업무시설에 해당한다. 말 그대로 사무공간이자 주거가 가능한 형태다. 근래에는 대부분 소형으로 건설되며 1인 가구의 주거용을 대신하는 경우가 많다. 또한 아파트를 대체하고자 좀 더 넓은 면적의 '아파텔'로 등장하기도 한다. 최근 다량의 오피스텔이 건설되며 수익형 부동산의 주 투자처로 등극했다. 수익형 부동산은 '정기적인 현금흐름'에 대한 기대가 일반적이다. 하지만, 현실에서는 상가건물, 오피스텔 등 수익형 부동산을 시세차익 목적의 투자처로 거론하기도 한다. 과연 가능한 것일까? 이런 전반적인 오피스텔의 현황과 투자 전략에 대해 살펴보기로 하자.

오피스텔이 본격적으로 건설되기 시작한 것은 2008년 경제위기 이후라고 할 수 있다. 2009년 3월 전국의 미분양주택이 16만 6,000호에 이르자 지방에서 철수한 대형건설사들도 오피스텔 시장에 관심을 갖기 시작했다. 한 건설사는 아파트 매출액을 능가한다는 말이 있을 정도로 폭발적으로 공급량이 늘어났다. 2009년 이명박 정부에서 도시형생활주택과 더불어 붐이 일어났다. 주로 1인 가구를 수용하는 준주택으로의 역량이 강화되며, 소형주택 대체재로서 가치가 높아졌다. 투자자는 경제위기 직후 아파트 시장의 침체기에 새로운 1~2억 원 수준의 투자처 발굴에 대거 동참했다. 저금리로 인한 유동성 흐름이 오피스텔 시장으로 연결된 결과였다.

오피스텔 투자를 위한 기준을 알아보자. 첫째, 가격수준이다. 아파트의 가격과 분양가를 책정할 때 흔히 적용되는 면적 3.3㎡(평당)에 얼마라는 공식이 여기도 해당된다. 문제는 아파트에 익숙해진 결과 오피스텔 가격은 상대적으로 낮아 보인다. 반드시 전용률을 기준으로 계산해야 한다. 일반적으로 아파트 전용률이 80% 정도라면, 오피스텔은 50%를 밑돈다. 부대시설의 가치도 살펴야 하지만, 최소한 이 비율만이라도 재계산해야 한다. 둘째, 사실은 아이러니하게도 주거전용으로 매입 시는 주의해야 한다. 어원에서 언급했듯이 사무공간과 주거가 혼합된 공간인 만큼 소음과 주변 사용자의 잦은 출입으로 불편할 수 있다. 또한 모두에게 개방된 시설인 만큼 보안에서도 취약한 점이 있다.

　셋째, 아파트에 비해 환금성이 떨어지는 제약이 있다. 결국은 교통 등 입지여건이 우수하고 배후 임대수요가 풍부한 지역에 국한된 투자가 돼야 한다. 넷째, 세금 부분을 살펴야 한다. 오피스텔은 대부분 용도지역이 준주거지역이나 상업지역에 건설된다. 주거지역에 비해 상대적으로 지가가 비쌈에 따라 재산세가 높게 부과된다. 취득세도 아파트는 크기와 금액에 따라 1.1~3.5%가 부과되는 반면 오피스텔은 획일적으로 4.6%를 내야 한다. 주거용으로 사용하더라도 마찬가지다. 이 부분은 향후 개선돼야 한다. 분양을 받아 취득하는 경우에는 건물분 부가가치세 부과도 고려해야 한다. 아파트는 전용면적 85㎡를 초과해야 납부하지만, 오피스텔은 면적 크기에 상관없이 납부대상이다.

　다섯째, 관리비다. 아파트에 비해 상대적으로 비싼 것이 일반적이다. 오피스텔의 전용률이 50% 이하라는 것은 전용공간에 비해 공용부분이 더 넓다는 의미이고, 본인 사용분보다 공동의 부담이 커지는 구조다. 이때 호실마다 기본적인 관리비를 동일하게 적용하고 나머지는 사용하는 용량에 따라 실비로 정산하는 방식이 주거용에는 유리하다. 도시형생활주택과 경쟁에서도 상대적으로 높은 관리비 부담이 단점으로 작용한다. 마지막으로 주차 부분이다. 일반적으로 주택은 1가구 1차량이 원칙이지만, 오피스텔은 호실당 0.5대 기준으로 설계된다. 그런 만큼 주차조건이 열악하고 주차난에 시달릴 수도 있다. 도심에 있는 한 오피스텔은 1호당 1대의 주차로 설계돼 입주자의 인기가 높은 것이 같은 맥락이다. 물론 도시형생활주택도 주차여건에서는 오피스텔과 마찬가지로 좋지 않다.

 오피스텔의 투자 환경은 어떨까? 한마디로 이미 인기의 고점을 지나 녹록지 않다. 지금은 삼중고 상태에 놓여 있다. 우선 고분양가 논란이다. 아파트와 마찬가지로 분양가가 지나치게 높다. 물론 지가상승에 따른 자연스런 현상일지라도 강남의 한 지역의 분양가가 3.3m^2에 2,300만 원을 넘어섰다. 인근의 기존 오피스텔 가격은 1,600~1,700만 원 수준인 것에 비하면 지나치게 높다. 임대수익이 유사한 것을 고려하면 더욱 그렇다. 물량 측면에서는 공급과잉에 처해 있다. 2009년부터 공급된 누적물량과 신도시 등 택지지구에 다량의 오피스텔이 집중 공급된 결과다. 여기에 도심지역을 중심으로는 두 축인 호텔과 오피스텔로 재개발된 사례가 많은 상태다. 분양가가 높아지고 물량이 많아지자 임대수익은 상대적으로 낮아지고 있다. 이런 수익률의 한계는 당연한 수순이다. 대략 단순수익률 기준으로 4% 정도에 머문다. 여기에 세금과 제비용을 공제하면 2%대의 순이익에 불과하다.

 오피스텔의 투자 가치는 있을까? 앞서 언급한 고분양가, 공급과잉, 수익률 한계를 극복하고 여전히 소액 수익형 부동산 투자의 대명사로서의 입지를 유지할 수 있을 것인가다. 현재까지 오피스텔은 주택시장에서 충분히 기여하고 있다. 앞으로도 도시형생활주택과 더불어 1인 가구의 주거형태로 존재할 것이다. 소형 아파트 가격이 지나치게 높아 갈아타기 쉽지 않은 데다, 교통이 편리하고 주변 생활기반이 잘 갖춰진 곳에 입지하는 경우가 많기 때문이다. 소액으로 오피스텔에 투자하겠다는 수요도 당분간 더 유지될 개연성이 높다. 저금리 기조의 장기화(?)가 이유다. 물론 금리인상은 투자 가치 측면에서는 잠재된 악재다. 오피스텔은 신도시, 기존 도시지역 등 대부분 지역에서 공급된 물량이 많다. 하지만 여전히 '되는 곳은 된다'는 기대치도 있다. 도심지 등 수요가 풍부한 곳의 개발은 여전히 유효하고 아직 진행형이다.

시세차익은 여전히 실현 가능한가? 오피스텔은 수익형 부동산을 대표하는 부동산이란 의미에서 보듯이 임대수익이 중심이다. 다만, 오피스텔도 아파트, 상가건물 등 부동산의 상승 흐름에서 빗겨나 있지는 않았다. 일정 부분 상승해 투자차익을 확보했다. 이런 시세 상승은 분양가격 견인에 자연스럽게 영향을 미쳤다. 하지만, 미래에는 다시 임대수익 위주의 투자처로 회귀할 확률이 높다. 분양가격이 많이 올라 임대수익률이 높지 않은 상태에서 나 홀로 가격상승은 무리다. 이 문제는 상가건물 시장에서도 공유된다. 당초 시세차익 실현 부분도 아파트의 상승 폭을 따라가지는 못하는 수준이었다.

향후 정부의 공공임대주택 정책이 성공적으로 추진돼 젊은 층 등 사회취약계층을 위한 주거문제를 해결할 경우, 오피스텔의 인기와 집중력도 완화될 수 있다. 투자 관점에서 지나친 시세차익 위주의 접근보다는 본래의 임대수익에 충실한 투자처로 검토해야 한다. 상황에 따라 투자자의 기준과 전략도 달라져야 한다.

26

분양형 호텔 투자는
고수익을 보장한다?

| 한광호 |

　지난 2017년 4월 13일 공정거래위원회는 분양형 호텔을 분양하는 과정에서 허위·과장광고를 한 분양업체 2곳에 대해 시정명령을 부과했다. 이들 업체는 수익 보장 기간이 1년에 불과하면서도 장기간 수익을 보장하는 것처럼 광고하거나, 수익률이 시중금리에 따라 변동될 수 있음에도 확정수익률로 광고해 투자자들에게 착오를 일으켰다. 분양형 호텔의 허위·과장광고에 따른 제재는 처음이 아니다. 2008년 부산 해운대구의 한 호텔을 분양한 분양업체는 연 8%의 최저수익을 보장한다고 과장 광고해 공정거래위원회로부터 시정명령을 받았다. 2016년 12월에는 수익 보장기간, 수익률, 호텔의 입지 등 요건을 허위·과장 광고한 13개의 호텔분양업체가 공정거래위원회로부터 시정조치를 받았다. 이처럼 지난 몇 년간 분양형 호텔이 수익형 부동산 투자로 각광받으면서 분양업체들의 허위·과장

광고로 인한 논란이 증가하고 있다.

[그림 1] 분양형 호텔의 사업구조도

자료 : 한국은행 제주본부(2015)

분양형 호텔과 관련된 주요 논란은 확정수익률에 관한 것이다. 확정수익률이란 투자자들이 분양받은 호텔의 운영성과와 상관없이 일정한 수익을 확정적으로 보장받는 것을 의미한다. 분양형 호텔을 분양하는 대부분 업체가 일정 기간 동안 8~10%대의 높은 확정수익률을 보장한다고 광고하고 있다.[1] 그러나 이러한 수익률 이면에는 투자자들이 반드시 알아야 하는 중요한 사실들이 있다.

첫째, 확정수익률에는 중도금대출과 이에 따른 이자가 반영되지 않는 경우가 많다. 중도금대출이 분양가의 50%라면 분

---

1) 김희수(2016)에 의하면 1~2년이 일반적이며, 명동 르와지르 호텔, 청주 락희호텔 등 일부는 10년인 경우도 있음.

양가 대비 수익률은 절반으로 줄어들 수 있다. [그림 1]과 같이 대부분의 분양형 호텔이 준공 시까지만 중도금대출 이자를 시행사가 부담하는 구조를 가지는데, 준공 후 투자자에게 소유권이 넘어가면 중도금 대출에 대한 이자부담도 투자자에게 넘어온다. 투자자가 부담하는 중도금이자를 고려하면 수익률은 자연스럽게 감소하게 된다.

둘째, 확정수익률에 투자자가 납부해야 하는 세금이 반영되지 않는 경우가 많다. 호텔을 분양받은 투자자는 〈지방세법〉에 따라 분양금액의 4.6%를 취득세로 납부해야 한다. 세금을 포함하게 될 경우 투자자의 수익률은 광고보다 낮아진다.

셋째, 투자자 모집 당시 제시한 확정수익률이 계약서에 명시되지 않을 수 있다. 분양업체가 제시하는 확정수익률은 계약서상에 명확하게 명시될 때만 그 효력을 발휘할 수 있다. 계약서상에 확정수익률과 보장기간이 명시되지 않았거나, 수익률에 변동을 발생시킬 수 있는 약정사항이 포함됐다면 이는 확정수익률이 아닌 변동수익률이 된다.

넷째, 이러한 수익률이 장래에 실현 가능한 것인지는 불확실하다. 분양형 호텔의 운영실적은 객실가동률에 의해 좌우된다. 객실가동률이란 객실이용률과 같은 뜻으로서 판매 가능한 객실 수에 대한 실제 매출된 객실 수의 비율을 말한다(한국관

광공사 관관용어사전). 객실가동률이 낮을 경우 호텔수익이 감소해 투자자들이 요구하는 수익률을 달성할 수 없게 된다. 분양형 호텔의 경우 최소 70~80% 이상의 객실가동률을 유지해야 약속한 수익률을 지급받을 수 있다. 그러나 최근 중국인 관광객의 급감과 호텔의 공급과잉으로 객실가동률이 점차 낮아질 것으로 예상되고 있다. 가장 많은 분양형 호텔이 공급되고 있는 제주도는 2013년 74.8%의 객실가동률 이후 점차 감소해 2015년에는 67.7%로 내려앉았고, 2018년에는 63.4%를 기록할 것으로 분석되고 있다(제주특별자치도, 〈제2차 제주특별자치도 관광진흥계획〉).

확정수익률과 함께 많이 지적받는 허위·과장광고는 호텔의 등급에 관한 사항이다. 많은 업체가 특급호텔 또는 몇 성급 호텔이라며 광고하지만 법적으로 분양형 호텔은 등급이 존재할 수 없다. 일반적으로 호텔이라고 한다면 특급호텔(관광호텔), 콘도 등을 떠올리기 마련이다. 법적으로 호텔은 〈관광진흥법〉에 따라 관광숙박시설로 분류되며 이 법의 규제에 의해 객실단위로 분양이 불가능하다. 그러나 분양형 호텔은 우리가 생각하는 호텔과 달리 〈공중위생관리법〉의 적용을 받는 일반 숙박 시설이다. 일반 숙박 시설은 〈공중위생관리법〉에 따라 연면적이 3,000㎡를 초과할 경우 개별 객실의 분양이 가능하다. 〈관광진흥법〉에 의한 호텔은 무궁화로 나타내는 등급이 존재하며, 이를 유지·상향시키기 위해 다양한 노력을 기울이게 된다. 그러나 〈공중위생관리법〉에 의한 일반 숙박 시설은 등급이 존재하지 않는다. 따라서 분양형 호텔에는 등급이 존재할 수 없으며, 마치 등급이 존재하는 것처럼 광고하는 경우 허위·과장광고에 해당하게 된다.

허위·과장광고로 제재받은 사항은 아니지만 투자자의 착각을 불러일으킬 수 있어 주의가 필요한 사항이 등기문제다. 분양형 호텔의 특징은 특정 객실을 나의 것으로 분양받아 구분등기할 수 있다는 것이다. 그러나 일부 분양형 호텔은 구분등기가 아닌 지분등기의 형태로 판매하는 경우가 있다. 구분등기는 분양받은 아파트를 등기하는 것과 같이 투자호텔의 특정 호실을 개인의 소유로 등기하는 것이다. 즉, 투자자가 소유한 객실이 몇 호인지 정확하게 드러난다. 그러나 지분등기는 호텔 전체에 대해 투자자의 지분만큼 지분비율로 등기된다. 이는 호텔의 어떤 곳이 나의 소유인지 명확하게 할 수 없고, 공동소유로 묶여있기 때문에 매각을 어렵게 한다. 실제 분양업계에서는 개별등기라는 비법률용어를 사용하곤 하는데, 이 용어는 자칫 투자자들에게 구분등기인 것처럼 착각을 불러일으킬 수 있다. 정확하게 알아보지 않고 계약할 경우 지분등기인 분양형 호텔에 계약할 수 있다.

또 하나 투자자가 유의해야 할 점은 분양형 호텔이 선분양 시스템이라는 점이다. 아파트 분양과 마찬가지로 분양형 호텔은 선분양으로 이뤄진다. 이는 내가 투자하는 호텔의 실체가 존재하지 않음을 의미한다. 아파트의 경우 〈주택법〉에 의해 30가구 이상을 선분양 할 때 의무적으로 분양보증에 가입하도록 하고 있지만, 분양형 호텔은 가입의무가 없어 상대적으로 투자자 보호장치가 적다. 일부 업체는 분양관리신탁이 설정돼있어 안전하다고 광고한다. 물론 분양관리신탁은 분양대금이 안정적으로 사용되도록 하는 나름의 안정장치다. 그러나 그 범위가 분양대금의 관리에만 국한될 뿐 사업에 대한 책임은 없다. 즉, 분양관리신탁이 설정돼있다고 해도 사업이 안정적으로 진행된다는 보장은 없는 것이다. 또한 선분양에 따른 부실시공의 우려도 발생한다. 제주도의 한 호텔은 호텔 완공 후 부실시공에 따른 하자보수비용 등이 발생해 투자자들에게 추가비용을 요구하기도 했다. 따라서 투자자들은 시행사와 시공사의 사업능력은 확인할 필요가 있으며, 사업현장을 직접 살펴보고 지자체 등을 통해 사업추진에 관한 사항들을 확인해야 한다.

투자자가 다수여서 발생하는 문제점도 인지해야 한다. 분양형 호텔은 객실별로 구분 소유하되 하나의 호텔 운영사에서 건물을 일괄 위탁 관리하는 것이 일반적이다.[2] 그러나 투자자 간 또는 투자자와 운영사 간 의견대립이 발생할 경우 자칫

---

2) 최근 보건복지부는 분양형 호텔에 관한 피해사례가 속출하자 하나의 호텔에 2개의 운영사를 허가하는 유권해석을 내림.

호텔운영에 막대한 지장을 초래할 수 있다. 부산에 위치한 국내 최초의 분양형 호텔은 소유주가 500여 명에 달한다. 그러나 기존 운영사를 지지하는 투자자와 기존 운영사를 교체하려는 투자자들 간의 분쟁이 발생해 소송이 벌어졌고, 1심판결에서 운영사를 교체하려는 투자자들이 승소했다. 그러자 승소한 투자자 측에서 투숙객이 투숙해 있는 새벽 시간에 부동산명도 강제집행을 실시했고 이로 인해 투숙객들이 큰 불편을 겪었다. 현재 이 호텔은 항공사와의 기존계약이 파기되는 등 운영상에 차질을 겪고 있다. 이처럼 분양형 호텔에 대한 투자는 투자자들이 다수 존재해 발생할 수 있는 문제도 간과하지 않아야 한다.

물론 모든 분양형 호텔이 이러한 문제점을 가지는 것은 아니다. 현재 가동 중인 주요 분양형 호텔들은 8% 수준의 높은 수익률을 유지하고 있다. 동탄의 한 분양형 호텔은 지역에 위치한 대기업의 비즈니스 수요가 많아 안정적으로 고수익을 창출하고 있는 것으로 알려져 있다. 따라서 성공적인 투자로 이어지기 위해서는 투자자의 객관적이고 현명한 투자 판단이 중요하다. 업체의 홍보만 믿고 계약서를 제대로 검토하지 않거나, 사업장에 한 번도 방문해보지 않는 등의 '묻지마 투자' 행태는 지양해야 할 것이다.

〈참고문헌〉

· 공정거래위원회 보도자료, 「수익률 부풀리고, 수익률 보장기간을 알리지 않는 등 분양형 호텔 관련 부당한 광고행위 시정」, 2017.
· 김희수, "분양형 호텔의 우려요수와 발전방향", 「문화·관광 인사이트」, 한국문화관광연구원, 2016.
· 제주특별자치도, 「제2차 제주특별자치도 관광진흥계획」, 2014.
· 한국은행 제주본부, 「최근 제주지역 분양형 호텔의 급증 배경 및 리스크 점검」, 2015.

27

지식산업센터는
임대 가능한가?

| 김성혜 |

아래는 모 경제지 부동산부 기자가 작성한 기사다.

[그림 1] 지식산업센터 임대관련 신문기사

**[지식산업센터의 유혹]임대 놓으면 무조건 7% 수익?..
또 속으셨습니다**

입력시간 | 2015.11.03 05:30 |

　　　　　　　　　　　　사례1. 얼마 전 은퇴한 60대 A씨는 노후 생활 자금 마련을 위해 수익형 부동산을 알아보다 지식산업센터(옛 아파트형 공장)가 안정적으로 높은 수익을 얻을 수 있다는 얘기를 듣고 서울 성동구 성수동을 찾았다. 그는 '지식산업센터 분양 전문'이라는 문구를 내건 중개업소에 들어가 분양 중인 지식산업센터 현황과 수익률 등을 소개받았다. "지식산업센터 임대가 불법이 아니냐"는 A씨의 질문에 중개업소 관계자는 "개인이 임대 목적으로 분양받는 것은 국가 지정인 구로산업단지 같은 곳만 불법이고 이곳은 아니다"라고 설명했

'지식산업센터의 임대 목적 구입은 산업단지 안팎을 불문하고 다 불법인데, 중개업자들이 산업단지 안만 불법이라고 속이고 산업단지 밖은 합법이라며 구입을 권유한다'는 내용이

다. 과연 그럴까?

산업단지는 17년 10월 현재 전국에 국가산업단지가 32곳, 일반산업단지가 13곳, 외국인투자지역 15곳, 농공단지 2곳 등 총 62곳이 있는데, 서울에는 구로구, 금천구에 걸쳐있는 국가산업단지 한 곳만 있다. 지식산업센터에 관한 것은 〈산업집적활성화 및 공장설립에 관한 법률〉(이하 산집법)에서 규정하고 있다. 이 중 분양에 관한 것을 살펴보면 다음과 같다.

> **'제28조의4(지식산업센터의 분양)** ① 지식산업센터를 설립한 자가 지식산업센터를 분양 또는 임대하려는 경우에는 … 공개로 **입주자(지식산업센터를 분양 또는 임대받아 제조업이나 그 밖의 사업을 하는 자를 말한다.** 이하 같다)를 모집해야 한다.'

'제조업이나 그 밖의 사업'으로 포괄적으로 명시해 임대사업자에 대한 분양 규제는 두고 있지 않다. 임대사업에 관한 규정은 산집법 38조의 2에 있으나 산업단지 내에 관한 것만 있고 산업단지 밖에서의 임대사업에 관한 규정은 없다.[1] 산업단지 내의 임대차는 관리기관에 신고해야 하는 등 까다로운 절차를 거쳐야 하고 여러 조건이 맞아야 한다. 그러므로 처음부터 산업단지 안에의 임대차 목적의 구입은 불법의 요소가 많으나 산업단지 밖에서의 임대차 목적의 구입은 불법이 아니

---

1) 제38조의2(산업단지에서의 임대사업 등) ① 산업시설구역등에서 산업용지 및 공장등의 임대사업을 하려는 자는 … 공장설립등의 완료신고 또는 같은 조 제2항에 따른 사업개시의 신고를 한 후에 관리기관과 입주계약을 체결해야 함.

다. 법에서는 산업단지 밖 임대업에 관해 규정한 바가 없고, 분양승인 때 지자체장이 임대사업을 허용하지 않는다고 하면 불법이 되지만 지금까지 산업단지 밖에서 이런 내용을 포함한 분양공고는 없었다.

단, 산업단지 안팎 어느 쪽이든 입주하는 개인이나 기업은 산집법 제28조의5에서 정한 적정 업종의 사업자여야 한다.

적정 업종은 다음과 같다.

---

1. 제조업, 지식기반산업, 정보통신산업, 그 밖에 대통령령으로 정하는 사업을 운영하기 위한 시설
2. 〈벤처기업육성에 관한 특별조치법〉 제2조제1항에 따른 벤처기업을 운영하기 위한 시설
3. 그 밖에 입주업체의 생산 활동을 지원하기 위한 시설로서 대통령령으로 정하는 시설

또 하나, 기자를 헷갈리게 한 것으로 산집법 제28조의7이 있다. 입주자 등의 의무를 규정하며 '입주 대상 시설이 아닌 용도로 지식산업센터를 활용하거나 입주 대상 시설이 아닌 용도로 활용하려는 자에게 지식산업센터의 전부 또는 일부를 양도·임대하는 행위'는 안 된다는 모호한 조항이 있는데, 이는 지식산업센터의 소유에 관한 규정이 아니라 시설에 관한 규정이다(산업통상자원부 산집법 담당자의 유권해석). 그러므로 산업단지 밖 지식산업센터를 구입해 임대사업을 하는 데 따른

불법적 요소는 없다.

이렇게 지식산업센터 밖은 합법적으로 임대사업이 가능한데도 분양 시에 모든 분양업자는 임대사업이 아니라 제조업, 지식기반산업, 정보통신업 등 입주 적정 업종을 하는 것으로 된 사업자등록증을 요구한다. 그래서 수분양자들이 일시적으로, 혹은 가짜로 해당 업종의 사업을 한다거나 할 예정이라는 사업자등록증을 만든다. 임대사업자들에게는 세제혜택(취득세 감면, 재산세 5년간 감면)도 없어 취득세를 다(4.6%) 내고 입주하는데, 왜 이런 번거로운 것을 수분양자에게 요구하는 것일까?

지식산업센터를 분양받아서 직접 5년간 적정 업종의 사업을 영위하는 자뿐만 아니라, 지식산업센터를 설립하는 자도 토지매입 시, 건물 보존 등기 시 세제 혜택(취득세 감면 혜택)을 받는다. 단, 지식산업센터를 설립해 적정 업종의 사업자에게 분양하는 경우에 한해서다.[2] 상가와 같은 근생시설, 지원시설

---

2) 제58조의2(지식산업센터 등에 대한 감면) ① 〈산업집적활성화 및 공장설립에 관한 법률〉 제28조의2에 따라 지식산업센터를 설립하는 자에 대해서는 다음 각 호에서 정하는 바에 따라 2019년 12월 31일까지 지방세를 경감함.
 1. 〈산업집적활성화 및 공장설립에 관한 법률〉 제28조의5제1항제1호 및 제2호에 따른 시설용(이하 이 조에서 "사업시설용"이라 한다)으로 직접 사용하기 위해 신축 또는 증축해 취득하는 부동산(신축 또는 증축한 부분에 해당하는 부속토지를 포함한다. 이하 이 조에서 같다)과 사업시설용으로 분양 또는 임대(〈중소기업기본법〉 제2조에 따른 중소기업을 대상으로 분양 또는 임대하는 경우로 한정한다. 이하 이 조에서 같다)하기 위해 신축 또는 증축해 취득하는 부동산에 대해서는 취득세의 100분의 35를 경감함.

을 분양한다든가, 지식산업센터 입주 적정 업종이 아닌 것(예 : 임대업, 유통업, 무역업 등)을 하려는 자에게 분양하면, 시행사가 감면받았던 토지 취득세, 건물 취득세 등을 모두 추징당한다. 그렇기 때문에 시행사들은 수분양자에게 적정 업종의 사업자등록증을 요구하는 것이다. 이 시행사의 변칙적 행위 때문에 기자도 불법으로 알았던 것 같다. 산업통상자원부 입지관리과에 한 번만 확인해보고 기사를 작성했으면 좋았을 것이라는 아쉬움이 든다.

지식산업센터를 분양하는 자가 일단 수분양자로부터 사업자등록증을 받아놓으면 '우리는 수분양자가 임대업을 할 줄 몰랐다, 사업자등록증에 적힌 적정 사업을 하는 자인 줄 알았다'로 발뺌할 수 있는 증거물을 확보한 것이다. 개인이나 법인사업자에게 지식산업센터를 빌려주고 임대업을 하는 사람들은 취득세를 감면 없이 4.6% 다 낸 사람들이 대다수다.[3] 그러므로 임대사업용으로 쓰고 있는 호실에 대해 지자체가 알아도 임차인이 적정업종을 영위하는 자라면 소유자에게 제재가없다. 그러나 지식산업센터를 신축한 시행자에게는 감면됐던 취득세가 추징된다. 대부분의 지식산업센터 신축시행자들은 추징된 세금을 본인들이 납부한다. 분양이 잘 안 될 때는 분양에 급급해 임대업으로만 된 사업자등록증을 제출해도 분양

---

3) 일부 소유자가 직접 사용한다고 해서 감면받고 세를 놨으나 적발되지 않아 추징되지 않는 경우도 있음.

해놓고 입주 후에 본인들의 토지 구입비 등의 취득세를 추징 당하면 그것을 수분양자에게 청구하는 얌체 시행업자들도 있다. 그러므로 지식산업센터를 분양받아 임대 사업을 하고자 했을 때는 시행사로부터 '시행사는 수분양자가 임대업을 할 것을 알고 분양하는 것이며, 임대업으로 인한 시행사의 취득세 추가 납부에 대한 책임을 지지 않는다'는 확인서를 받아둬야 할 필요가 있다.

지자체가 지식산업센터 입주자들이 해당 업종에 맞는 사업을 하고 있는지, 아닌지 파악하기는 쉬운 일이 아니다. 사업자 등록증에만 해당 업종을 한다고 적어놓고 하지 않는 경우도 많으며, 출입문을 늘 닫혀있기 때문이다. 그래서 이러한 추징은 지금까지 꽤 드문 사례였다. 그러나 최근 입주 시작 후 1년을 넘어서면 지자체의 조사가 시작되는 경우가 종종 보인다.

이것 외에 주의할 것이 하나 더 있다. 요즘 경기도 하남이나 평촌에서는 지식산업센터 건물 내에 있는 기숙사에 많은 투자가가 몰려 구입하고 있다. 기숙사는 투자 대상이 아니다. 이것이야말로 불법이다. 기숙사는 종업원의 복지증진을 위해 필요한 시설로 규정(산집법 시행령 제36조의4의 2항)돼있기 때문에 임대사업용이 아니다. 지식산업센터는 평균 80%의 대출을 안고 구입하는 경우가 아주 흔하다. 주택과 같은 대출규제도 없으며 낮은 금리로 대출이 손쉽다. 그러나 지식산업센터는 산업경기, 경제상황에 영향을 많이 받는다. 대출을 이렇게 많이 받다 보면 금리 상승 시 위험할 수 있으므로 본인 상황에 맞게 무리하지 않게 대출을 받는 것이 좋다.

지식사업센터에만 해당되는 사항은 아니나, 임대사업자로서 부가세를 환급받기 위해서는 다른 지자체에 임대사업자 등록을 했더라도 해당 지자체에 새로이 등록을 해야 한다.

만약 지식산업센터 1층의 상가를 구입하고자 한다면 주변에 주택가나 상점가가 있어야 한다.

지식산업센터는 업무용 건물이다 보니, 저녁때나 공휴일에는 근로자들이 거의 빠져나가기 때문이다. 역세권을 제외하고는 지식산업센터 주변의 저녁 상권과 휴일 상권은 완전히 없다고 봐야 한다. 이는 지식산업센터의 규모가 크더라도 마찬가지다.

정리하면 지식산업센터를 사서 임대수익을 받을 예정이라면, 산업단지 밖의 지식산업센터를 구입할 것이며, 시행사에 임대업을 할 것이라는 것을 알리고 그로 인한 시행사의 취득세 납부를 책임지지 않아도 된다는 확정을 받고, 임차인의 입주 업종이 적합업종인지 확인해야 하고, 기숙사는 사면 안 되고, 상가는 저녁이나 휴일도 영업이 잘 될지 살펴보고 사야 한다.

28
베트남 부동산이
뜨겁다?

| 정유석 |

몇 해 전부터 베트남과 관련된 기사와 뉴스들이 수시로 올라오며 많은 이들의 이목을 집중시키고 있다. 사실 베트남이 떠오르는 신흥국임은 이미 꽤 오래전부터 알려진 사실이지만 근래 베트남 소식은 하루가 멀다 하고 언론매체뿐 아니라 금융권과 개인투자자 사이에서도 자주 들리고 있다.

인구 1억, 중위 연령 서른의 이팔청춘 베트남은 기업뿐만 아니라 기관 및 개인투자자에게도 매력적인 투자처임에는 분명하다. 한국과 일본, 중국 등 아시아권 국가들을 넘어 세계 각국의 기업들도 투자에 적극 나서고 있다. 이에 발맞춰 지난 10여 년간 연평균 6%대의 경제 성장을 지속하며 아시아의 신흥국 위치를 더욱 공고히 하고 있다.

경제성장이 지속됨에 따라 특히 부동산 부분에서 포스트 차이나를 잊는 투자처로 각광받고 있으며, 2015년 법률개정으로 외국인 부동산 취득이 완전 개방되며 그 열기는 점점 더해가고 있다. 중국에서 놓친 기회를 베트남에서 잡으려는 움직임들이 여기저기서 분주하게 움직이며 시장을 끌어가고 있다.

쓴 것이 다하면 달콤한 것이 온다는 의미의 "고진감래(苦盡甘來)". 여기서 딱 두 글자의 위치 바꾸면 "감진고래(甘盡苦來)", 달콤함 뒤에 쓴맛을 볼 수도 있다는 정반대의 이야기가 돼버린다. 베트남 시장이 달콤하기는 하나 어느 누군가에게는 분명 고진감래가 아닌 감진고래가 돼버릴 수도 있다. 모든 투자와 기회가 그러하듯 달콤해 보이는 베트남 부동산 시장에도 분명한 리스크가 존재하고 실제 투자자가 간과하고 넘어가는 부분들이 있다.

첫째로, 상품 정보의 제한성이다. 흔히 해외로 소개되는 베트남 부동산 상품의 경우 최고급아파트 또는 리조트 형식이 주를 이룬다. 아파트 상품의 경우 수도 하노이와 호치민을 중심으로한 고급 아파트 프로젝트들이 전부다. 소위, '뜬다' 하는 상품들과 한국에 있는 투자자들이 아는 상품들은 대부분 베트남 내수만으로는 소화하기 어려운 상품들이다. 베트남의 가파른 경제 성장율을 고려하더라도, 현지 물가와 평균 임금과 비교하면 초호화 아파트 프로젝트여서 서민이나 중산층은 결코 엄두를 낼 수 없다.

2015년 법률 개정으로 외국인의 소유가 허용됐다고는 하나, 불확실한 법령들과 불완전한 시스템들이 자리를 잡기에는 분명 시일이 걸린다. 해외로 소개되는 프로젝트 대부분은, 그럼에도 불구하고 외국인에게 꼭 팔아야 하는 프로젝트가 대부분이다. 이미 외국인 소유 제한선인 아파트 한 동의 30%를 넘기고 매매 대신 50년 장기 임대 계약으로 진행하는 경우도 종종 볼 수 있다. 해외에 소개하고 광고해 진행해야만 할 이유가 분명 있다는 것이다.

한국에서의 사례를 보더라도 내국인이 소화하기 어려운 상품이 외국인에 의해 소화된 경우는 거의 없었다고 봐도 무방하다. 내국인 수요 충족 이후 잉여 공급에 대해 외국인이 소화하고 있는 상황을 본다면, 거주 목적이 아닌 투자 목적일 경우 그 리스크가 분명 존재한다는 사실을 인지해야 한다.

둘째로, 시장 정보의 제한성이다. 호치민 시내 중심에 위치한 대규모 단지의 고급 아파트 프로젝트의 경우, 분양가가 평당 1,500만 원 이상을 호가할 정도로 비싼 가격에 분양됐다. 분양 시 연 10% 이상의 임대수익이 있다고 광고됐지만 30평형을 기준으로 월 3,000불의 임대료를 감당할 수 있는 수요는 거의 없다고 보는 것이 맞다. 거주를 목적으로 하는 경우라면 다른 이야기가 되지만, 임대수익을 고려하는 경우, 실제 임대 수요 자체가 많지 않아 투자 상품으로써의 가치가 높지 않다고 볼 수 있다.

물론, 미래의 가치 상승에 초점을 맞출 수도 있으나 현재의 베트남 경제 성장을 고려하더라도 이미 고급 아파트 시장의 공급이 수요를 초과했으며, 흡수율이 지속적으로 저하되고 있다는 점 등을 고려해본다면 80~90년대의 한국이 재연되리라 보기는 어렵다. 광고는 아직도 잔여세대 특별 분양이라는 타이틀을 가지고 진행되고 있지만 이미 2년 전부터 같은 광고가 지속돼오던 상황이다.

셋째로, 법률과 시스템의 제한성이다. 2014년 최초 외국인 부동산 구매 허용에 대한 방침을 발표한 이후, 2015년 법률이 개정되고 이후 시행령과 세칙이 발표됐다. 그러나 실제 아파트 구매에 있어 외국인 부동산 구입에 대한 금융 거래 규정이 엄격하고, 임대사업자 등록 및 개인소득세에 관한 이슈, 분양 이후 아파트 등기에 관한 이슈 등 아파트 구매 과정상 명확하게 정리되지 않은 부분들이 있으며 전산화 시스템의 미비로 인한 절차의 지연과 오류도 무시하지 못할 부분이다. 최근에는 외국인의 경우, 국가 방위를 위해 지정된 지역에 위치한 부동산은 구매할 수 없다는 법률이 국방부와 건설교통부 사이에 정확히 정리되지 않아 논란이 되고 있다.

실제 많은 개인투자자의 경우, 베트남 부동산에 대한 정보와 소식을 접할 수 있는 곳이 분양대행사 등으로 매우 제한적이다. 또한 정보의 양과 질에 있어서도 부족할 수밖에 없는 것이 현실이다. 시장에 대한 전반적인 통찰과 상품에 대한 정확한 이해 없이는 법률과 시스템이 미비된 베트남 시장이 달콤하기보다는 쓸 수 있다.

베트남의 부동산 전반을 보자면 분명 현재와 미래 모두 밝다. 소위 말하는 부동산이 뜨겁다는 표현이 맞다. 그러나 우리가 접하는 시장의 분위기는 제한된 정보와 이해 속에서 '만들어진 뜨거움'임을 명확하게 인지해야 한다. 자국민이 소화하지 못하고 외국인이 지탱하고 있는 부동산은 분명 그 위험도가 상대적으로 크다. 자국민 수요가 많은 프로젝트가 해당 국가에서 롱런할 수 있음에는 의심의 여지가 없다.

한국에서 외국인에게 팔지 않으면 안 되는 아파트 프로젝트가 몇이나 될까? 외국인이 몰리는 이태원보다 한국 사람들이 선호하는 곳의 선호하는 프로젝트가 투자로서는 더 적합하다. 베트남은 과거의 서울과도 사뭇 비슷하다. 과거의 중국과도 비슷하다. 그러나 비슷할 뿐 분명 다르다. 베트남은 베트남이다. 호치민을 보더라도 각 군과 현의 특성과 특징이 있고 이에 맞게 부동산 프로젝트가 개발되는 방향과 상품도 다양하다. 뜨거운 시장이 아닌 뜨거운 감자가 될 수 있기에 정확한 정보를 바탕으로 시장을 이해하고, 명확한 법규와 절차에 대한 이해가 동반된 투자가 필요하다.

29
지역주택조합 가입은 내 집 마련의 저렴하고 안정적인 방법이다?

| 노승한 |

　지역주택조합은 주택실수요자가 주택마련을 위해 결성하는 개인의 조합으로, 주거전용면적 85m² 이하 1채 소유자 또는 무주택자인 세대주의 내 집 마련을 위해 조합설립인가 신청일 현재 동일한 시·군 지역에 6개월 이상 거주한 자와 같은 일정한 자격요건을 갖춘 조합원에게 주택을 공급하는 제도를 말한다(국토부 주택조합제도 해설서). 이런 자격요건을 두는 것은 주택조합에 투기 수요가 들어오는 것을 방지하고 실수요자 위주로 운영하기 위함이다. 지역주택조합을 이용한 주거개발은 비용적 측면에서 토지금융비, 시행사의 이익, 시공사 위험 만회 이익 등을 절감할 수 있기 때문에 일반 아파트 분양가보다 10~20% 저렴한 가격에 내 집 마련이 가능한 장점이 있다. 또한 잔여세대 일반분양분보다 더 좋은 층과 호수를 선택할 수 있어 투자 가치가 높고, 주택청약통장이 필요 없고, 조

합원에 맞춘 아파트 설계가 가능하다는 유리한 측면이 있다.

최근 도심의 일반 주거지 또는 주택 밀집 지역을 방문하면 이러한 지역주택조합 광고와 홍보관을 어렵지 않게 발견할 수 있다. 내 집 마련의 꿈을 갖고 있는 서민 입장에서는 지역주택조합 장점에 대한 선전 문구는 무척 매력적으로 다가오는 것이 현실이다. 그러나 이러한 좋은 취지를 갖고 있는 제도임에도 불구하고 국민권익위원회에 따르면 지난 2005년에서 2015년 사이에 설립인가를 받은 155개의 지역주택조합 가운데 최종 입주까지 성공한 곳은 고작 34개 사업지(21.9%)로 10개 지역주택조합 중 8곳은 사실상 사업이 실패했다는 사실을 보여준다(그림 1 참조). 그럼에도 불구하고 국토교통부에 의해 조사된 지역주택조합 설립인가의 수는 지속적으로 상승해 2016년 한 해에 설립인가를 받은 지역주택조합의 수는 104곳으로 69,150가구에 이르고 있고 이는 2010년 대비 15배 이상으로 폭증했다는 것을 [그림 2]를 통해 확인할 수 있다.

[그림 1] 지역주택조합입주(2005~2015년)

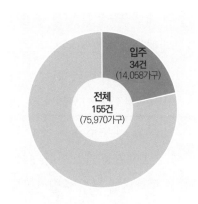

입주
34건
(14,058가구)

전체
155건
(75,970가구)

자료 : 국민권익위원회

[그림 2] 지역주택조합설립인가(연간)

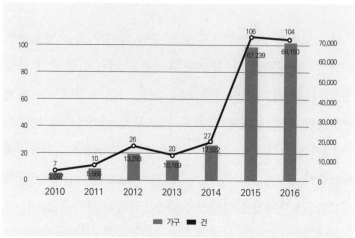

자료 : 국토교통부

　우선 이러한 지역주택조합이 난립하고 낮은 성공률을 야기하는 현행 지역주택조합의 문제점에 대해 알아보자. 첫째, 제도적으로 지역주택조합의 난립을 주도하는 업무대행사를 규제하고 통제할 방법이 없다. 지역주택조합 아파트의 경우 시공사, 신탁사 외에도 조합으로부터 대행수수료를 받고 행정적절차 등의 업무를 진행하는 업무대행사가 사업을 주도적으로이끄는 경우가 많은데 불법적인 일을 벌이지 않는 이상 별다른 법적인 책임을 지지 않는다. 이러한 맹점을 이용해 일부 대행사는 상담원들을 고용해 조합원 모집 시 암암리에 허위·과장광고, 부정확한 정보를 제공해 충동계약을 유도한다. 예를들어 이러한 대행사의 상담원들은 주택법에 무지한 일반인들을 대상으로 지역주택조합사업의 위험성, 진행상황(사업인정

요건인 토지매입 95% 등), 절차, 조합규약 등에 대한 정확한 고지와 설명 없이 본인들의 실적을 올리기 위해 잔여세대가 거의 없다는 과장 또는 일반분양보다 20% 이상 저렴하다는 장점만을 부각시켜 서민의 충동계약을 야기해 왔다.

둘째, 계약금을 지불하는 조합원 모집에 대한 별다른 절차나 시기에 대한 규제가 없다. 지역주택조합 사업은 사업 지역의 95% 이상 토지 확보가 이뤄지지 않으면 사업승인을 받을 수 없고, 진행 과정에서 시공사나 업무대행사의 문제로 사업이 지연되거나 무산이 될 수도 있고, 사업성이 악화되거나 조합원 모집이 어려운 상황이 벌어지면, 사업을 진행하지 않아도 조합에게 법적인 책임을 묻지 않는다. 즉 지역주택조합사업 자체가 마무리되지 못하고 중간에 좌초될 위험이 큰 사업인 것이다. 그러나 현행 주택법에 의하면 주택조합 설립인가를 받기 전, 심지어는 사업 부지조차 확보하지 않은 상황에서도 조합원을 모집해 수천만 원의 계약금을 미리 받는 것이 가능하다. 심지어 같은 지역에서 2개의 추진위원회가 조합원을 모집하는 사례도 발생하고(부산 해운대 재송동), 지역주택조합 사업이 불가능한 지역을 대상으로 조합원을 모집하는 사기 사건도 발생했다. 위험한 사업에 너무 쉽게 조합원으로 가입하고 계약금을 지불하는 위험에 일반인이 노출되는 것을 막을 규제가 없어 벌어진 피해 사례라 할 수 있겠다.

셋째, 일단 조합원이 되면 탈퇴가 어렵고 지급한 계약금을 반환받기가 쉽지 않다. 주택법 시행령 제38조, 제39조 등 조합표준규약은 사업의 지속적 추진을 위해 임의탈퇴는 원칙적으로 금지하고 있다. 강제 탈퇴의 경우에도 환급시기를 조절할 수 있어 사실상 사업이 종료 후에야 환급이 가능하다. 즉 지역주택조합의 조합원은 탈퇴하는 것도 어렵고, 탈퇴해도 지급한 계약금을 실질적으로 환불받기가 어려운 구조를 갖고 있어, 충동적으로 조합원이 된 일반인들은 계약 후 큰 후회를 하게 되는 경우가 다반사다.

넷째, 지역주택조합은 시행사의 이익, 토지금융비용 등이 절감돼 일반 분양가보다 저렴하게 주택을 구입할 수 있다는 장점이 있는 반면, 다른 사업에 비해 비용이 추가될 수 있다. 우선 사업 초기의 예상과는 달리 조합청산 시 정산되는 추가부담금이 발생할 소지가 있다. 비전문가로 이뤄진 조합원들의 사업에 대한 이해 부족에서 야기된 갈등, 집행부의 비리와 횡령, 조합원 모집 또는 토지매입진행의 부진 등으로 사업기간이 연장돼 사업비 또는 건설비가 늘어나는 경우가 발생하기 쉽다. 또한 원활한 초기 조합원 모집을 위해 저렴한 가격을 제시하고 추후 총회 및 입주 시 추가 분담금을 제시하는 경우도 있다. 한편, 지역주택조합의 취득세는 일반분양의 경우보다 1.5배 이상 지불해야 하고, 입주까지 조합원 자격을 유지하며 업무추진비 등의 추가비용이 발생한다.

이러한 제도적 허점과 관리감독이 미흡한 상황을 이용해 전국단위로 조합이 난립하고 조합원들의 피해가 속출해 국토교통부는 2016년 12월 2일 주택법 개정을 통해 2017년 6월 3일부터 새로운 제도를 시행했으며 그 내용은 다음과 같다.

1. 지역주택조합 조합원이 조합 탈퇴 및 환급 청구가 가능하게 됐다. 조합원은 조합규약으로 정하는 바에 따라 탈퇴 의사를 밝히고 비용의 환급을 청구할 수 있다. 다만, 2017년 6월 3일 이후 주택조합설립 및 변경 인가를 받아 설립된 주택조합부터 적용되고 소급적용은 안 된다.

2. 조합업무대행자의 업무범위를 아래와 같이 명확히 했다.
   - 조합원 모집, 토지 확보, 조합설립인가 신청 등 조합설립을 위한 업무의 대행
   - 사업성 검토 및 사업계획서 작성업무의 대행
   - 설계자 및 시공자 선정에 관한 업무의 지원
   - 사업계획승인 신청 등 사업계획승인을 위한 업무의 대행
   - 그 밖에 총회의 운영업무 지원 등 국토교통부령으로 정하는 사항

3. 조합업무대행자의 의무를 규정했다. 주택조합 업무를 대행하는 자는 신의에 따라 성실하게 업무를 수행해야 한다. 거짓 또는 과장 등의 방법으로 주택조합의 가입을 알

선해서는 안 되며, 자신의 귀책사유로 조합 및 조합원에게 손해를 입힌 경우 그 손해에 대해 배상할 책임이 있다.

4. 조합원 모집 신고 및 공개모집을 의무화했다. 조합원 모집 시기, 모집 방법, 모집 절차 등 조합원 모집에 관해서는 해당 시장·군수·구청장에게 신고해야 하고, 공개모집이 이뤄져야 한다. 또한 공개모집 이후 조합원 탈퇴 등으로 인한 결원을 충원하거나 미달된 조합원을 재모집하는 경우에는 선착순 방법으로 조합원을 모집할 수 있도록 했다.

5. 지역주택조합의 사업지가 속한 지역의 시장·군수·구청장은 다음 어느 하나에 해당하는 경우에는 조합원 모집 신고를 수리할 수 없도록 규정을 강화했다.
   - 이미 신고된 사업대지의 일부 또는 전부가 중복되는 경우
   - 이미 수립됐거나 수립 예정인 도시·군 계획
   - 이미 수립된 토지이용계획 또는 이 법이나 관계 법령에 따른 건축기준 및 건축제한 등에 따라 해당 주택건설대지에 조합주택을 건설할 수 없는 경우
   - 법에 따른 조합업무를 대행할 수 있는 자가 아닌 자와 업무대행계약을 체결한 경우 등 신고내용이 이 법령에 위반되는 경우
   - 신고한 내용이 사실과 다른 경우에는 조합원 모집신고를 거부할 수 있다.

6. 시공보증을 의무화해서 주택조합이 공동사업주체인 시
   공사를 선정한 경우 그 시공사가 국토교통부령이 정하
   는 기관의 시공보증서를 주택조합에 제출하고, 시장·군
   수·구청장은 착공신고서 접수 시 이를 확인하도록 했다.

결국 여러 부작용과 문제점에도 불구하는 지역주택조합은
서민들이 견실한 건설사와 함께 저렴한 가격으로 내 집 마련
의 기회를 제공할 수 있는 좋은 제도다. 또한 '도시 및 주거환
경정비법'에서 규정한 재개발, 재건축의 수혜를 얻지 못하는
소외된 지역에서 비교적 쉽게 사업을 추진할 수 있는 장점이
있어 도시재생이라는 관점에서 큰 역할을 한다고 하겠다. 고
용창출과 경제성장에의 기여, 낙후된 지역에 양질의 주거 환
경을 공급한다는 측면에서 무척 긍정적이다. 지역주택조합은
그 조합원과 시공사 그리고 업무대행사의 정직한 노력과 활동
이 필수적으로 이뤄져야 한다. 정부와 지자체도 관련 개정법
이 잘 시행되도록 관리 및 감독해, 좋은 제도가 더 이상 오용으
로 서민들에게 피해를 입히지 않도록 해야 할 것이다.

〈참고문헌〉
· 국토교통부 보도자료, '지역주택조합 조합원모집, 신고 후 공개 모집해야
  – 주택법 시행령·시행규칙 개정안, 3월 14일 입법예고' 발표, 2017.03.13.
· 한국일보, 지역주택조합원의 눈물 〈상〉, 〈중〉, 〈하〉, 2017.05.02.~03.

30

서울 아파트, 부동산 경매라면
싸게 취득할 수 있을까?

| 유선종 |

대형서점의 부동산 코너에 가보면 절반 정도는 부동산 경매와 관련된 책들이다. 그만큼 부동산 경매가 대중화됐다는 의미일 것이다. 이러한 책의 대부분은 법원 경매로 나온 부동산에 투자해서 돈을 벌었다거나, 자본금 없이도 수채에서 수십 채의 부동산을 소유했다거나, 위험스럽고 권리관계가 복잡한 경매 물건에 투자해서 화려한 수익을 올렸다는 경험담을 과시하는 내용들이다.

오늘날 부동산 경매는 효율적인 재테크의 수단으로 자리매김하고 있고, 실제로 부동산 경매를 통해 부동산을 시장가격보다 저렴하게 취득할 수 있다. 다만 부동산 경매가 성공적인 재테크 수단으로 기능하기 위해서는 부동산에 설정되는 채권이나 권리관계에 따른 리스크, 경매 이론, 부동산 분석 등에 대한 이해가 필수적이다. 입찰자나 낙찰자는 물론이고 채권자나 채무자 또는 임대인이나 임차인 등 강제 매각되는 부동산과 관련된 당사자가 알아야 할 내용은 많고 복잡하기 때문이다.

일반적인 부동산 중개 물건과 달리 부동산 경매로는 사전에 해당 부동산의 상태를 확인할 수 없는 경우가 대부분이다. 뿐만 아니라 임차인이 있는 경우 임대차내역 등 권리관계에 대해 정확히 파악하는 데 협조를 받기도 어렵다. 관리비 등의 체납이 있는 경우 낙찰 이후에 아파트 관리사무소와의 관리비 분쟁의 소지도 있고, 낙찰 이후에는 명도 등의 문제로 거주자와의 법적 분쟁의 위험도 존재한다. 이처럼 다양한 문제가 있음에도 불구하고 부동산 경매를 매력적이라고 생각하는 이유는 경우에 따라서 시장가격보다 상당한 정도로 낮은 가격에 부동산을 취득할 수 있다는 점 때문이다. 부동산 경매가 대중화되고 있는 이유 역시 부동산 경매를 통해 시장가격보다 낮은 가격으로 부동산을 취득해 차익을 얻을 수 있다는 기대가 작용하는 데 기인한다.

그렇다면 정말로 경매라는 방법으로 시장가격보다 상당한 정도로 낮은 가격에 부동산을 취득할 수 있을까? 과연 얼마나 낮은 가격으로 낙찰받을 수 있을까? 낙찰통계로 그 결과를 살펴보면 그런 경우도 있고 그렇지 않은 경우도 있어 보인다.

〈표 1〉 2016년 아파트 낙찰 통계

법원별	총건수	유찰	낙찰	낙찰건률	평균감정가(원)	낙찰가율	경쟁률
전국	13,431	874	8,522	63.45%	271,918,341	90.45%	7.70명
서울 전체	1,911	95	1,162	60.81%	610,305,907	95.16%	8.86명
서울중앙지법	556	30	312	56.12%	963,937,500	90.53%	6.92명
서울동부지법	257	19	154	59.92%	683,984,416	97.18%	8.75명
서울서부지법	284	9	192	67.61%	525,094,161	94.82%	7.20명
서울남부지법	348	16	209	60.06%	462,841,077	97.98%	10.68명
서울북부지법	466	21	295	63.30%	357,767,797	97.23%	10.76명

자료: 굿옥션

부동산 경매에서 일반적으로 가장 많이 접근하는 아파트를 예로 분석해보자. 아파트의 경우 2016년 전국을 기준으로 볼 때, 13,431건이 진행됐고 이 중에 8,522건이 낙찰됐다. 이들의 평균 감정가 2억 7,100만 원, 낙찰가율 90.45%, 경쟁률 7.70명이었다. 서울 전체로는 1,911건이 진행됐고 이 중에 1,162건이 낙찰됐다. 이들의 평균 감정가는 6억 1,000만 원, 낙찰가율 95.16%, 경쟁률 8.86명이었다. 이를 서울중앙지법 등 5개 지법으로 구분해서 보면 낙찰가율은 90.53%~97.98%로 경매감정가액에 근접하는 수준으로 낙찰되고 있는 것으로 나타났다.

아파트의 낙찰가율에 대해 전국 기준으로 볼 때는 낙찰가율이 90.45%지만 서울 전체로 볼 때는 95.16%로 상승하고, 서울남부지법의 경우 97.88%까지 크게 상승하는 것을 알 수 있다. 그렇다면 해당 부동산에 대한 현장 확인 불가, 관리비 등의 분쟁소지, 유치권 등의 예기치 않은 분쟁소지, 인도명령과 명도 등 부동산 경매에서 문제가 되고 있는 다양한 시나리오에도 불구하고 감정평가액에 근접하는 수준으로 낙찰받는 것이 과연 매력적인 부동산 투자일까? 법원의 경매 감정가격은 과연 시장가격 수준을 제대로 반영하고 있을까?

경매 감정가격은 감정하는 시기와 조건에 따라 차이가 발생할 수 있다. 법원 감정 후부터 최초의 경매 기일까지 4~6개월 소요되는 경우가 일반적이므로 가격에 있어서 시차가 발생하는 경우가 있다. 만약 이 시기에 정부에서 부동산 대책이라도 발표되는 경우의 경매 감정가격은 이미 시장가격과 괴리되는 결과로 나타날 수 있다. 그렇다면 법원의 감정가격조차도 입찰자의 입장에서는 발품 팔아서 현장 확인하고 시장가격과의 괴리를 확인하고 입찰해야 하는 상황이라면, 2016년 서울시 낙찰가율 95.16%은 그다지 매력적이지 않을 수도 있다. 만약 최근의 서울 아파트 경매시장이 과열돼서 낙찰가율이 높아진 것이라면 과거의 서울 아파트 경매 시장은 어땠을까?

서울시 아파트의 낙찰가율을 보면 2013년에는 81.46%였지만 2017년에는 98.01%까지 크게 상승했다. 과거에는 감정가격과 낙찰가격의 괴리가 상당 부분 존재해 투자자들에게 일정 수준의 수익을 누리게 했지만, 2016년에는 95.16%, 2017년에는 98.01%까지 상승하는 등 감정가격과 낙찰가격의 괴리가

〈표 2〉 연도별 서울시 아파트 낙찰가율 현황

연도	총건수	유찰	낙찰	낙찰건율	평균감정가(원)	낙찰가율	경쟁률
2013	4,652	482	3,098	66.60%	580,128,911	81.46%	5.83명
2014	3,602	295	2,365	65.66%	549,228,364	87.69%	7.15명
2015	2,647	152	1,617	61.09%	551,655,055	93.77%	8.39명
2016	1,911	95	1,162	60.81%	610,305,907	95.16%	8.86명
2017	998	66	561	56.21%	602,227,143	98.01%	9.47명

자료 : 굿옥션
주 : 2017년은 9월까지의 자료임.

현저히 좁혀져 투자자의 수익은 크게 낮아졌다. 4~5년 전만 하더라도 서울시 아파트를 대상으로 투자자가 누릴 수 있는 수익의 크기는 감정가격과 낙찰가격과의 괴리가 있어 투자자에게 일정 수준의 수익이 돌아갈 수 있었지만, 오늘날에는 경매에 쏟아야 하는 시간과 노력에 비해 얻을 수 있는 수익의 크기가 대부분 사라진 상황에서 서울시 아파트의 경매 투자 매력이 가격 면에서는 사라져가는 것 같다.

이상을 종합할 때, 서울시에서 아파트를 구입하려는 경우 부동산 경매를 통해 시장가격보다 현저히 낮은 가격수준으로 매입하려는 계획은 쉽지 않아 보인다. 통계적으로 2016년 95%, 2017년 98%의 낙찰가율을 나타내는 상황에서 경매를 통한 저가 매수의 기회는 요원하다. 그렇다면 부동산 경매는 더 이상 부동산을 저가 매수하는 수단으로 의미를 갖지 못하는가? 경매의 대상물건 중 서울시 아파트의 경우 저가 매수의 기회는 쉽지 않겠지만 상대적으로 근린상가, 근린시설, 오피스텔, 사무실 등 상업용 및 업무용 부동산에서는 여전히 저가 매수의 기회를 기대할 수 있을 것으로 보인다. 대지, 농지, 임야, 잡종지 등의 토지와 승용차 등 차량도 여전히 부동산 경매로 수익을 누릴 수 있는 영역이다.

최근에는 NPL 투자 등 전통적인 부동산 경매를 응용하는 투자방안이 나타나고 있는 것도 낙찰가율이 높아지는 것과 무관하지 않다. 부동산 경매를 통한 채널의 다각화라는 차원에서 경매뿐만 아니라 한국자산관리공사나 예금보험공사 등의 공매에도 눈을 돌려보는 것이 지혜로운 방안이 아닐까 생각한다.

〈참고문헌〉
· 유선종, 『생활 속의 부동산 13강』, 도서출판 청람, 2016.
· 문희명·유선종, 『대학에서 배우는 부동산 경매』, 도서출판 채움과 나눔, 2016.

31

경·공매로 부동산을 취득하는 것은
부정(不淨)하고 위험한가?

| 이서복 |

법원 경매나 자산관리공사 세금압류공매(이하 '경·공매')를 통해 부동산을 취득하는 것에 대해 꺼림칙하게 여기는 사람들이 적지 않다. 그렇게 여기는 첫째 이유는 그 부동산이 망한 사람이 소유했던 것이어서, 그것을 취득하는 것 자체가 재수 없는 일이라는 막연한 생각에서다. 게다가 그 부동산을 경매로 취득한 이후 거기에 애환이 얽혀있을 수 있는 사람들(예를 들면, 빈손으로 쫓겨나야 하는 전 소유주나 임차인 등)을 내보내야 할 일도 만만치 않다는 것을 잘 알고 있기 때문이기도 하다.

둘째 이유는 권리분석의 어려움 때문으로, 낙찰자가 부동산 또는 부동산등기부 위의 부담을 떠안게 되는 경우가 있을 수 있어 위험스러워 보임에서다. 권리분석을 잘못하면 낙찰가 이외에 생각하지 못했던 추가부담으로 시세보다 오히려 더 비싸게 사는 결과가 될 수도 있어 경·공매가 위험해 보이기도 하다.

개인 사이에 채권·채무관계가 발생하면 대개는 채무자가 자발적으로 갚는 것이 보편적이며, 또한 이상적이다. 그러나 세상의 일이 반드시 이상적으로 되는 것만은 아니어서 다툼은 쉽게 발생하며, 그것을 개인끼리 해결하도록 방치한다면 사회는 혼란에 빠지기 쉽다. 그래서 그러한 분쟁을 당사자 간 자력(自力)으로 해결하는 것을 금지하고 있으며, 국가가 대신 구제(国家救済)해주고 있다.

법원은 개인 사이의 분쟁이 발생하면 재판을 통해 권리를 확정해주는 단계인 판결절차(判決節次)를 마련해두고 있다. 이러한 개인 사이의 분쟁을 재판하는 절차와 방법은 민사소송법에 상세히 규정돼있어, 법원은 이 법에서 정한 바대로 재판해 판결하게 된다. 그러나 아무리 잘 쓰인 판결문이라도 거기에서 확정된 권리가 효과적으로 실현될 수 없다면 한낱 휴짓조각에 불과하다. 판결절차를 통해 확정됐음에도 불구하고 채무자가 그것을 이행하지 아니할 경우, 자력구제(自力救済)를 금지하는 대신에 법원이 그것의 집행 또한 담당하고 있다. 채권자의 신청이 있으면 법원은 채무자의 재산을 압류한 후 법에서 정한 절차를 거쳐 그것을 강제로 매각해 채권자들에게 나눠주게 되는바, 그것이 바로 부동산 경매인 것이다. 이러한 연유로 비롯된 법원 경매는 '채무는 이행돼야 한다'는 사회적 정의 실현의 궁극적 수단인 것이다.

반드시 판결절차를 거쳐야만 채무자의 부동산을 강제로 매각할 수 있다면, 본질적으로 환금성이 떨어지는 부동산은 그것을 처분하는 방법 말고는 그 자산 가치가 활용될 방법이 극히 제한적일 수밖에 없다. 그래서 마련된 제도가 저당(抵當)제도다. 저당제도는 법에서 정한 절차와 방법대로 저당권을 설정해 그 권리를 부동산등기부에 공시해 저당권자에게 확정된 순위의 우선변제권을 가지게 하는 제도다. 채무의 변제가 이뤄지지 않을 경우에도 채권자는 별도의 판결절차 없이 법원에 신청해 그 저당물을 강제로 매각할 수 있는 방안을 마련해놓았다. 저당제도는 결과적으로 부동산의 가치만을 채권자에게 맡겨 금융이 가능하도록 해 원활한 경제작동이 되도록 뒷받침하는 탁월한 제도다. 어떤 이는 이러한 저당제도와 법원 경매제도를 자본주의를 지탱하는 한 축이라고 설파하기도 한다.

확정된 판결문에 의한 채무자 소유의 부동산의 강제매각을 강제경매라 하고, 저당권에 터 잡아 별도의 판결절차 없이 바로 강제매각 절차에 착수하는 것을 임의경매라 한다. 강제경매제도는 채권자와 채무자 간의 권리·의무를 궁극적으로 정리해주는 것으로 사회적 정의를 실현해주는 기능을 하고 있고, 임의경매제도는 손쉽게 권리행사를 할 수 있도록 해 부동산을 활용한 금융이 가능하도록 하는 훌륭한 기능을 하고 있다.

채권·채무관계의 궁극적 해결절차로서의 법원 경매와는 달리 자산관리공사의 세금체납공매는 행정기관의 공권력에 의한 강제 매각절차이다. 세금을 체납한 경우에는 국가기관은 자신의 우월권에 기초해 납세자의 재산을 압류해 강제로 매각해 체납한 세금에 충당한다. 현재 세금체납공매는 한국자산관리공사(KAMCO)가 그 진행을 담당하고 있다. 이러한 국가기관의 우월성은 공권력에서 비롯된 것으로, 납세의무자가 부담하는 각종 세금은 국가 및 지방자치단체 살림의 근간이 된다는 점에서 그 타당성이 수긍된다.

이상에서 살펴본 것처럼, 법원 부동산 경매는 사회적 정의를 실현하는 한 방법이기도 하고, 부동산을 활용해 금융을 일으켜 산업자본화를 꾀할 수 있도록 하는 밑받침이기도 하다. 부동산 세금체납공매는 국가 등의 과세권을 궁극적으로 확보할 수 있도록 마련된 제도로, 그 사회적 기능 또한 무척 중요한 것이다. 어느 절차가 됐든 경·공매 절차에서 부동산을 낙찰받았다는 것은 그 낙찰자가 가장 높은 가격으로 샀다는 것을 의미하고, 그 결과 채권자들에게 그만큼 더 많이 배당되게 해 그 억울함이 작아지게 한 것이다.

경·공매로 매각되는 부동산 대부분은 채권총액에 비해 그 가액이 낮다. 따라서 그것이 낙찰돼 매각대금이 배당되면 부득이 채권 전부를 회수하지 못하는 채권자가 생기는 경우가 더 많은 것이 현실이다. 그것의 매각으로도 자신의 채무를 다 변제하지 못하는 사람(대부분 소유자)은 단지 빚쟁이로 사회정의에 배치되는 사람일 뿐이지, 결코 연민의 눈으로 바라봐야 할 상대는 아닌 것이다. 망한 사람이 소유했던 부동산을 취득하는 것이 재수가 없을 것이라는 생각은 전혀 과학적이지 못한 막연한 것이다. 우리나라에는 사회적 약자로 취급되는 주택 및 상가건물의 임차인을 특별히 보호하는 임대차보호법도 일찍이 마련돼있다. 그럼에도 불구하고 자신의 법적 지위를 확보하지 못해 경·공매 절차에서 내쫓겨야 할 상황을 맞이하는 임차인들은 어찌할 수 없는 안타까운 일일 뿐이다. 채권·채무에 관한 사회적 정의와 조세채권의 엄정성 등을 생각할 때, 그래도 여전히 이러한 채무자와 임차인들에 대한 연민 때문에 경·공매의 낙찰에 나서지 못하겠다는 것은 합리적이지 못하다.

법원 부동산 경매는 불특정 다수를 상대로 입찰에 참여하도록 해 최고가로 입찰한 사람을 낙찰자로 정해야 하는 절차이므로, 그것의 매각조건은 정형화돼있어 누구에게나 동일하게 적용된다. 따라서 법원의 부동산 경매의 입찰에 참여하기 위해서는 정형화된 매각조건을 잘 파악해야 하며, 이러한 일련의 절차를 권리분석이라 한다. 민사집행법과 민법 및 주택임대차보호법, 상가건물 임대차보호법과 그 외 민사특별법 등 관련 법률에 대한 이해가 올바른 권리분석의 출발점이라 할 수 있다. 세금체납공매 절차는 국세기본법 및 국세징수법과 지방세법에 규정돼 있어 법원 경매와는 차별화된 권리분석이 필요하나, 그 근본원리는 대동소이하다.

경·공매 대상 부동산 위에는 많은 권리가 개재돼있다. 등기부에는 저당권, 전세권, 지상권, 압류, 가압류, 가처분, 가등기 등의 권리들이 공시돼있고, 부동산 자체에는 그 외에 공시방법이 마땅치 않은 임차권, 유치권, 법정지상권 등이 관련돼있을 수 있다. 경·공매에서는 이런 다양한 부담을 낙찰자가 인수하지 않고 소멸되는 것을 원칙으로 하고 있으나, 어떤 경우에는 소멸되지 않고 낙찰자가 그 부담을 인수하는 경우가 있다. 권리분석이란 낙찰자가 인수하는 권리와 인수하지 않는 권리를 구분해 입찰에의 참여여부를 결정하는 준비과정을 말한다. 공인중개사를 통해 부동산을 거래하는 경우에는 매입대상 부동산에 관한 권리분석을 거의 전적으로 공인중개사에게 의존한다. 그러나 경·공매에서 부동산을 매입하는 경우에는 오로지 자신의 책임으로 판단해 결정하고, 그 결과를 감당해야 한다.

복잡하고 어려워 보이는 권리분석이지만 하나하나 따져보면 꼭 그렇지만은 않다. 민법, 부동산에 관련된 민사특별법, 건축법, 국토의 계획 및 이용에 관한 법률 등 각종 부동산 공법에 관한 깊이 있는 공부와 대상 부동산에 관한 서류조사와 현장조사가 병행된다면 권리분석이 그리 어려운 것만은 아니다. 등기부등본, 건축물관리대장 등 각종 공부와 경매법원이나 한국자산관리공사에서 제공하는 현황조사서, 감정평가서, 매각물건명세서 등의 서류로 대상 부동산의 권리관계를 일차적으로 파악할 수 있다. 부동산의 소재지를 직접 방문해 부동산의 현황, 시세, 이용가치, 점유자 등 그 부동산의 매입결정에 필요한 사항들에 대해 면밀히 현장조사를 하면 된다.

최근 대법원의 통계에 의하면 2016년 10월부터 2017년 9월까지 1년간 전국적으로 11만 9,000여 건의 부동산이 경매에 부쳐졌고, 그중 43,500여 건이 낙찰됐다. 낙찰가 총액은 11조 1,000억 원을 상회한다. 한국자산관리공사에서 제공하는 통계자료가 없어 그 정확한 숫자는 알 수 없으나, 최근 부동산 세금체납공매의 개찰 결과를 지켜보면 입찰자 수가 증가하고 낙찰가율이 지속적으로 상승하는 경향을 보이고 있다. 이러한 사실들은 부동산 경·공매 절차가 재고부동산 시장의 중요한 몫을 담당하고 있음을 말해주고 있다. 경·공매를 통해 부동산을 매입하는 최고의 장점은 시세보다 싸게 살 수 있다는 점이다. 부동산 경·공매가 비롯된 연유와 관련된 이해관계인들의 법적 지위를 고려하고 권리분석이 그리 어려운 것만은 아님을 살펴봄에, 경·공매 절차를 통해 부동산을 취득하는 것은 결코 부정(不淨)한 것도 아니고 위험한 것도 아님을 알 수 있다.

32
경·공매에서 특수 물건은
정말로 위험한가?

| 강은현 |

　서울 강남구 역삼동에 있는 다세대주택 243.5㎡의 최초감정가는 12억 원이다. 강남의 고급 빌라임에도 8회 연속 주인을 만나지 못해 2억 132만 원까지 떨어졌다. 유찰을 거듭한 이유는 유치권 때문이다. 시공사가 받아야 하는 공사대금 채권은 원금만 무려 108억 5,900여만 원이다. 그럼에도 표모 씨가 2억 132만 원에 단독으로 낙찰받았다. 경매에서 유치권은 두 얼굴을 가지고 있다. 사례처럼 진성 유치권은 매각가 외 유치권 성립 금액을 매수인이 고스란히 물어줘야 하는 반면 허위 유치권은 유치권이 성립하지 않음을 입증하면 유치권 신고 금액만큼의 차익을 벌 수 있다.

　법원 경매는 정보의 제약과 권리분석의 어려움으로 인해 소수 전문가들이 시장을 주도한 적이 있었다. 그러나 민사집행법의 시행으로 진입장벽이 낮아지고 경공매시장의 정보 비대칭성이 사라지다 보니 예전처럼 매각만으로 차익 실현이 쉽지 않다. 풍부한 유동성 장세에 저금리가 맞물려 법원경매 유입물건은 역대 최저 수준이다. 법원경매시장은 매년 약 12만 건 내외의 신규물건이 유입됐으나 지난 2015년에는 경매통계를 집계한 이래 최초로 10만 건 유입이 붕괴됐으며(9만 6,395건), 2017년에는 8만 건대(8만 5,664건)로 고꾸라졌다. 공급 부족과 일반 부동산의 가격상승으로 수요 사이드의 입찰경쟁률과 매각가율 등 모든 경매지표가 우상향이다. 반면 경매 대중화로 진입장벽이 사라지자 한정된 물건을 놓고 참여자 간에 열띤 각축을 벌이고 있다. 이런 연유로 경공매 시장에 고수의 전유물이었던 고위험·고수익 부동산인 특수 물건에 투자자들이 몰리고 있다. 요즘 경매시장은 전과 달리 전문가와 비전문가의 경계가 사라졌다. 이제는 모두가 전문가다. 바야흐로 특수 물건이 더 이상 특수하지 않은 시대에 살고 있다.

특수 물건이란 유치권, 법정지상권, 선순위 임차인, 선순위 가등기, 선순위 가처분, 대지권 없음, 지분, 도로 등 법적 권리 관계가 복잡하게 얽혀있어 매수인과 이해관계인 사이에 고도의 협상이나 치열한 법적 공방을 거쳐야 하는 물건을 말한다. 경공매 물건은 권리 관계가 등기사항증명서에 공시되며 공시된 등기는 매각 시 말소가 원칙이다. 그러나 특수 물건은 등기사항증명서에 공시되지 않고, 공시됐더라도 매각으로 소멸되지 않는 권리상 하자 있는 물건을 말한다. 경매참여자는 이중의 수익 때문에 특수 물건을 꿈꾼다. 경매 자체가 저가 매수인데, 특수 물건은 높은 진입장벽으로 참여자가 제한돼 매각가가 여느 물건에 비해 더 낮기 때문이다.

권리상 물건상 하자가 없는 물건은 대부분 1~2회 유찰 후 팔린다. 그러나 특수 물건은 2~3회 유찰은 기본이고 권리 관계가 복잡한 물건은 절반 이상 떨어진 후 가까스로 낙찰되곤 한다. 대법원경매정보 자료에 의하면 2017년 법원 경매 물건은 모두 11만 7,359건이었다. 17만 65명이 참여해 그중 4만 1,921건이 팔렸다. 전국기준 매각가율(매각가를 최초 감정가로 나눈 비율)은 74.2%를 기록했다. 아파트만 놓고 보면 매각가율은 91.4%로 껑충 뛴다. 사실상 경매로 수익을 남기기가 어려운 구조다. 반면 경매정보제공업체인 지지옥션의 자료에 의하면 지난 2015년 유치권이 신고 된 물건의 매각가율은 61.0%고 법정지상권이 신고된 물건의 매각가율 역시 61.4%에 불과하다. 적어도 특수 물건은 일반 물건에 비해 10%p 이상 저렴하게 매입할 수 있다. 남들이 이런저런 이유로 참여할 수 없거나 참여를 꺼리는 물건이 오히려 경매 참여자에게 '기회'를 제공하는 또 다른 시장이다.

2017년 2월 서울북부지방법원 경매 법정에서는 서울 강북구 번동에 있는 도시형생활주택 1,203.8m^2 물건의 최고가매수인을 발표하자 법정이 크게 술렁거렸다. 최초감정가 58억 1,000만 원에서 3회 유찰돼 29억 7,472만 원까지 떨어진 물건을 이모 씨가 나홀로 참여해 최저가보다 무려 약 16억 7,000여만 원을 더 비싸게 적어냈기 때문이다. 결국 이모 씨는 대금 납부를 포기했고 매수보증금 2억 9,747만여 원을 고스란히 날렸다. 경매 사고에는 통계로 잡히는 사고와 통계로 잡히지 않는 사고 등 두 가지가 있다. 통계 사고는 매각 대금을 납부하지 않아 매수보증금이 20% 내지 30%인 재매각 물건을 말한다. 반면 통계 외 사고는 매각대금을 납부할 때까지 매수인이 경매사고의 낌새를 알아차리지 못한 경우를 말한다. 경매 사고는 후자가 더 무섭다. 전자는 대금납부 전에 위험요소를 미리 인지해 매수 보증금 10%만 손절매할 수 있으나 후자는 매각대금 납부 후에야 문제가 터진 것을 알게 돼 꼼짝없이 당해야 하기 때문이다. 전자는 손실 금액을 추정할 수도 있으나 후자는 추정 자체도 불가능하다.

법원 경매 정보 전문업체인 지지옥션에 따르면 매수인이 대금납부를 포기해 법원에 몰수된 경매 매수보증금은 2014년에는 830억 원이었고 2015년에는 891억 원이었으며 2016년에는 833억 원 등으로 매년 800억 원을 웃돌고 있다. 건수로는 매년 4,000여 건 정도로, 전체 매각 건수의 6~7% 정도에 이를 정도로 많다. 여러 번 유찰될수록 수익률이 더 높아지는 경매 시장의 속성을 고려하면 특수 물건은 분명 고수익을 올릴 수 있는 알짜배기 물건이자 황금알을 낳는 거위가 될 수 있다. 그러나 불을 보고 뛰어드는 나방처럼 단지 고위험 고수익만을 노리고 특수 물건에 참여하는 투자자가 늘면서 부작용도 속출하고 있다.

특수 물건은 속성상 이해관계인과 제로섬 게임을 벌여야 한다. 이들을 설득하는 과정이 녹록지 않을 뿐만 아니라 필연적으로 송사가 뒤따른다. 상대방이 완강하게 저항 시 소송기간만 짧게는 1년에서 길게는 5년을 감내해야 한다. 실제 유치권 다툼이 소송으로 비화된 8건의 소요시간을 조사한 결과 1심은 평균 약 10개월 정도 걸렸으며 항소심 역시 약 8개월이 소요되는 등 유치권 진위 여부가 판명될 때까지 매수인은 약 1년 반 동안 온전한 재산권 행사를 할 수 없었다. 무엇보다 특수 물건은 온전한 재산권 행사의 제한 외에 금융기관에서 대출을 받을 수가 없다. 설령 어렵사리 매각대금을 마련해 잔금을 납부했더라도 상대방과 진검 승부를 다시 벌여야 한다. 법적 분쟁 기간 동안 재산권 행사의 제한은 기본이고 매각금액 이외에 재판상 비용과 추가 비용 등 리스크를 온전히 떠안아야 한다.

그러나 더 큰 문제는 험난한 송사가 끝나고 나서 일어날 수 있다는 점이다. 힘겨운 소송 끝에 겨우 문제를 해결했더니 그 사이 부동산 가격이 매각 당시보다 더 떨어질 수도 있는 세상에 살고 있어서다. 승소해도 문제가 발생할 수 있는데, 하물며 만일 재판에서 졌다면 생각만 해도 끔찍하다. 이처럼 특수 물건은 물건분석이나 권리분석에 대한 오판의 대가가 너무 가혹하다는 점을 반드시 기억해야 한다.

33

귀농·귀촌, 은퇴 후 생활의
바람직한 대안이다?

| 신은정 |

은퇴하면 복잡하고 경쟁적인 도시를 떠나 시골로 가서 텃밭을 가꾸며 한가로운 생활을 즐기고 싶다는 생각을 한 번쯤은 해보게 된다. 귀농·귀촌은 그 의미를 혼용해 쓰는 경향이 있으나 개념을 구분해 본다면 귀농은 농업인이 되기 위해 도시에서 농촌 지역으로 이주해 농업을 생업으로 하는 경우를 의미한다. 이에 비해 귀촌은 더 광의의 개념으로 농사를 짓지 않더라도 농촌으로 이주해 전원생활을 하는 것을 의미한다. 한국농촌경제원이 귀농·귀촌에 영향을 끼친 요인을 10가지로 분류해 조사한 결과를 살펴보면 경제적인 이유보다는 조용한 전원생활에 대한 기대나 은퇴 이후의 여가생활을 위해서 등 비경제적인 이유가 더 많은 것을 확인할 수 있다(한국농촌경제원, 2016).

[그림 1] 귀농·귀촌에 영향을 준 요인

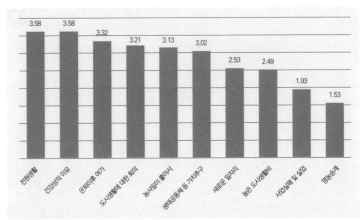

주 : 리커트 5점 척도 조사결과, 1점 전혀 영향을 주지 않음부터 5점 매우 많은 영향을 줌으로 조사
    된 결과
자료 : 한국농촌경제원(2016)

　이러한 귀농·귀촌에 대한 생각은 인구이동 추이에서도 확인할 수 있다. 우리나라의 귀농·귀촌 가구는 2001년 880가구에서 2016년 335,527가구(귀농 13,019가구, 귀촌 322,508가구)로 증가했다(통계청, 2016). 이러한 귀농·귀촌 인구의 현격한 증가에는 여러 가지 원인이 있겠지만 베이비부머들이 본격적으로 은퇴하기 시작한 것이 한 가지 원인으로 지목된다. 국토연구원 문헌에 의하면 '은퇴 후 전원생활을 희망한다'는 응답 비율이 45%로 '은퇴 후 도시생활을 희망한다'는 응답 비율 34%보다 높게 나타났다. 이러한 선호에 정부의 귀농·귀촌 지원정책이 실행되면서 은퇴한 베이비부머의 새로운 선택지로서 귀농·귀촌이 은퇴 이후 삶의 대안으로 주목받고 있다.

[그림 2] 연령별 귀농·귀촌 가구주 구성

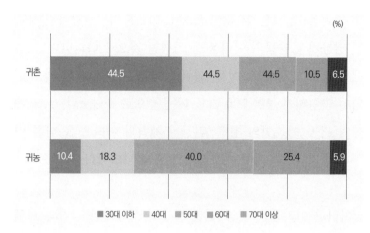

자료: 통계청(2016)

하지만 귀농이든 귀촌이든 어느 경우이든 도시생활과는 완전히 다른 환경에서 새로운 삶의 방식을 선택하는 것이므로 신중한 접근이 필요하다. 도시의 삶을 모두 정리하고 귀농·귀촌을 선택한 경우 이를 되돌리기가 어렵고, 도시와 다른 생활 환경으로 적응에 어려움이 생길 수 있기 때문에 신중하게 접근해야 한다. 2016년 귀농·귀촌인을 대상으로 실시한 설문조사 결과에 따르면 '도시로의 재이주 의향이 있다'고 응답한 응답자는 11.5%, '다른 농촌으로 재이주 의향이 있다'고 응답한 응답자는 21.1%로 조사됐다(한국농촌경제원, 2016).

〈표 1〉은 귀농·귀촌인 패널을 통한 귀농·귀촌의 애로사항에 대한 조사결과다(마상진, 2016). 결과를 살펴보면 젊은 연령

층보다 50대 이상의 은퇴 이후 연령층이 '지역주민과 갈등으로 인한 어려움'을 더 많이 느끼고 있었으며, '생활여건 불편 및 영농기술 습득의 어려움'을 느끼는 것으로 나타났다. 또한 생활 장소 변경으로 '이웃, 친구 등과의 이별에 대한 외로움' 역시 연령대가 높을수록 더 느끼는 것으로 조사됐다. 60대 이상의 귀농·귀촌인의 경우 '건강과 체력의 어려움'을 다른 연령대의 거의 2배 가까이 느끼는 것으로 나타났다.

이러한 어려움은 귀농·귀촌 이후의 성공적인 정착의 방해 요소로 작용하며 도시 및 다른 지역으로 재이주 의향에 영향을 주는 것으로 나타났다. 연구결과에 따르면 귀농·귀촌 생활 기간이 짧을수록, 가구소득이 낮을수록, 주민왕래가 적고 지역사회활동 참여가 적을수록 도시 재이주 의향이 높은 것으로 나타나 지역사회와 얼마나 원활하게 교류하고 활동하는가가 적응의 중요한 요소로 작용함을 알 수 있다.

〈표 1〉 연령에 따른 귀농·귀촌 정착과정상의 어려움(복수응답)

(단위: %)

구분		귀농·귀촌 정착과정상의 어려움										
		일자리	여유자금 부족	농지 구입	자녀 교육	지역 주민 갈등	주거 문제	생활 불편	영농 기술	건강, 체력	외로움	가족 내 갈등
연령	30대 이하	10.0	55.0	40.0	6.3	7.5	23.8	22.5	20.0	1.3	6.3	3.8
	40대	14.6	55.2	29.2	10.7	9.3	14.6	19.6	21.7	6.0	7.8	7.5
	50대	9.6	44.1	23.9	4.7	20.2	8.9	26.8	28.9	8.0	11.0	7.0
	60대 이상	9.9	35.1	17.3	0.0	20.3	7.9	30.2	34.7	14.4	17.3	7.9

자료 : 마상진(2016) 자료 중 일부를 발췌해 정리한 것임.

이처럼 귀농·귀촌은 생각처럼 낭만적인 은퇴생활의 대안이 아닐 수 있다. 그럼에도 불구하고 호모헌드레드를 이야기하는 현대사회에서 기대수명이 길어지고 활동이 가능한 기간이 길어지면서 길어진 노후 30~40년을 보내려면, 귀농·귀촌은 고려해봄 직한 선택지일 수 있다. 다만 노후 은퇴자에게 있어서 주거와 집이라는 공간이 갖는 의미를 제대로 이해하고 사전에 충분한 준비를 통해 시행착오를 최소화할 필요가 있다.

은퇴 이후 주거지를 옮기기로 결정할 때는 살던 집과 공동체에서 안전하고 자립적으로 살고자 하는 트렌드인 'Aging In Place'라는 개념을 이해해야 한다. 은퇴 이후 생활이 짧게는 20년에서 길게는 30~40년 가까이 되므로, 은퇴 직후의 사회참여 가능 시기인 전기고령자(65세부터 74세)부터 건강이 나빠지며, 의료 서비스가 점점 많이 필요해지는 후기고령자(75세 이상) 기간의 생활까지 고려해봐야 한다. 나이 들면 생활 범위가 집 중심으로 좁아지게 된다. 70대는 70%, 80대는 80%의 삶을 주거지를 중심으로 영위하게 된다고 한다.

뿐만 아니라 은퇴 이후 생활은 활동이 가능한 단계부터 배우자 사별 후 홀로 생활해야 하는 단계까지 여러 단계로 이뤄져 있으며 단계마다 라이프스타일이 크게 다르기 때문에 필요한 주거 환경도 바뀌게 된다. 그러므로 남은 인생의 주거지 선택기준이 단순히 전원생활에 대한 막연한 동경이나 충동적

결정에 의한 것이어서는 안되며, 이러한 점들이 고려된 귀농·귀촌의 선택이 필요하다.

　귀농·귀촌 지역을 결정할 때는 물가나 소득원 같은 경제적 측면과 기온과 자연환경, 대중교통, 병원, 간병 대책 등을 종합적으로 고려해봐야 한다. 병원·도서관·극장과 같은 편의시설이 얼마나 가까이 있는지, 더 고령자가 돼 운전이나 거동이 불편할 때 이용할 수 있는 교통수단은 어떠한 것들이 있는지 충분히 고려해야 한다.

　귀농·귀촌 생활이란 도시에서의 생활보다 자연과 가까운 삶이다. 넓은 마당, 한적한 길, 맑은 공기와 쾌적한 환경뿐 아니라 도시에서보다 저렴한 생활비 등은 귀농·귀촌 생활의 커다란 장점이다. 그러나 도시에서의 생활보다 기상변화와 일출, 일몰 시간에 영향을 많이 받으며 외부인이나 외부 동물들의 접근이 더 용이한 환경에 살게 된다. 도시에서는 너무나 당연한 도시가스나 상하수도 서비스가 용이하지 않은 지역이 대부분이며 대중교통수단이 도시처럼 다양하거나 접근성이 좋지 않은 지역이 대부분이다. 더불어 물건을 사려면 차를 타고 나가야 하거나, 긴 거리를 걸어야 할 수도 있다. 게다가 이러한 불편으로 어렵게 적응한 거주지에서 다시 이주해야 할지도 모른다.

귀농·귀촌 생활에 성공적으로 적응하기 위해 스콧 니어링 (Scott Nearing)[1]은 "행복한 전원생활을 위해서는 지적 활동과 좋은 사람과의 교류, 노동이라는 삶의 균형이 필요하다"고 말했다. 행복한 귀농·귀촌 생활을 위해서는 많은 계획과 준비와 노력이 필요하다. 귀농이든 귀촌이든 도시에서 전원으로의 이주는 거주 환경과 이웃이 완전히 달라지는 큰 변화를 수반하는 만큼 철저한 준비만이 시행착오를 줄이고 성공적으로 정착할 수 있는 방법이다.

〈참고문헌〉
· 국토연구원, 「베이비붐 세대의 은퇴와 농촌활성화 전략연구」, 2011.
· 마상진·박대식·안석·최윤지·남기천, 「2016년 귀농·귀촌인의 정착실태 장기추적조사」, 한국농촌경제연구원·국립농업과학원, 2016.
· 마상진, 「귀농·귀촌 무엇을 이려워하는가?」, 한국농촌경제연구원 기타연구 보고서, 247-271, 2016.
· 통계청, 「2016년 귀농가구원의 시도별(시군별)·연령별 현황」, 2016.
· 한국농촌경제연구원, 「귀농·귀촌 실태조사」, 2016.
· Helen Nearing and Scott Nearing, Living the Good Life: How to Live Sanely and Simply in a Troubled World, Schocken Books, 1954.

---

1) 미국의 경제학자로 『조화로운 삶(부제: 헬렌과 스코트 니어링이 버몬트 숲에서 산 스무 해의 기록)』의 저자. 조화로운 삶은 1932년 저자가 귀촌하며 기록한 20년간의 귀촌 생활에 관한 책임.

부동산은
앞으로 어떻게
개발될까?

34

부동산 시장에서 건설회사의 영향력은 지속될 수 있을까?

| 이현석 |

부동산 시장이 변하고 있다. 신도시 등 택지개발 중심에서 도시재생이 화두로 등장했다. 개발·분양 중심에서 임대·운용 시장으로 전환되고 있다. 건설사가 개발의 선봉에 서서 선분 양제하에서 분양과 완공 등 위험을 책임지면서 공사 수익 이상을 확보하던 구조에 변화가 일고 있다. 아파트 분양 경기 활황으로 건설사들이 호황을 구가하고 있지만 버블 붕괴 이후 반 토막 난 일본의 건설회사 매출을 보면 미래는 녹록지 않다.

시행사라 불리는 디벨로퍼들의 움직임은 주목할 만하다. 몇 몇 대형 디벨로퍼 회사는 금융과 운용 회사를 설립 또는 매입 하면서 종합화를 꾀하고 있다. 건설과 개발을 지원하는 금융 계도 일정 위험은 감수하는 등 예전과는 다른 시도가 이어지 고 있다. 이러한 시점에 부동산 시장에서 주요 역할을 해왔던 건설사의 영향력은 지속될 수 있을까? 라는 의문은 건설업계에서는 사활이 걸린 이슈다. 주택과 부동산 등 산업정책, 나아가 우리의 경제 흐름의 방향과도 연관된다. 답을 찾기 위해 일본의 사례를 검토하고 대안을 모색한다.

건설업은 건설공사를 수행하는 업을 말하며 전형적인 수주 도급 사업으로 발주자의 다양한 요청에 의해 개발하는 생산업이다. 부동산업은 부동산을 상품으로 취급하는 업을 말하며 부동산 공급업, 부동산 임대업, 부동산 서비스업으로 분류된다. 건설업은 물리적 성격(Hard Ware)이 강하며 공기, 공법, 공정, 그리고 재료 등 원가 절감(to Minimize Cost)을 통한 수익 추구가 목표다. 반면 부동산업은 아이디어, 기획, 관리 등 소프트(Software)한 역량을 중시하고 이를 통한 수익의 극대화(to Maximize Profit)가 목표다.

우리보다 앞서 개발 시대를 맞이했고 임대·운용이 활성화된 일본의 사례를 살펴보면 시사점을 얻을 수 있다. 일본은 건설업과 부동산업이 분리돼 발전해 왔다. 1990년을 기점으로 버블 붕괴 이후 건설업은 지속적으로 축소돼왔으나 부동산업은 규모를 키우며 성장시켜 왔다. 일본의 부동산업은 개발·보유·관리부문으로 사업을 다각화해왔고, 주택 전문 업체는 임대·분양 외에도 관리·중개 및 서비스 분야로 영역을 확대해왔다.

건설사가 매출에서 절대적 우위였고 다음이 주택전문회사
와 부동산 종합회사 순이었다. 그러나 2010년을 기점으로 순
위가 역전된다. 주택전문회사의 매출이 건설사를 넘어서 현
재까지 지속되고 차이는 벌어지고 있다. 2000년대 이후 임대
주택 물량을 지속적으로 확대해온 결과다. 건설회사(슈퍼제네
콘), 주택전문회사(하우스메이커), 부동산 종합회사 등 각각의
매출 규모 상위 3개사에 대해 15년간 분석한 그림이다.

[그림 1] 매출액 비교

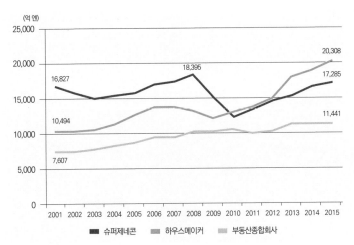

슈퍼제네콘 : 상위 3개사(카지마, 오바야시, 시미즈) 평균
하우스메이커 : 상위 3개사(세키수이하우스, 다이와하우스, 스미토모린교) 평균
부동산 종합회사 : 상위 3개사(미쓰이부동산, 미쓰비시지쇼, 스키토모부동산) 평균

경상이익률에 대해 동일한 회사를 대상으로 비교하면 진폭
은 존재하지만 2001년부터 부동산 종합회사, 주택전문회사,
건설사 순위는 일정하게 유지되고 있다. 대량건설을 통한 원

가 절감 중심의 건설사는 이익률에서 한계를 보이고 있다. 기
획과 관리 역량을 통해 대도시권 중심으로 사업을 벌여온 부
동산 종합회사의 이익률은 지속적으로 강세를 보이고 있다.
일본에서 토건 시대를 이끌었던 건설사의 기세는 무뎌졌고
매출에서는 주택전문회사에게, 이익률에서는 부동산 종합회
사에게 선두를 내줬다.

[그림 2] 경상이익률 비교

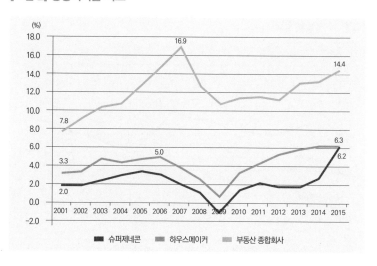

미국의 부동산업의 경우도 부동산 관련 대형 기업을 중심으
로 금융, 개발, 건설, 운용 등 다양한 서비스를 종합적으로 제
공하는 경우가 많다. 개발업은 분양보다는 개발 물건을 보유
하며 운영하는 사업 위주며 리츠 등 금융 수단을 적극적으로
활용하고 있다. 임대 사업에서도 금융서비스, 유지보수, 그리

고 중개업무가 함께 연계되는 형태가 많다.

개발 시대와 고령화 등 유사한 환경을 먼저 경험한 일본의 사례는 시사하는 바가 크다. 현재는 아파트 분양호황으로 활황을 구가하고 있지만 건설사 입장에서는 타산지석임은 틀림없다. 건설이 중심이 되던 시대가 저물고 있다. 구조조정이 필요한 시점이다.

우리의 건설업과 부동산업은 배경과 토양이 일본과 확연히 다르다. 부동산 산업은 수직적으로는 개발, 분양, 수평적으로 주거기능 중심으로 편향돼 발달한 구조다. 업역 간 격차도 심하고 법률 제도적으로도 장벽이 높게 존재하며 부동산 산업 간의 불균형과 배타성이 문제로 인식된다. 그럼에도 건설업이 생존할 수 있는 길은 변화하는 부동산 환경에의 적응이다. 건설사의 부동산종합회사로의 전환은 대안 중 하나다.

융복합 시대에 금융과 IT분야까지도 접목해 주택 건설과 분양을 중심으로 개발시대를 이끌어온 건설사를 활용하는 방안을 모색해야 한다. 수평적으로는 주거 중심에서 상업용 부동산까지 확대하고 수직적으로는 개발·분양이란 단기적 차익에 의존한 건설을 넘어 임대운용, 나아가 금융 및 중개 등 관련 서비스까지 업역을 확대하고 소비자들이 진정으로 원하는 부동산종합서비스를 제공하는 구조를 고민해볼 때다.

[그림 3] 기존 국내 부동산 산업 구조도

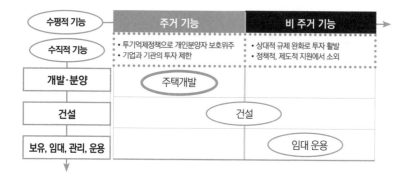

〈참고문헌〉
· 한국감정원, 「네트워크형 부동산서비스 인증제도의 활성화를 위한 정책제
  언」, 2017.
· 국토교통부, 「네트워크형 부동산 종합서비스 인증제 도입(안)에 관한 연구」,
  2016.

35

우리나라는 너무 많은 주택을 공급하고 있는가?

| 남영우 |

우리나라는 한국전쟁 이후 전 세계에서 유례 없는 경제성장을 이뤘다. 경제성장과 함께 빠른 속도로 도시화가 이뤄졌으며 이에 따라 많은 주택문제가 발생했다. 특히 가장 심각한 문제는 주택 재고의 부족으로 정부에서는 1972년 주택공급촉진법을 제정하는 등 주택공급을 최우선적인 정책과제로 추진했다. 이러한 정부의 노력으로 (구)주택보급률을 기준으로 2002년에 주택보급률이 100%를 넘어서면서 정부의 주택정책의 기조가 주거안정으로 변경되고 2003년에 주택건설촉진법은 주택법으로 개정됐다. 주택법이 시행된 이후에도 2000년대 중반 주택 가격이 크게 상승하면서 2기 신도시추진 등 주택공급확대를 위한 노력이 계속 진행됐다. 당시 수도권의 주택 가격이 크게 상승해 단기적인 대책으로 수요억제정책을 추진하면서 장기대책으로 공급확대정책을 병행해 추진했다.

하지만 2008년 금융위기 이후부터 주택시장이 침체되면서 본격적으로 공급과잉에 대한 논의가 시작됐다. 금융위기를 기점으로 2000년대 초중반에 수도권에 집중된 주택공급의 영향으로 수도권 지역의 주택 가격이 큰 폭으로 하락했으며 주택공급을 축소하지 않을 경우 일본과 같은 거품붕괴가 올 수도 있다는 주장까지 제기됐다. 주택시장이 침체된 영향도 있겠지만 평균적으로 약 50만 호 수준에 있던 연간 주택인허가량이 2008년부터 2010년까지 평균 38만 호 수준으로 감소한 것은 이러한 시장의 분위기가 영향을 미친 것으로 생각된다. 하지만 주택시장이 점차 회복되고 신규분양시장이 활성화되면서 인허가량은 다시 증가해 2015년과 2016년에는 70만 호가 넘어서는 등 다시 공급이 증가하는 양상을 보이고 있다.

〈표 1〉 연도별 주택인허가량

(단위: 호)

구분(년)	2008	2009	2010	2011	2012	2013	2014	2015	2016
계획	501,268	430,479	400,900	404,000	520,000	370,000	374,000	–	–
인허가	371,285	381,787	386,542	549,594	586,884	440,116	515,251	765,328	726,048

자료: 주택도시기금 업무편람

어떠한 재화든 시장경제를 인정하고 있는 자본주의사회에서는 수요와 공급은 시장에서 결정되는 것이 당연하다. 물론 정부의 정책으로 일시적인 조정은 있을 수 있지만 결과적으로는 시장의 힘을 넘어설 수 없다는 것을 우리는 여러 번 경험해왔다. 특히 청약제도를 통한 주택의 배분이나 투기억제를 위한 주택담보대출의 제한 등 간접적인 개입과 달리 가격과 공급량을 직접적으로 규제하는 것은 또 다른 부작용을 낳을 수도 있다. 따라서 현재 시장의 주택공급이 어느 정도 수준인지에 대한 판단은 매우 중요하다. 일반적으로 주택의 공급수준을 판단하는 데 많이 사용되는 것은 주택보급률이다. 주택보급률은 전체 주택 수를 가구 수로 나누어서 산정하므로 100% 이상이 되면 현재 가구 수보다 주택 수가 많다는 것을 의미한다.

이론적으로 보면 쉽게 산정할 수 있을 것 같지만 현실은 그렇지 않다. 가구 수와 주택 수에 대한 기준이 산정 시기나 국가에 따라서 다를 수 있기 때문이다. 우리나라도 최근 10년간 두 차례나 산정방법이 변경됐다. 2008년 이전까지 주택보급률은 주택 수를 산정하는 과정에서 다가구주택을 한 개의 주택으로 간주하고 1인 가구를 가구 수에서 제외해 산정했다. 이렇게 산정한 주택보급률이 2002년에 100%를 넘어서고 주택정책수립의 주요 지표로 활용됐다. 하지만 우리나라의 1인 가구비중이 매우 빠르게 증가하면서 1인 가구를 제외한 보급률은 현실성이 없는 지표가 돼 2008년 이후부터는 1인 가구를 가구 수에 포함하고 다가구주택의 구분 거처를 주택으로 포함해 보급률을 산정하고 있다.

이후 2015년 인구센서스부터는 가구와 주택 수 산정 시 방문조사에 의존하던 방식을 개선해 건축물대장과 전기계량기 등 행정자료를 활용한 등록센서스 방식을 활용한 주택보급률을 발표하고 있다. 아래 표에 나타난 바와 같이 산정방식에 따라서 주택보급률이 크게 차이가 발생하는 것을 확인할 수 있다. 2008년 이전에 적용했던 기준으로 산정한 2014년의 주택보급률은 118%이나 2015년에 사용된 등록센서스를 기준으로 할 경우 102%로 크게 감소한다.

〈표 2〉 산정방식별 주택보급률

(단위: %)

구분(년)	2010	2011	2012	2013	2014	2015
旧 주택보급률	112.9	114.2	115.4	116.7	118.1	–
新 주택보급률	101.9	102.3	102.7	103.0	103.5	–
등록센서스 이용 新 주택보급률	100.5	100.9	101.1	101.3	101.9	102.3

자료: 통계청, 연합인포맥스 기사 재인용 2017. 1. 10

주택보급률의 산정방식이 점차 우리나라의 현실을 반영하는 방식으로 개선됐다고 가정한다면 우리가 생각했던 것보다 주택공급이 충분하지 않다는 사실을 확인할 수 있다. 특히 주거이동 시 필요한 여유분과 주거의 질이 낮은 노후주택 등을 고려하면 이제 막 100%를 넘어선 수준의 주택재고량은 부족하다고 볼 수 있다. 지역별로 살펴보면 이러한 현상은 더욱 두드러지게 나타난다. 등록센서스를 기준으로 한 수도권의 주택보급률은 2015년에 98%고 서울은 96%며 지난 5년간 각각 1.5%p와 1.6%p의 증가에 그치고 있어 아직까지 주택이 부족하고 당분간 주택공급이 필요한 것으로 나타나고 있다.

〈표 3〉 지역별 주택보급률

(단위: %)

구분(년)	2010	2011	2012	2013	2014	2015
전국	100.5	100.9	101.1	101.3	101.9	102.3
수도권	96.4	96.8	97.3	97.3	97.7	97.9
서울	94.4	94.7	94.8	95.1	96	96

국가별 주택공급수준을 비교할 경우 많이 사용되는 인구 1,000명당 주택 수를 살펴봐도 우리나라의 주택공급현황을 알 수 있다.[1] 등록센서스를 기준으로 한 우리나라의 인구 1,000명당 주택 수는 2010년에 357호에서 2015년에는 383호로 26호가 증가한 것으로 조사됐다. 하지만 미국과 영국, 일본 등 선진국가와 비교하면 아직까지 현저하게 낮은 수준인 것을 확인할 수 있다. 특히 수도권과 서울이 전국보다 낮게 나타나 주택 부족 문제가 내재돼있는 것으로 보인다.

---

1) 인구 1,000명당 주택 수는 주택유형이 다른 국가별 비교에서 주택보급률보다 유용한 것으로 알려져 있음.

〈표 4〉 국가별 인구 1,000명당 주택 수

(단위: 호)

구분	한국			미국	영국	일본
	전국	수도권	서울			
1,000명당 주택수	383	356.8	366.8	419.4	434.6	476.3

자료 : 국토교통부
주 : 한국과 미국은 2015년, 영국 2014년, 일본 2013년 기준

　　지금까지 우리는 주택보급률과 인구 1,000명당 주택 수 등을 통해 우리나라 주택공급의 현황을 살펴봤다. 두 가지 자료를 기준으로 할 경우 현재 우리나라가 주택을 과잉공급하고 있다는 명확한 근거를 확인하기는 어려운 것으로 보인다. 물론 주택보급률에 오피스텔 등 주거용으로 사용되고 있으나 주택에 포함되지 않는 경우가 반영되지 않는 등 보완이 필요한 부분이 있고 전남이나 경북지역 등 주택보급률이 110%를 상회하는 지역도 있다.[2] 따라서 주택의 공급문제에 대한 우리의 판단은 지역적인 기반하에 체계적인 분석이 먼저 실행된 후에 합리적으로 이뤄져야 할 것이다.

〈참고문헌〉
· 국토교통부, 「2016 주택업무편람」, 2017.

---

2) 2015년 기준 전남지역의 주택보급률은 110.4%, 경북지역은 112.5%임.

36

분양가 상한제는
소비자한테 유리하다?

| 심교언 |

분양가 상한제는 정부에서 주택분양가에 대해 최고가격을 정한 후 그 가격 이하로 분양할 수 있도록 하는 제도로서 일종의 가격 규제제도다. 현재 시행되는 분양가 상한제의 기원이 되는 분양가 규제는 1977년부터 분양상한가라는 제도를 도입하면서 시작됐다. 그 당시 중동 붐으로 인해 아파트 가격이 급등하면서 사회문제가 됐고, 이에 정부에서는 분양가를 획일적으로 규제하는 분양상한가라는 행정규제를 하게 됐다. 그러나 이러한 가격규제는 주택공급 위축이라는 전형적인 현상이 나타남에 따라, 1980년대 말에 전세 가격 폭등으로 대변되는 부동산 대란이라는 대가를 치르게 됐다.

이에 정부에서는 주택 200만 호 건설을 행함에 있어, 1989년 11월부터 분양가를 택지비와 건축비에 연동시키는 원가연

동제를 시행하게 된다. 그 이후 200만 호 공급과 외환위기로 인해 주택시장이 침체돼 미분양이 급증했고, 건설업체도 상당수 도산하기 시작하자 지방부터 자율화를 시행해 1999년에는 국민주택기금의 지원을 받는 아파트 외에는 전면자율화를 실시해 분양가 규제는 폐지되게 된다.

1997년 외환위기 때는 다음 그림에서 보듯이 인허가실적이 급감했고, 이후 예상치 못한 빠른 경제회복으로 인해 주택경기도 빠른 속도로 회복돼 2000년대 초반 분양가 급등으로 이어지게 된다. 1998년부터 2008년까지 10년간 강남 아파트 값의 경우 3.2배, 전국 아파트 값은 2.1배로 폭등하는 현상이 발생하자, 정부에서는 2005년 3월 분양가 상한제를 다시 도입하게 됐다. 재도입 초기에는 공공택지에서 개발되는 소형주택에 대해서 규제하다가 2007년 9월부터는 모든 공동주택에 대해 분양가 상한제를 적용하게 됐다.

2008년 금융위기 이후 경제 급랭으로 인한 부동산경기 위축을 극복하기 위해 세계적으로 유동성을 늘리는 등의 노력을 하면서 부동산 관련 규제도 완화하려고 2009년부터 시도했으나 늦어지면서 2015년 4월에야 민간택지에 대해서만 분양가 상한제를 폐지했다. 오랜 기간 동안 분양가 상한제를 도입하는 근거가 된 점은 분양가를 낮춘다면 집값이 잡힌다는 생각에서다. 그러나 실제 가격변화를 살펴보면 200만 호 건설 이후에는 분양가 상한제가 가격을 낮췄다고 보기 힘들다.

200만 호 건설은 당시 주택재고 물량의 27.8%에 이르는 상상하기 힘들 정도의 어마어마한 물량 공급이었기에 가격안정화 효과를 볼 수 있었으나, 최근 분양되는 아파트는 연간 전체 재고의 2~3% 공급밖에 되지 않기 때문에 가격안정 효과보다는 오히려 주변 가격 수준으로 급등하는 현상이 나타나고 있다. 특히 서울의 경우는 더욱 심각하다. 서울 주택 수가 대략 300만 채가 더 되는데 연간 아파트의 일반분양물량은 2만 호 내외다. 1.5% 신규주택의 분양가 인하를 통해서 300만 채 주택 가격을 낮추겠다고 시도하는 것 자체가 난센스인 것이다. 그래서 서울에서 아파트 분양받는 것은 로또라고까지 하고 있다. 왜냐면 금방 주변 아파트 시세를 상회하기 때문이다.

오랜 통념 중에 하나가 아파트 분양가가 높아서 주변 집값이 올라간다고 하는데, 실제 연구된 자료는 반대 방향, 즉 재고주택 가격이 올라서 분양가가 오른다는 결과도 있다. 필자도 2000년대 이후 자료를 바탕으로 분양가 상한제가 주택 가격 안정화에 효과가 있는가를 밝히고자 했으나 그 결과는 그렇지 않은 것으로 나왔다. 대규모 물량 공급을 동반하지 않는 이상, 분양가 상한제는 집값을 낮추는 데 도움이 되지 않는 정도가 아니라, 거시경제 자체를 왜곡시켜 서민의 삶을 더욱 힘들게까지 만든다.

2007년 9월부터 분양가 상한제를 실시한다고 하니까 모든 건설업체가 분양 물량을 2007년에 쏟아내게 됐다. 2006년에 46만 9,000호가 인허가를 받았는데 2007년에는 55만 6,000호로 급증했고, 이후 2008년 37만 1,000호, 2009년 38만 1,000호로 급격히 줄어들었다. 건설업체가 주택경기에 따라 공급물량을 조절하는 것이 아니라 경기가 나빠짐에도 불구하고 규제를 회피하기 위해 공급을 늘려서 더욱 낭패를 보게 된 경우이다. 2007년에 물량이 그렇게까지 늘지 않았더라면, 금융위기가 닥쳤을 때 충격이 훨씬 덜했을 것이다. 게다가 건설업을 포함한 부동산업이 당시에 타격을 많이 받았는데 이 업종들은 서민경제와 직결된 분야가 많아서 서민들의 생활고가 더욱 심해졌다.

[그림 1] 인허가실적과 아파트 가격의 변화

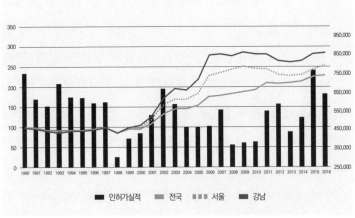

출처 : 국토교통부, KB부동산 아파트매매가격지수

지금부터는 분양가 상한제에 따른 효과를 나눠 살펴보겠다. 먼저 단기적 효과다. 대량공급이 수반된다면 가격 안정뿐만 아니라 가격 하락도 유도할 수 있을 것이다. 그러나 가격급등으로 고통받고 있는 지역들은 대량 공급의 여지가 없고, 서울은 재건축조차도 자유롭지 않기 때문에 더더욱 대량 공급이 어렵다. 단지 싼 분양가로 아파트를 받은 사람들만 시세차익을 누릴 수 있는 로또가 될 가능성이 크다. 일례로 최근 그린벨트에 보금자리주택을 아주 싸게 공급한 적이 있는데 그때 분양받은 사람들은 적게는 수억 원에서 많게는 두 배 이상 시세차익을 거둔 바 있다. 그렇다고 당시 강남 집값이 특별히 안정적이었거나 하락하지도 않았다. 즉 국가에서 몇몇 국민에게 공돈을 안겨준 것, 그 이상 그 이하도 아닌 결과가 됐다. 그래도 이런 정도는 참을 만하다.

장기적 효과를 보면 심각해질 수 있다. 1980년대 후반의 부동산 대란이 그 예로 볼 수 있다. 싸게 팔 수밖에 없으니 공급이 줄어들 수밖에 없다. 공급이 줄어든다면 중장기적으로 집값이 더 올라가게 되니 서민들은 더욱 힘들어지게 된다. 거의 모든 부문에서 이러한 현상들이 나타나고 있고, 선진국에서도 이와 유사한 경험을 했기 때문에 지금 그 나라들에서는 하지 않고 있는 것이다.

그렇다면 기업 입장에서는 어떨까? 일단 수익성이 과거보다 떨어지게 되므로 업계 전반적으로 불황이 다가올 가능성이 크다. 즉 수익이 감소됨에 따라 주택공급물량이 줄어들게 되고, 이에 따라 건설 및 부동산업계 전체가 위축될 것이다. 작년 경제성장의 절반 정도를 담당했던 부문이 사라진다는 의미임과 동시에 서민경제의 위축이 예상된다 하겠다. 그리고 기업들은 부단한 노력을 통해 원가절감과 품질 향상을 통해 수익을 극대화하려고 노력하는데 정부에서 가격을 규제할 경우 이러한 노력이 크게 줄어들 것이다. 즉 기술개발과 혁신의 유인이 줄어들어 산업 선진화에도 큰 장애로 작용하게 된다.

소비자인 국민은 어떻게 될까? 분양가 상한제하에서는 분양가가 낮게 책정될 가능성이 큰데, 이를 충족시키기 위해서는 품질이 떨어지는 자재를 사용하게 될 것이다. 기업이 목표로 하는 수익을 달성하기 위해서 어쩔 수 없는 선택이다. 질이 떨어지는 주택만 공급돼서 다양한 수요를 만족시킬 수 없게 된다. 10여 년 전 판교의 아파트 분양 때 생긴 일이다. 판교 입주예정자 연합회에서 비상대책회의를 열고 판교신도시에서 아파트 외벽 등에서 저급 마감재로 시공되는 것에 대한 우려와 함께 대책을 요구한 것이다. 당시에 입주한 사람 중 일부는 입주하자마자 아파트에 사용된 저급 자재를 뜯어내어 자기가 원하는 자재로 바꾸는 공사를 하기도 했다. 오히려 낭비가 더 커진 꼴이다.

무주택자의 경우는 어떻게 될까? 무조건 신규아파트 분양만을 기다리게 된다. 그래서 매매보다는 전세로 머물기를 원하고, 이로 인해 전세가는 더욱 올라간다. 그들만 탓할 수는 없다. 서울에서 새 아파트 분양을 받으면 수천만 원에서 수억 원에 이르는 차익을 단기간에 볼 수 있기 때문이다. 국민 전부를 로또 중독자로 만드는 정책이 바람직한지 고민이 필요하다. 오히려 시장왜곡에 따른 사회 전체의 비용을 일부 소수한테 몰아주기보다는, 차익을 공공이 거둬들여서 서민주택 건설 등에 사용하는 것이 더 바람직하진 않을까 하는 생각이 든다.

〈참고문헌〉
· 건설교통부, 「주택분양가제도 개선방안 연구」, 2007.5.
· 주택산업연구원, 「분양가상한제 폐지에 따른 주택 가격 변동에 관한 연구」, 2009.10.

37

아파트 선분양은
나쁜 제도인가?

| 이현석 |

　선분양은 아파트 시장이 과열될 될 때마다 눈 흘김을 당하
는 제도다. "아파트도 물건처럼 보고 골라야 하고 공급자 중심
에서 소비자 중심으로 바뀌어야 한다"라는 구호는 솔깃하다.
과연 후분양제는 소비자를 위한 제도고 시장 과열을 잡는 특
효약일까? 선분양은 공급자를 위한 제도고 소비자에게는 나
쁜 제도인가? 선분양제의 도입배경과 장단점, 그리고 소비자
에게 진정 도움이 되는 방안에 대해 논의해본다.

　건설사업자가 아파트 등의 주택을 짓기 전에 소비자에게 미
리 파는 것이 선분양이다. 장기대출 등 금융시장이 발달하지
않았던 환경에서 주택공급자는 소비자에게 사전 분양함으로
써 건설자금을 마련하고, 소비자는 사전에 주택구입을 확정해
주택 가격이 상승하던 시기에 프리미엄을 확보하는 등 양자의

이익이 맞아 떨어진다. 신규주택시장에서 정부는 직접 재정투자 없이 규제와 관리권은 보유하면서 공급의 확대를 이뤄내어 과거 우리의 실정에서는 훌륭한 발명품이었다.

완성된 주택이 아니라 팸플릿이나 견본주택을 보고 사야 하고, 부실시공의 우려는 여전하고, 건설사업자가 도산 시에 피해가 고스란히 분양자에게 전가되는 점 등이 문제로 지적됐다. 정부는 분양이나 하자보증 등과 같은 제도를 도입해 보완했다. 공급자 중심이고, 금융이자와 위험이 소비자에게 전가되고 분양권 전매 등 투기를 조장해 시장을 교란하며 가계부채 증가와 공급과잉 등 거시경제위험의 우려가 있고 궁극적으로는 소비자의 주택 선택권을 제한한다는 문제는 계속 지적돼왔다.

후분양제는 매매차익이나 전매가 없는 실수요자 중심이고 금융기관 입장에서는 가계부채의 위험관리가 가능해진다는 장점 때문에 정부는 2004년 후분양제 활성화 로드맵을 발표하고 단계적 도입을 추진했다. 그러나 금융위기 등으로 흐지부지됐다가 주택시장이 과열되면서 다시 도입논의가 일어나고 있다.

선분양과 후분양의 기본적인 차이는 거래 성격이다. 선분양제는 건설사와 소비자와의 공사에 대한 도급계약이나 후분양제는 물건에 대한 매매계약이다. 금융 성격도 선분양은 건설대출이나 후분양은 장기 또는 담보대출로 판이하다. 선분양은 장기대출이 미약하고 공급확대가 시급한 시기에 역할을 한 제도로써 여전히 효용이 남아있다. 최근에는 공정이 80%에 분양하자는 조건부 후분양제에 대한 논의가 등장하고 있다.

선분양과 후분양은 배경, 성격, 주체 간의 특징과 장단점 영향이 판이하다. 이를 두부모 자르듯 어느 일방으로 정리는 곤란하다. 상당한 부작용도 예상된다. 후분양으로 가려면 자금조달, 회계제도, 사업위험 경감 등의 방안이 준비돼야 한다. 자금조달 측면에서는 공급자에 대한 장기대출을 강화하고 사업자 보증상품이 지원돼야 한다. 회계상 초기 건설자금조달로 인한 건설회사의 부채비율 증가와 신용등급하락 부작용도 고려해야 한다. 중소기업은 후분양으로 인해 자금조달 측면에서 곤경도 예상된다. 후분양제에서의 미분양 부담은 선분양 때보다 심각할 것이므로 소비자 금융 등의 지원 대책이 요청된다. 결국 두 제도의 성격을 파악하고 소비자에게 도움이 되는 방향으로 다양한 선택권을 주는 것이 바람직하다.

논의를 심화해 상업용 부동산 시장 구조와 비교해본다. 상업용 시장은 단기와 장기대출시장이 형성돼 투자기관들이 역할을 하고 있다. 임대료와 매매가격이 자본환원율 등 지표에 의해 가격 평가가 가능하고 안정성도 확보된 투명성과 효율성

〈표 1〉 선분양과 후분양 제도의 비교

구분	선분양(현행)	후분양	
		부분(공정률) 후분양	완전(준공후) 후분양
거래 성격	도급계약	좌동	매매계약
금융 성격	건설대출 (Const. Loan)	건설대출 성격 (공정률에 따름)	장기대출 (Permanent Loan) 담보대출(Mortgage)
분양권 전매	가능	일부 제한(기간단축)	해당 없음
청약제도	필요	일부 존치 필요	사실상 불필요
건설자금조달	소비자 부담	소비자 부담 일부 완화	사업자(시공사) 부담
건설 위험 부담 주체	소비자 부담(단, 아래의 보증으로 헤지 가능)	소비자 부담 일부 완화(기간)	사업자/시공사 부담
보증제도	분양보증 필요	좌동(기간 단축)	불필요 (사업자 금융관련 상품 필요)
주택선택권주	취약(모델하우스)	일부 보완(논의 필요)	강화
주요 특징	- 공급 활성화 - 대규모 미분양시 사업 중단 가능 - 사업자 금융조달 유리 - 부실시공 가능성 증대 - 수분양자가 시장위험 부담	- 공급 감소 - 사업자 금융조달 눈세 - 미분양시 자금문제 - 후분양 성격의 선분양	- 공급 감소 심화 - 미분양시 자금문제 심화 - 수급 불안정성 확대 - 사업자 금융조달 문제 심화 - 분양권 전매 원천 차단 - 사업자가 시장위험 부담

을 갖춘 시장으로 평가받는다. 반면 주택시장은 투명성이 떨어지고 매매와 임대가격의 결정 메커니즘도 불안정해 상대적으로 비효율적 시장이다. 기관투자자의 참여와 역할도 미약하다. 시장 메커니즘을 통해 안정과 균형을 찾아갈 수 있도록 정책적 유도가 필요하다.

우리 주택시장의 기본 틀은 건설사업자가 직접 수분양자를 대상으로 하는 B2C(Business to Consumer) 구조다. 분양 과정에서 전문기관이나 기업이 역할을 거의 할 수 없는 구조다. 후분양제를 도입해도 개인인 소비자가 분양 주체로 등장하므로 건설사업자와 개인 소비자의 양자구도는 변함이 없다. 주택경기 호황 때마다 대다수 국민의 관심이 아파트 분양으로 쏠린다. 정부는 개인에 대한 분양문제에 하나에서 열까지 규정하다 보니 일은 복잡해지고 규제는 중첩되고 효과는 불분명하다.

전문기관 또는 기업이 분양시장에 참여해 투명하고 효율적인 시장 환경을 조성할 수 있게 길을 열어줘야 한다. 전문기관 또는 기업이 중간에서 매개역할을 한다면 시장의 출렁임에 과도하게 반응하는 불안정성은 제어할 수 있을 것이다. 분양가에 대한 객관적 가치평가를 통한 거래가격 산정과 객관적 위험에 기초한 거래 조건의 협의 등도 가능할 것이다. 대다수 개인을 대상으로 하는 맨투맨식 제도가 아니라 상업용 시장과 같이 자율적으로 기능하게 만들어야 한다.

개발분양, 보유임대, 관리운용을 목적으로 하는 전문주택사업자가 시공업체나 금융기관을 상대하는 기관비즈니스(B2B; Business to Business)로의 전환을 제도 측면에서 고민할 때다. 전문기관 또는 기업을 통해 주택시장의 효율성과 투명성을 강화한다면 후분양제는 자연스럽게 시장에서 이뤄진다. 주택시장 구조의 근본적 혁신과 개선이 후분양제 논란을 종결하는 답이다.

[그림 1] 주택공급구조 개편방향

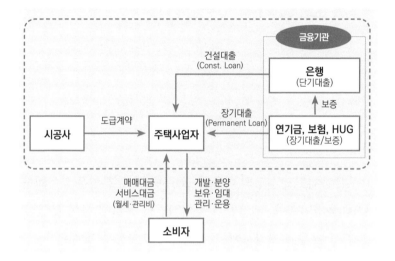

〈참고문헌〉
· 건설교통부, 「아파트 후분양 활성화 방안 확정」, 2004.
· 주택도시보증공사, 「후분양제도 도입 법안 문제점 검토」, 2012.
· 주택도시보증공사, 「주택공급방식 개선방안 연구」, 2017.

38

후분양제도는 부실공사를 방지하고 부동산 투기를 근절한다? [1]

| 배상영 |

　후분양제도가 시장의 이슈다. 2016년 말, 후분양을 의무화하는 내용의 주택법 개정안이 발의되면서 논란에 불이 붙었다. 2017년 가을 국정감사에서 김현미 국토교통부 장관은 "공공 부문부터 후분양제도를 단계적으로 실시하겠다"며 "민간부분에선 후분양에 대해 주택도시기금 및 대출 보증 지원을 늘리고 택지 우선 공급과 같은 인센티브를 마련하겠다"고 밝혔다. 이는 국교위 의원들이 최근 일어난 입주 후 부실공사 문제 해결과 부동산 투기 근절을 위해 후분양제도 도입 요구에 따른 것이다.[2] 이에 경실련을 비롯한 시민단체들 또한 후분양제도 도입을 촉구하고 있다. '3,000만 원짜리 승용차를 살 때도 꼼

---

1) 이 글은 건국대학교 부동산·도시연구원 뉴스레터 9호에 실린 글을 수정 보완한 글임을 밝힘.
2) 국정감사 내용은 중앙일보 2017년 10월 13일 보도를 바탕으로 작성함.

꼼히 확인하고 구입하는데 주택은 아무것도 보지 못하고 사냐'는 주장은 언뜻 보면 타당해 보인다. 후분양제도가 부동산 투기를 근절하고 부실공사를 해결하는 소비자를 위한 정책이라면 당장 지원하고 장려해야 할 것이다. 하지만, 이는 선/후분양제도의 핵심을 빗겨나간 단편적인 접근이다. 후분양제도는 부동산 투기와 부실공사 문제를 해결할 올바른 해법이 아니다.

선분양제도가 부동산 투기의 원인이라고 말해지는 것은 아마도 분양권 거래 때문일 것이다. 아파트 건설 기간 동안 분양권을 거래해 차익을 남기는 것이 문제라면 분양권 거래를 금지하면 된다. 그러나 애초에 차익이 왜 남는가를 생각해야 한다. 분양권 거래는 분양가와 시장가의 차이와 당장 살지도 못하는 건설 중인 아파트를 선매해 사업 리스크와 금융비용을 부담하는 데서 오는 추가적인 분양권 프리미엄이 존재하기 때문이다. 실거주 목적이 아닌 투자자들은 이러한 프리미엄을 노리고 청약지원을 하거나 분양권을 매입한다. 이를 근절하는 것이 목표라면 근원적인 해결법은 두 가지다. 프리미엄이 생기지 않을 만한 더 높은 분양가로 주택을 공급하거나, 실거주를 목적으로 하는 사람만을 상대로 분양하는 일이다. 이는 분양가 책정과 청약제도 개선 그리고 분양권 거래 규제를 통해서 해결할 일이다. 후분양제도를 도입하더라도 분양가와 시장가격의 차이가 존재하고 실거주 목적이 아닌 사람이 집을 분양받거나 완성된 집을 매입하는 것이 가능하다면 형태만 달라질 뿐 여전히 같은 문제가 생길 것이다. 투기근절을 위한 처방은 다른 곳에서 찾아야 할 것이다.

부실시공의 문제도 마찬가지다. 건축법을 기반으로 행정당국에서 행정지도와 허가를 관할하고 감리제도를 통해 건축과정에서 생길 수 있는 부실시공을 방지하는 것이 현재 제도다. 만약에 규정과 절차를 무시하거나 허가과정에서 당국을 속였다면 이는 불법이고, 법에 빈틈이 존재한다면 법을 개정해야 할 일이다. 부실시공이나 입주 후 A/S에 대한 처벌과 후속조치를 강제하는 것은 나라의 몫이다. 후분양제도가 이를 막을 수 있다는 것의 의미를 따져보자. 자기가 살 집이니 이러한 문제를 직접 확인하고 미연에 방지할 수 있다는 것이 장점이라면 제도적인 개선이나 국가의 책임이 아닌 개인이 건설사를 상대로 물건을 잘 확인하고 사라는 뜻밖에 되지 않는다. 부실시공 문제의 해결은 더욱 촘촘한 건축법과 행정지도 그리고 감리권한강화를 통해 달성해야 할 목표지 소비자들에게 '지어놓은 집을 보고 사시라'고 해서 해결될 문제가 아니다.

후분양제도의 핵심은 부실시공 해결도 부동산 투기 근절도 아닌 건설 비용조달의 주체의 문제다. 건설비용의 금융비용과 사업의 리스크를 사업자와 분양자 중 누가 가져가고, 수익을 누가 취하느냐의 문제다. 선분양제도하에서는 사업자가 건설비용을 분양자로부터 직접 조달하는 대신 일정한 수익만을 가져가는 구조다. 사업자가 적은 리스크를 부담하는 만큼 프리미엄은 수분양자의 몫이 된다. 반면에 후분양제도 하에서는 사업자가 싼 가격에 분양할 이유가 없어진다. 사업자가 자체 자금력으로 리스크를 감수하고 집을 완성해 팔 때는 시장 가격에 팔게 된다. 문제인 정부가 들어서고 정부에서 분양가 상한제를 실시하려는 움직임을 보이자, 반포 잠원 지역의 재건축사업지에서는 건설사들이 후분양제도를 통해 분양할 수 있음을 공약한 것도 이러한 후분양제도의 특성 때문이다. 높은 분양가를 통해 조합의 이익을 극대화하겠다는 의도다. 이러한 이유로 개별 단지의 분양가가 올라갈 뿐 아니라, 분양을 2~3년 뒤로 늦춤으로써 사업자가 감당해야 할 리스크가 증가하기 때문에 사업진행에 있어 보수적인 입장을 취하게 되고 이에 따라 전체 주택 공급은 감소하게 된다.

현재 한국에는 어떠한 제도가 더 적합할까? 이에 대한 판단을 위해서는 애초에 선분양제도가 한국에 왜 나타났는지 파악해볼 필요가 있다. 선분양제도는 1977년 정부가 주택난 해소를 위해 건설사의 자금난을 덜어주고 주택 공급을 확대하고자 도입됐다. 대신에 직간접적으로 분양가에 대한 통제를 정부가 하면서 국민은 낮은 분양가로 주택을 구매했다. 70%대의 주택보급률은 가구 수의 증가에도 불구하고, 2015년 전국은 102.3% 서울과 수도권은 각각 96%, 97.9%로 증가했다. 노무현 정부에서 추진했던 '아파트 후분양 활성화 방안'의 내부 문서를 기반으로 언론보도가 있었다. 이에 따르면 후분양제도의 성공 조건으로 노무현 정부는 주택보급률 110%를 제시했다. 그리고 당시에는 2012년에는 주택보급률이 110%에 이를 것이라 예측[3] 했다. 이처럼 후분양제도 지원에 대한 고려는 현재 주택보급률과 재고주택의 양을 근거로 삼아야 한다. 재고주택의 현황에 대한 정확한 파악과 후분양제도를 지원 및 강제할 경우의 공급량에 대한 다양한 예측을 기반으로 시장에 미치는 영향의 정도를 파악해야 한다.

후분양제도를 시행하면, 여러 문제점이 해결되고, 선분양제도는 마치 건설사의 이익만을 보장하는 것이라는 일부의 생각과는 달리 선/후분양제도는 얻는 것과 잃는 것이 확실한 제도다. 제도의 차이는 명확하다. 비용조달의 주체가 수분양자이냐 시공사냐에 따라 수익이 누구에게 돌아가느냐의 문제이며, 후분양은 완성된 주택을 구매할 수 있다는 측면에서 소비자의 선택을 늘릴 수 있지만, 공급위축이 있어 주택시장 안정을 저해할 수 있다. 후분양제도를 강제하거나 지원하려면 이러한 제도의 차이를 이해하고 현재 한국에는 어떤 제도가 적절한가를 고민해야 한다. 만약 후분양제도를 부동산 투기근절과 부실공사 방지, 소비자 권익향상에 도움이 되는 만병통

---

3) 해당 문건을 입수해 보도한 서울신문 2017년 10월 30일 기사의 요약내용을 참조함.

치약처럼 사용한다면, 일시적인 플라세보 효과 외에는 기대할 것이 없다. 후분양제도는 이미 노무현 정부 때도 분양가 거품 제거 및 투기근절을 목표로 재건축 아파트를 대상으로 의무화한 적이 있고, 단계적으로 적용하는 방안이 제시된 바 있다. 결과는 모두가 아는 바와 같다. 충분한 주택공급이 이뤄지고, 주택시장이 안정된다면 굳이 지원하거나 강제하지 않아도 시장에서는 후분양제도를 선호하는 수요가 생길 것이다. 그때 후분양제도와 선분양제도 모두 자유롭게 선택할 수 있도록 금융제도 및 청약제도를 정비해 놓으면 될 일이다.

39

재건축이 어려우면
리모델링을 한다?

| 조용경 |

우리 사회는 2000년대 전후로 도시화 초기에 공급된 주주택의 노후화 개선 문제에 관심을 가지게 됐다. 노후주택을 개선하기 위해서는 여러 가지 방법이 있지만 현재 제도를 중심으로 보면 〈도시 및 주거환경 정비법〉에 의한 재개발 또는 재건축, 그리고 리모델링 등이 대표적이다. 이들 사업 중 2001년도 국토교통부(구 건설교통부)의 업무보고 내용을 보면 정부는 노후 불량주택을 재건축할 때 발생하는 자원낭비를 막기 위해 리모델링을 희망하는 아파트 단지에 대해 주택도시기금(구 국민주택기금)에서 자금을 지원하는 등 리모델링이 활성화되도록 지원하겠다는 계획을 가지고 있었다. 이처럼 리모델링은 태생부터 재건축의 대안으로 활성화 대상이었음을 확인할 수 있다.

법제도적인 변천을 봐도 재건축에 대해서는 2003년 〈도시 및 주건환경정비법〉 제정 이후 2005년 〈소형평형 및 임대주택 공급 의무화〉 개정, 2006년 〈재건축 초과이익 환수에 관한 법률〉 제정 등으로 활성화보다는 규제 중심의 정책이 이어졌다. 부동산 시장 침체기에 잠시 규제를 완화했었으나 재건축 사업량이 늘어난다 싶으면 정부는 다시 다각도의 규제를 시장에 쏟아냈다. 그사이 리모델링은 2001년 건축법 시행령에서 처음으로 법제화된 이후로 2005년 30% 증축 허용(주택법 시행령), 2007년 리모델링 가능 연한 20년에서 15년으로 완화(주택법 시행령), 2012년 최대 증축 범위 40%까지 상향 조정(주택법), 2014년 수직증축 허용 및 세대수 증가 허용(주택법)과 같은 굵직한 규제 완화 외에도 조합설립 요건 완화 등까지 꾸준히 활성화에 초점을 맞춘 법제도 개편이 이뤄졌다.

정부가 〈재건축초과이익 환수에 관한 법률〉 제정 이유에서 밝힌 것과 같이 재건축으로 인한 개발이익은 사유화를 방지해야 하고, 주택 가격의 안정과 사회적 형평에 기여하기 위해 재건축은 규제의 대상이 됐다. 반면, 리모델링은 재건축만큼 큰 개발이익이 발생하기 어려운 구조이고 사회적 형평, 즉 낡은 집으로 많은 불로소득을 버는 것처럼 보이지 않기 때문에 재건축보다 활성화해야 한다고 생각하는 것이다. 그러나 시장의 선택은 명확하다. 주택시장 분위기에 따라서 부침은 있었어도 재건축은 꾸준히 시장의 관심의 대상이었다. 통계청의 2003

년부터 2016년까지 준공 실적만 봐도 371개 조합의 159,946호가 263,833호로 재건축됐다. 더불어 주택 시장이 호전됐던 최근의 조합설립이나 사업시행인가 실적을 보면 실제 재건축 실적은 더욱 많을 것이다.

반면, 주택 리모델링은 정확한 집계마저 어렵지만 2017년 건설경제신문에 따르면 2003년부터 14개 단지만 준공됐고 그나마도 2014년부터는 전무하다. 이 부분에 약간 혼선이 있을 수 있는데 인터넷 포털 사이트 등을 보면 내 집을 '리모델링 했다'는 개인의 글이나 집 공개 자료가 정말 많은데 왜 14개 단지만 했느냐는 의문이 들 수 있다. 이것은 주택 리모델링의 의미가 시장에서 법적인 기준보다 넓게 사용되기 때문이다. 세대 전용 부분의 마감재 교체라든가 신발장 수선 등은 흔히 '리모델링 했다'는 표현은 써도 단순한 유지·관리 수법일 뿐이다. 건축물의 노후화 억제 또는 기능 향상 등을 위한 대수선이나 증축 행위가 아닌 것은 법에서 규정하고 있는 리모델링이 아니다.

정리하면 주택을 포함한 건축물은 준공 후 지속적으로 노후화된다. 그것이 물리적인 노후화이든 사회적 요구에 맞지 않는 기능적 노후화이든 노후화가 지속되고 어느 시점에서는 살고 있는 사람이 불편하고, 안전에 위협을 느낄 정도의 상태가 돼 개선이 필요해진다. 특히 우리나라는 1970년대 도시화가 본격화됐다고 생각하면 약 47년, 1980년대라고 생각해도 약

37년 전에 단기간에 대량으로 지어진 아파트에 대한 노후화 개선 대책이 요구된다. 노후화를 개선하기 위해서는 전면적으로 부수고 다시 짓는 재건축이나 일부만 부수고 다시 짓는 리모델링 간에 선택이 가능하다. 시장의 선택은 사업비 대부분을 용적률 상향으로 충당 가능한 재건축인데, 정부정책은 재건축을 규제하면서 리모델링을 활성화하는 방향으로 지속돼 왔지만 별로 효과는 보지 못한 것 같다. 그렇다면 리모델링은 주택 노후화 개선에 있어 좋지 않은 방법인가?

현재 서울 및 경기지역의 저밀저층의 아파트와 같이 재건축을 통해 일반분양분을 확보하고 조합분 주택의 면적이 증가하는 등 사실상 개발이익이 생기는 구조의 사업이 가능한 경우에는 강제로 리모델링을 하도록 유도해도 시장은 규제가 완화되기를 기다렸다가 재건축을 선택할 것이다. 그런데 2000년대 중반 이후에 지어진 고층고밀의 주택도 이제 준공 후 사용된 기간이 15년(법적 리모델링 가능 연한)을 상회하고 여러 가지 물리적, 기능적 노후화를 보이고 있어 실거주자가 관리비 상승 등 불편을 호소하는 경우가 있다. 이들 고층고밀 주택의 경우에는 경제성이 확보되는 재건축은 가능하지는 않을 것이기 때문에 유지·관리비 절감 효과가 있으면서 기능적 노후화도 일부 해소해 줄 수 있는 저비용 리모델링을 자연스럽게 선택할 것으로 예상해볼 수 있다.

리모델링 법제도는 리모델링을 재건축의 대안으로 생각하는 과정에서 주로 경제성 확보를 위해 주택의 면적을 증가시키고, 층수를 높이고, 일반 분양이 가능하도록 세대수를 늘리는 방식이 가능하도록 변천해왔다. 일본이나 독일과 같이 우리보다 먼저 저출산과 고령화를 겪은 나라들은 주거환경을 쾌적하게 하고 사회 병리현상을 방지하기 위해 일부 수요가 줄어든 지역의 경우 멸실이나 세대통합을 통한 주택멸실 리모델링도 이뤄지고 있다. 이와 같은 요구가 있을 시 현재 우리나라는 법제도부터 유연하게 대응하기가 어렵다. 더불어 고령세대 소득 절벽과 소형가구(1~2인 가구 등)의 증가로 인해 주택 일부를 임대로 놓거나 쉐어하우스 등의 새로운 개념의 주거형태를 도입할 때 물리적인 지원이 가능한 방법으로도 리모델링이 제시될 수 있는데 현재의 리모델링 법제도는 이러한 부분을 고려하고 있지 않아 아쉬움이 크다. 요약하면 리모델링은 재건축이 안 될 때 하는 사업이 아니라 고층고밀 주택의 노후화 개선을 위한 방법으로, 그리고 저출산 고령화나 사회 트렌드 변화에 따른 새로운 주거유형에 대응하기 위한 사업으로 보고 활성화 돼야 하며 곧 시장의 선택도 활발해질 것으로 봐야 한다.

40

재건축 재개발, 조합방식이냐?
신탁방식이냐?

| 최황수 |

본격적인 도시정비사업의 시작은 2003년 7월 1일 시행된 〈도시 및 주거환경 정비법〉(이하 도시정비법이라 한다) 제정이 계기다. 법의 제정 및 시행으로 도처에 흩어져 있던 정비사업 규정은 체계적인 골격을 갖추게 됐다. 각 지자체는 지역에 실정에 맞는 "도시 및 주거환경 정비조례"를 제정했다. 뒤이어 시도별 도시 및 주거환경 정비기본계획 수립이 됐다. 정비기본계획에 포함된 지역은 자산 가치 증가의 기대감으로 예외 없이 가파른 주택 가격을 상승을 가져왔다. 정비 사업을 추진하기 위해서 일정한 주체가 있게 마련이다. 통상적으로 소유자 집단 성격의 가칭 추진위원회가 주도했고, 정비사업 진행 단계에 따라 조합으로 변모했다. 재개발 재건축의 절차는 〈표 1〉과 같다. 기본계획 수립 단계부터 준공까지의 거쳐야 하는 여러 단계가 있다.

<표 1> 재건축 재개발 절차

재건축 재개발 절차
도시 및 주거환경 정비기본계획수립(지방자치단체)
정비구역지정신청(가칭 추진위원회, 소유자과반수동의)
정비계획수립 및 구역지정(지방자치단체)
조합설립추진위원회 구성(추진위원회)
조합설립추진위원회 승인(지방자치단체)
안전진단(재건축), 노후도 검사(재개발)
조합설립(조합, 소유자의 4분의3 및 토지소유자의 과반수)
조합설립인가(지방자치단체)
시공회사 선정(조합)
사업시행인가 신청(조합)
사업시행인가(지방자치단체)
감정평가, 분양신청(조합)
관리처분계획수립(조합)
관리처분계획승인신청(조합)
관리처분계획승인(지방자치단체)
이주(조합원, 미동의자 및 청산대상 → 재건축은 매도청구, 재개발은 수용)
철거 및 착공(시공회사)
준공 및 입주
이전고시
청산

서울시 정비사업 통계 자료에 의하면 평균 10.6년이 소요되는 것으로 나타났다. 사업 단계마다 필수적으로 거쳐야 하는 행정절차가 있지만 주민들의 부족한 호응, 정비사업 주체인

추진위원회 또는 조합의 비리 등도 사업기간의 장기화에 원인이 되기도 한다. 정비사업의 시행은 조합이 이를 시행하거나 조합이 조합원 과반수의 동의를 얻어 시장·군수, 주택공사 등, 건설업자, 등록사업자 또는 대통령령이 정한 요건을 갖춘 자와 공동으로 이를 시행할 수 있다.[1)]

가장 전형적인 형태는 조합이 정비사업의 단독 시행자가 되는 것이다. 주택공사, 지자체별 도시공사, 도시개발공사 등과 공동 시행하는 경우도 있으나 주된 시행방식은 아닌 것이다. 대통령이 정한 등록업자는 신탁업자와 〈한국감정원법〉에 따른 한국감정원을 말한다.[2)] 조합과 신탁업자의 공동시행이라는 이질적인 주체의 결합이 상식적으로 어렵고, 구체적인 법률정비가 되지 않아 추진 사례가 전무했다. 도시정비법이 개정됐다.[3)] 개정된 법률은 재개발 사업과 재건축사업의 경우 신탁회사가 단독으로 직접시행이 가능하게 됐다. 조합설립요건인 소유자의 4분의 3 및 토지소유자의 2분의 1이 동의를 얻어 계약을 체결하면 신탁회사가 정비사업 추진의 모든 것을 주도적으로 시행할 수 있다.

도시정비 사업은 노후화된 주택과 기반시설이 열악한 지역에서 주거환경을 개선하기 위한 취지로 도입됐다. 그러나 몇

---

1) 도시 및 주거환경 정비법 제8조 1항 내지 3항
2) 자본시장과 금융투자업에 관한 법률 제8조 제7항
3) 도시 및 주거환경 정비법 제8조 제4항의 개정(20016.1.27 일부 개정, 2016.7.28 시행)

가지 문제점들이 지속적으로 대두됐다. 첫째, 조합의 비전문성이다. 정비사업 주체인 조합은 의욕을 가진 소유자들의 모임으로 체계적인 정비사업 추진의 노하우 결여된 경우가 대부분이다. 장기간인 정비사업을 추진하다 보면 전문성 결여로 인한 사업의 지속성이 떨어지게 된다. 둘째, 조합의 각종 비리 우려다. 도시정비사업의 명분은 도시와 주거환경의 개선이지만 과거도 지금도 철저히 수익사업이라는 인식으로 추진된다. 수익이 발생하는 곳에 비리가 있듯이 정비사업의 조합 역시 여기에서 자유로울 수 없다. 조합운영 주체의 횡령과 비리의 문제는 심심치 않게 볼 수 있다. 조합의 일반 구성원도 조합의 비리 우려에 대한 의심의 눈초리를 거둘 수 없다. 셋째, 자금조달의 어려움이다. 조합의 시공사 선정은 공식적으로 조합설립 이후인 데 반해, 그 이전 단계인 추진위원회 등도 비용이 발생한다. 시공사 선정이 이뤄지기 전이므로 적극적인 비용수반 행위가 어렵다. 넷째, 복잡한 절차다. 조합시행은 추진위승인, 조합설립 및 인가 등의 여러 단계를 거치는 방식이다. 각각의 절차에서 발생하는 시간소요는 불가피한 과정으로 조합원 또는 구성원들을 지치게 만든다.

신탁방식의 장점으로는 세 가지가 있다. 첫째 투명성이다. 기존에 전문성과 경험이 없는 일반 조합에서 정비사업을 추진하는 것은 각종 비리의 온상이었다. 비리의 염려가 없는 지역에서도 각종 의심의 눈초리가 끊임없이 발생하는 등의 문제로 사업 중간에 추진이 연기되거나 무산되는 폐해가 없지 않았다. 신탁방식은 이러한 문제를 최소화할 수 있는 방법이라고 볼 수 있다. 둘째로 사업추진의 신속성이다. 신탁방식으로 정비사업을 추진하면 조합설립의 과정을 거치지 않아도 재건축, 재개발 사업을 1~3년까지 단축이 가능하다. 셋째, 자금조달의 용이성이다. 신탁회사가 사업을 위탁받아 사업의 전 과정을 추징하므로 자금조달의 문제점을 신탁사가 책임을 지는 방식이다. 따라서 조합에서 직접 간접의 자금조달보다 전문성 있는 업무가 가능하다.

신탁방식은 기존 신탁방식인 대행방식과 시행자 방식으로 나눌 수 있는데, 최근에 주목받고 있는 방식은 시행자방식이며, 최근 개정된 내용과 관련성이 있는 방식이다. [표 2]에서와 같이 추진위원회 승인과 조합설립인가가 필요하지 않으므로 사업추진의 속도가 비교적 빠르다. 시행신탁자 지정의 동의요건이 소유주의 75%이나 시행신탁방식이 아니더라도 조합설립의 동의 요건과 동일하므로 과도한 동의요건이 아니라고 판단된다.

시행자 신탁방식은 특히 조합원 간의 불신과 사업성 불투명에 의해 진행이 더딘 정비구역에 가장 효과가 있는 방식이라고 볼 수 있다. 두 가지 문제점을 한꺼번에 해결할 수 있는 유일한 방식처럼 보이기도 한다. 존치가 아닌 철거를 통한 개발이 필연적인 지역은 특히 그 빛을 발할 수 있다.

〈표 2〉 신탁의 대행자방식과 시행자 방식 비교

대행자 방식(순서)	시행자방식(순서)
정비기본계획수립	정비기본계획수립
구역지정	구역지정
추진위원회승인	별도의 추진위원회나 조합설립이 필요하지 않음.
조합설립인가	
신탁 대행자 지정(50% 동의)	
신탁 시행자 지정	시행신탁자 지정(75% 동의)
시공사 선정	시공사 선정
사업시행인가	사업시행인가
조합원 분양신청	조합원 분양신청
관리처분인가	관리처분인가
이주 및 철거	이주 및 철거
시공	시공
준공	준공
이전고시 및 등기	이전고시 및 등기
청산	청산

신탁방식은 앞서 살핀 여러 가지 장점에도 불구하고 단점이 없는 것은 아니다. 첫째로 신탁방식 특히 시행자 신탁방식은 도입된 지 얼마 지나지 않았기 때문에, 신탁회사 자체의 경험치가 아직 생성된 상태가 아니라는 점이다. 물론 신탁방식으로 진행되는 정비구역이 늘어나고, 사업의 노하우가 쌓이면 극복이 될 문제지만 아직은 이러한 단점이 존재하는 시점이라고 볼 수 있다. 둘째, 신탁회사 자체가 비영리조직이 아니라는 점

이다. 영리를 추구하는 신탁회사의 섭리상 분양성이 있는 정비구역을 먼저 신탁대상으로 검토할 것이다. 따라서 다소 사업성이 떨어지거나 입지여건이 열악한 지역은 신탁방식의 사업이 추진되기가 어렵다. 신탁사는 사업추진의 간소화로 오히려 비용절감 효과가 있다고 주장하지만 정비사업의 총 사업비 대비 3% 내외의 신탁수수료 역시 적은 금액은 아닌 것이다. 셋째, 조합원 등의 정당한 의사반영이 가능한가에 대한 문제다. 사업의 주도권을 신탁사가 가지게 되므로 조합원 또는 소유자의 의사가 제대로 반영이 안 되는 염려도 있다. 최근에 체결된 정비사업 신탁계약서 중에는 신탁계약의 체결은 손쉽게 가능하나 해지가 소유자 전원의 동의를 거치는 것으로 돼있는 등 소유자의 의사반영이 매우 어려운 구조의 계약도 존재한다. 소유자 절대다수가 동의한 신탁계약도 일정한 중대 변경사유가 있다면 해지가 가능해야 바람직한 계약이라고 본다.

정비사업의 시행자 신탁방식 선택은 현행법으로는 재개발과 재건축사업에만 국한돼있다. 소규모재건축 방식인 가로주택정비사업과 상업지역과 공업지역에 적용되는 도시환경정비사업에는 적용이 불가능하다. 오히려 더 필요한 지역이 이들 지역일 수 있다. 법률 개정으로 다양한 정비방식으로 확대가 필요하다.

계약이라는 제도 취지상 신탁계약을 체결할 때 신탁사와 동등한 조건으로 정비구역 소유자의 의사결정이 용이한 표준 신탁약

관이나 표준 신탁계약서가 필요하다. 특히 신탁해지에 대한 조항의 경우 신탁동의 요건과 동일한 소유자 75% 또는 80% 선에서 해지가 가능하도록 해야 한다. 정비구역 상황변화에 따른 소유자의 의사결정도 존중돼야 한다. 다만 해지를 제외한 부분에 대해서는 신탁사의 의사결정을 용이하게 하는 조항들도 확보돼야 한다. 신탁사의 전문성 확보를 위해 일정한 요건을 갖춘 정비사업 전문자격자에 대한 인원확보 의무화 등도 검토해야 하며, 자격 교육제도의 방안도 마련돼야 한다. 원활한 신탁수행비용을 조달하기 위한 맞춤형 금융구조 개발과 자산유동화 방법의 연구 및 법률개정도 필요하다. 이 제도가 활성화되고 신탁사업장이 늘어날수록 자금조달의 문제가 대두될 수 있기 때문이다.

신탁방식의 정비사업은 아직 도입 초창기인 제도지만 지루한 정비사업 추진에 새로운 바람을, 정비사업의 투명성 확보를, 건설과 부동산개발 분야 등에 새로운 Cash Cow를 제공한다고 볼 수 있다. 미비한 규정의 개선과 인식이 덜 된 신탁방식의 긍정적 결과가 가시화되면, 여러 가지 정비사업의 문제점을 한 번에 해결할 수 있는 유일무이한 제도일 수도 있다. 물론 조합방식으로 진행해 왔거나, 주민의 의사결정으로 조합방식을 선택한 지역은 기존의 편리한 방식대로 추진하면 되겠지만, 해결방안 없이 도심에 낙후되고 노후화된 채로 방치된 정비구역에 대해서는 새로운 바람을 일으킬 것으로 기대해본다.

41

재건축 조합원 자격과 재개발 조합원 자격은 어떻게 다른가?

| 최황수 |

〈도시 및 주거환경정비법〉(이하 '도시정비법'이라 한다)에서는 조합원의 자격을 '토지 등 소유자'라고 했다.[1] 각각의 정비사업 방식에 따라 조합원으로 규정하고 있다. 각목의 내용은 다음과 같다.

가. 주거환경개선사업, 주택재개발사업, 도시환경정비사업 또는 주거환경관리사업의 경우에는 정비구역 안에 소재한 토지 또는 건축물의 소유자 또는 그 지상권자
나. 주택재건축사업의 경우에는 다음의 1에 해당하는 자
  (1) 정비구역 안에 소재한 건축물 및 그 부속토지의 소유자
  (2) 정비구역이 아닌 구역 안에 소재한 대통령령이 정하는 주택 및 그 부속토지의 소유자와 부대·복리시설 및 그 부속토지의 소유자

---

1) 도시 및 주거환경 정비법 제2조 제9호

토지등소유자일 경우에 조합에 가입할 수 있으며 조합에 가입하면 조합원으로서 권리행사가 가능하고 분양신청이 가능하다. 즉 현재의 낡은 지역과 건축물을 미래의 기대가치를 반영해 높은 가격으로 구매하게 되는, 추후 입주권이 되는 권리다.

〈표 1〉 정비사업 종류 및 조합원 자격

정비사업의 종류	토지등소유자(조합원 자격)
주거환경개선사업, 주택재개발사업, 도시환경정비사업, 주거환경관리사업, 가로주택정비사업	토지 또는 건축물의 소유자 또는 지상권자
주택재건축사업	건축물 및 그 부속토지의 소유자

주택재개발사업 등이 토지 또는 건축물의 소유자로 돼있는 것에 반해 주택재건축사업은 다른 정비사업과는 달리 토지등소유자(조합원 자격)가 건축물 및 그 부속토지의 소유자에 국한돼있다. 주택재개발사업 등은 토지등소유자(조합원)의 종류가 ①토지만 소유[2], ②건축물만 소유[3], ③토지와 건축물을 소유한 3가지 경우가 있다. 주택재건축사업은 건축물과 그 부속토지를 모두 소유한 경우에만 조합원 자격이 있는 것이다.

---

2) 지목불문 서울시 90m^2 이상, 강원, 부산 등은 60m^2 이상
3) 건물만의 소유자는 건물의 면적제한이 없어 이론적으로는 1m^2의 건물소유자도 조합원 자격이 있다.

여기까지는 일반적으로 문제가 없어 보인다. 주택재개발 지역은 토지만 소유한 경우나 건물만 소유한 경우 모두 조합원 자격이 있다는 이야기고, 주택재건축은 토지건물 모두 있어야 된다는 이야기라고 쉽게 판단하면 된다. 특히 재건축사업의 경우는 아파트 재건축이 일반적이고, 매매 시 토지 건물 일체로 거래되는 것이 당연한 것이 아닌가 하는 인식이다. 틀린 인식은 아니다. 지상에 저층·중층의 아파트가 존재하는데 노후화되면, 멸실 후 다시 새 아파트를 건축하는 것이 주택재건축이다. 주택재개발은 단독주택, 다세대 등의 노후한 주택이 밀집한 지역이면서 도로 등의 기반시설이 열악한 지역에서 주거환경 개선을 위해 새로운 아파트를 건설하는 정비사업이다.

일반적으로 단독주택, 다세대, 다가구가 밀집된 지역에 정비사업을 추진하면 누가 보더라도 "아, 재개발을 추진하는구나"라는 생각을 하게 된다. 정비사업 실시 이전의 건축물이 아파트 지역이면 주택재건축사업이고, 단독주택, 다세대주택 지역이면 주택재개발로 인식하는 것이다. 도시정비법에서 주택재개발사업의 정의는 정비기반시설이 열악하고 노후·불량건축물이 밀집한 지역에서 주거환경을 개선하기 위해 시행하는 사업이라고 규정하고 있다.[4] 반면에 주택재건축사업은 정비기반시설은 양호하나 노후·불량건축물이 밀집한 지역에서

4) 도시 및 주거환경정비법 제2조 제2항

주거환경을 개선하기 위해 시행하는 사업이라고 정의하고 있다. 그러나 도시정비법 어디에도 주택재개발과 주택재건축의 구분을 정비사업 실시 전 해당 구역 내의 건축물의 형태를 기준으로 하고 있지 않다.

〈표 2〉 주택재개발과 주택재건축의 차이

정비사업구분	주택재개발	주택재건축
정비기반시설(도로 등)	열악	양호
건축물의 상태	노후·불량건축물이 밀집	노후·불량건축물이 밀집

건축물의 형태가 아니라 정비기반시설(도로 등)이 양호하면 지상의 건축물이 아파트 지역이든 단독주택, 다세대 지역이든 구분하지 않고 주택재건축 대상인 것이다. 만일 지상의 건축물만으로 주택재개발 지역으로 오인하면 주택재개발 지역의 조합원 자격인 토지만을 매수하거나 건물만을 매수해 조합원 자격이 있다고 판단할 수 있다. 주택재건축 구역의 조합원은 건물 및 그 부속토지의 소유자이므로 이 경우에는 현금청산 대상인 것이다. 현금청산 대상 소유자는 조합 설립인가일을 기준으로 토지만의 소유자인 경우 개별공시지가 유사금액으로, 건물만의 소유자인 경우 노후도에 따른 건물가치 정도로 청산이 된다. 어느 경우에도 조합원 자격이 있다는 전제로 매수한 가격에 비해 매우 낮은 금액으로 청산이 될 것이다.

[그림 1] 단독주택재건축 사례 – 면목4주택재건축

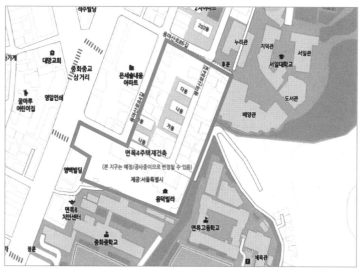

자료: 네이버 지도 참조 및 재편집

　[그림 1]은 중랑구 면목동에 소재하고 있는 '면목4주택재건
축 구역'이다. 주택재건축구역이지만 아파트는 존재하지 않는
지역이다. 오히려 단독주택과 다세대 연립주택의 밀집지역이
다. 일반적인 주택재개발지역과 비교해 지상에 구성된 건축물
의 형태는 거의 유사하다. 다른 점은 정비기반시설 중 가장 중
요한 도로가 비교적 반듯 반듯 양호한 형태다. 건물만 봐서는
주택재개발 구역처럼 보이지만 엄연한 주택재건축 구역이다.
조합원 자격이 있기 위해서는 건물 및 그 부속 토지를 소유하
고 있어야만 한다. 토지만 소유하거나 건물만 소유해서는 현
금청산 대상이다. 본질이 '재건축'이므로 2017.12.31.까지 관
리처분 계획승인신청을 하지 않았다면 재건축 초과이익환수

의 대상이기도 하다.[5]

현실에서는 이러한 구분을 하고 있는 이들이 드물다. 실제로 이러한 단독주택재건축 구역에서 종종 나대지 매매나 도로지분의 매매도 이뤄지고 있다. 매수자는 저렴한 투자금액으로 추가부담금만 내면 새 아파트를 언제인가 소유할 수 있다는 상상을 하고 있을 수 있다. 그러한 상상이나 기대가 깨지는 날은 관리처분계획을 수립할 때 다른 조합원에게는 분양신청 요청의 공문이 조합에서 오지만 본인은 이상하게 통지가 오지 않는다. 뒤늦게 조합원이 아니라 현금청산 대상이라는 것을 알았다. 하지만 이미 때는 늦었다. 어떤 경우는 현금 청산 금액이 매수한 금액의 절반밖에 되지 않는다. 역시 재개발투자는 어렵고 본인은 정말 재수가 없다고 자책한다. 재수가 없는 것이 아니라 무지한 것이다.

단독주택 재건축지역에 드물지 않게 도로, 대지, 타인소유 토지 위 건축물만 법원경매나 한국자산관리공사의 공매시스템으로 매각이 진행되는 경우가 있다. 투자 목적의 낙찰이 효율적이 되려면 개별공시지가 등과 비교해 현금청산 금액보다 낮아야 할 것이다. 안타깝지만 그런 경우를 거의 볼 수 없다. 현금 청산가치보다 현저히 높은 금액으로 낙찰이 되고 있다.

---

5) 재건축초과이익환수에 관한 법률은 2017.12.31.까지 "관리처분계획인가 신청"을 한 재건축단지에 한해 초과이익환수금 부과를 유예하고 있다.

경쟁이 치열한 경우도 있다. 입찰에 떨어진 아쉬움이 전화위복이 될 수 있다. 심지어 일부 부동산 경매 관련 책들의 경매 사례 소개에서 저렴하게 낙찰된 우수한 재개발투자라고 소개하는 경우도 있다. 어이가 없다. 확실하게 집고 넘어가야 하는 분야가 하나 더 있을 수 있다.

42

일본은 재개발사업 대신
도시재생만 하는가?

| 차학봉 |

2014년 6월 도쿄 미나토(港)구에 있는 52층 주상복합건물 '도라노몬 힐스'의 완공 축하 행사장에는 아베 신조(安倍晋三) 총리가 아소 다로 부총리, 아마리 아키라 경제재생 담당상 등 각료 6명과 함께 참석했다. 아베 총리는 축사를 통해 "건축 규제를 대폭 풀겠으니 기업들은 더 적극적으로 부동산 개발에 나서 도시 경쟁력을 높여 달라"고 말했다. 도라노몬 힐스를 개발한 부동산 회사 '모리빌딩'의 쓰지 신고(辻慎吳) 사장은 "건축 규제 완화에 맞춰 1조 엔을 투자해 대형 빌딩 10개를 짓겠다"고 화답했다.

부동산 장기침체를 겪은 일본은 '부동산 개발'을 국가 경쟁력 강화의 수단으로 보고 규제완화 등 전폭적으로 지원하고 있다. 도라노몬 힐스 정부의 지원과 민간의 창의적 아이디어가 결합하지 않았다면 불가능한 도시재생 프로젝트였다. 도라노몬 힐스 부지는 1948년부터 도로건설이 예정돼있었지만, 지자체 토지와 민간소유 토지들이 혼재돼 도로 건설도 제대로 추진되지 않았다. 도쿄도 재개발사업으로는 처음으로 '사업협력자 방식'이 적용돼 디벨로퍼 업체인 모리빌딩이 사업계획에 대한 조언을 했다. 모리빌딩은 2009년에 '특정건축자'로 지정돼 재개발, 건축, 운영 등을 맡았다. 이 과정에서 입체도로 방식이 도입됐다. 지하로 도로를 뚫고 그 위에 고층 복합빌딩을 건설하는 방식이다. 재산권도 보호하고 도로도 확보할 수 있는 일석이조다. 도라노몬힐스 완공을 계기로 해당 지역은 대대적인 재개발이 진행 중이다. 도쿄도는 해외 금융기관을 유치하는 '국제금융도시'로 만든다는 계획하에 주변 개발에 대해 기존 최고 용적률(1,300%)을 2,000%까지 완화해주고 있다.

일본의 도쿄(東京)역은 2007~2012년 복원공사를 통해 옛 모습을 되찾아 도쿄의 대표적 관광명소가 됐다. 도쿄역은 1914년 지어진 뒤 1945년 폭격으로 3층 돔이 무너지는 등 원형이 크게 훼손된 상태에서 1947년 2층 건물로 복원, 사용했다. 도쿄역 복원은 공사 기간에도 역사를 계속 사용하면서 진행된 난공사였다. 건물 전체를 들어 올려 초대형 지진에도 견딜 수 있도록 면진 설비를 장착했다. 복원의 최대 걸림돌은 500억 엔에 이르는 공사비였다. 공사비를 해결해준 것은 공중권(空中權)이었다. 공중권은 해당 지역에 최대로 지을 수 있는 용적률(대지면적에 대한 건물 전체면적 비율)을 거래하는 제도다. 가령 10층 건물을 지을 수 있는 땅에 3층 건물만 지을 경우, 나머지 7층을 지을 수 있는 권리를 돈을 받고 매매하는 것을 의미한다. 철도회사는 당초 도쿄역의 원형을 보존하는 대신 높게 건물을 지을 수 있는 권리를 주변 건물에 팔아 복구비를 조달했다. 황궁 근처의 도쿄역 주변에 초고층 건물이 즐비한 것은 바로 공중권 거래 덕분이다.

일본 도쿄 이케부쿠로(池袋)역 인근에서는 지상 49층 규모의 도시마(豊島)구청 청사가 있다. 첨단 내진(耐震) 설계와 태양광 발전시설을 갖춘 고가(高價) 건물로, 한국 같으면 당장 '호화 청사'와 '예산 낭비' 문제가 제기될 법하다. 그러나 도시마구청은 '민관(民官) 합동개발'이라는 아이디어를 통해 구민 세금 한 푼 들이지 않았다. 구청 소유 토지를 건설업체에 50년간 임대하고, 청사와 임대아파트를 함께 짓는 '주관(住官) 복합' 방식이었다. 건설회사는 아파트 임대 수익으로 공사비를 충당한다. 신청사 건물 1~2층은 주민을 위한 모임·전시 공간, 3~9층은 구청 업무를 보는 청사, 10층은 옥상정원, 11~49층은 임대 아파트가 입주해있다.

2007년 오픈한 일본의 도쿄의 미드타운도 정부가 적극 지원했다. 약 2만 3,700평의 옛 방위청 부지를 민간에 매각해 만든 초대형 복합건물이다. 정부·도쿄도·미나토구청이 3자 협의체를 구성해 매각 전에 공적 부담, 개발 규모에 대한 계획을 고시했다. 민간업체 리스크를 최소화하는 일종의 신사협정이었다. '도시재생 긴급정비지역'으로 지정, 매장 문화재 조사기간 절반 단축 등 인허가를 신속하게 진행해 조기 착공하도록 도왔다. 미드타운은 연간 3,500만 명이 찾는 도쿄 대표 명소가 됐다.

한국과는 대조적이다. 현대자동차그룹이 서울 삼성동 부지를 10조 원이라는 천문학적인 돈을 주고 구입했지만, 인허가와 기부채납 문제로 상당 기간 착공을 하지 못하고 있다. 부동산 개발을 특혜로 보는 시각 때문이다. 일본도 1970~1980년대 고도 성장기에는 우리처럼 부동산 개발을 특혜로 봤다. 하지만 2000년대 이후 정부가 적극적으로 지원하고 있다. 일본 정부는 2001년 5월 '도시 재생 본부'를 내각에 설치하고 2002년에는 '도시 재생 특별 조치법'을 제정했다. 일본 정부는 2015년 '대도시 전략 검토 위원회'를 설치, "대도시는 국민의 상당수가 살고 우리 경제를 견인하는 지역"이라며 대도시에 대한 재개발을 촉진하고 있다.

한국에서는 일본의 도시재생사업을 부분적인 개보수를 통해 기능을 복원하는 수복형, 주민참여형, 가로정비형과 같은 소규모 재개발 정도로 이해하는 시각이 강하다. 특히 서울시와 새 정부가 도시 정책의 전환을 선언하면서 강조하는 도시

재생 정책의 성공사례로 일본 사례를 거론하면서 오해가 심화된 듯하다. 하지만 위에서 살펴본 것처럼 일본 대도시의 도시재생사업은 전면철거에 의한 대규모 복합개발도 많다. 이른바 수복형 도시재생정책은 80~90년대에 유행했고 지금도 상당수 지역에서 채택하고 있지만, 일본 도시재생 정책을 모두 대변하는 것은 아니다.

2000년대 이후 일본의 도시정책은 그것이 도시재생정책으로 불리던 재개발로 불리던, 패러다임 시프트를 맞는다. 인구 고령화와 인구감소라는 일본사회의 근본적인 변화 속에서 정부와 학계는 새로운 인식과 방법을 모색한다. 그 결과, 인구 감소에 대응해서 지방도시는 교외시가지를 축소, 기능에 한곳에 모아 효율적인 행정 서비스를 제공하는 '콤팩트 도시'를 정책 목표로 내세운다. 또 고령화로 인한 노인인구의 급증에 따라 노인 간병 및 의료수요가 급증한 데 따라 의료 시설과 직장·주거지가 한곳에 밀집하는 '의(医)·직(職)·주(住) 근접화 도시'도 등장했다. 후쿠오카현 이즈카(飯塚)시 도시 중심가에 있는 쇼핑센터와 버스 환승 센터를 허물고 노인 의료 시설과 보육원, 고령자용 주택이 포함된 공동주택 시설을 배치하는 개발 사업을 벌였다.

반면 도쿄 등 대도시 정책은 '국가 경쟁력 강화'에 초점이 맞춰진다. 일본도 과거 인구 성장기에는 대도시의 인구 억제 정책을 택했다. 하지만, 국가 전체의 인구가 감소하면서 사실상 대도시 인구 억제 정책을 포기했다. 대도시의 인구 집중을 막기 위해 기업의 입지를 제한할 경우, 기업들이 지방이 아닌 중국, 동남아시아 등 해외로 빠져나가는 글로벌 경쟁의 시대라는 점을 인식했기 때문이다. 그래서 전후 유지하던 '기성시가지 공장제한법과', '공장재배치 촉진법' 등 대도시의 기업집중을 막는 규제가 2000년대 들어 폐지했다.

아베 신조 총리는 한 발 더나아가 2014년 도쿄권과 오사카 등 2대 도시를 '국가전략특구'로 지정했다. '특구'는 낙후지역을 개발을 위해 지정되는 것이라는 기존의 상식을 깬 것이다. 도쿄권은 국제비즈니스특구로 지정해 도시재개발과 의료 규제를 대폭 완화했다. 아베 정권은 전략특구 지정을 통해 용적률, 용도변경 등 토지이용규제를 대대적으로 풀고 외국인 진료 시범허용 등 관련 규제도 풀기 시작했다. 오사카지역은 국제의료, 이베노베이션 특구로 지정했다. 일본의 대표 도시인 도쿄와 오사카의 경쟁상대는 지방이 아니라 런던, 베이징, 서울이라는 인식에서 출발했고, 이런 논리로 지방의 반대도 극복했다.

대도시의 경쟁력을 결정하는 인프라는 신산업을 창출할 수 있는 오피스와 관광명소가 될 수 있는 상업시설이다. 대규모 국제회의를 열 수 있는 컨벤션센터와 호텔도 필수적 인프라다. 복합개발이 도시 경쟁력이 될 수 있다. 도쿄의 록본기 힐스. 50층이 넘는 초고층 사무실 빌딩을 중심으로 호텔, 쇼핑센터, 방송국, 아파트, 미술관, 극장, 명품숍 등이 입주한 10여 개의 건물로 구성돼있다. 다양한 시설이 있다 보니 휴일 방문객만도 하루 15만 명이 이른다. 건물 전체를 둘러보는 '록본기힐스 투어'라는 관광상품이 운영될 정도이다. 일본은 도쿄에, 오사카에 수많은 록본기힐스를 만들고 있다. 한국의 정책 당국자들이 20년 전의 일본 사례를 교조적으로 이해하고 도시 정책을 펼칠 경우, 도시가 사회발전의 걸림돌이 될 수 있다. 한국 사회도 본격적 고령화 시대를 맞고 있는 데다 글로벌 경쟁에 직면해 있다는 점을 인식하고 변화에 맞춰 도시 정책의 방향을 잡아나가야 한다.

〈참고문헌〉
· 차학봉, 『일본에서 배우는 고령화시대의 국토 주택정책』, 삼성경제연구소, 2006.

43
도시재생은 기존의
도시정비사업과는 완전히 다르다?

| 조용경 |

　도시재생은 인구의 감소, 산업구조의 변화, 도시의 무분별한 확장, 주거환경의 노후화 등으로 쇠퇴하는 도시를 지역역량의 강화, 새로운 기능의 도입·창출 및 지역자원의 활용을 통해 경제적·사회적·물리적·환경적으로 활성화시키는 것으로 정의된다. 2006년 국토교통부(구 건설교통부)가 발표한 '건설교통 R&D 혁신로드맵'의 미래가치 창출이 가능한 10대 과제(VC-10)에 도시재생이 포함돼 관련 연구가 수행된 후 2013년에는 〈도시재생 활성화 및 지원에 관한 특별법〉이 제정됐다. 2014년에는 관련 재원 지원을 위해 국민주택기금에 도시계정이라는 것을 신설해서 기금의 이름도 주택도시기금으로 바꾸고 기금 운용사로 주택도시보증공사를 위촉하는 등 도시재생 사업을 위한 제도적 준비를 해왔다. 그러나 실제로 내가 살고 있는 마을이나 지역을 도시재생 했다거나 하겠다고 생

각하는 사람들을 우리 주변에서 쉽게 찾기 어렵다. 사업의 추진 실적도 거의 없고 아직까지 시장의 큰 관심의 대상도 되지 못하고 있기 때문이다.

그러던 중 문재인 대통령의 공략 중에 하나로 도시재생 뉴딜정책이 포함되면서 도시재생에 관한 시장의 관심이 다시 높아졌다. 구체적 사업계획이나 선정 지역이 결정되지 않은 시점임에도 국토교통부의 2017년 8월 2일 〈실수요 보호와 단기 투기수요 억제를 통한 주택시장 안정화 방안〉 발표에서는 과열지역을 도시재생 뉴딜 사업 대상지 선정에서 제외한다는 사항을 포함시켰다. 국토교통부 발표에 따르면 새로운 정책사업인 도시재생의 경제적 이익이 클 것으로 기대하는 투기세력의 관심의 대상이 되고 있는 것이 포착됐다는 것이다. 이에 도시재생 사업 지역 선정에 있어 향후 주택 가격 추이를 지켜보겠다는 것이다. 더불어 지자체의 경우도 투기방지대책을 포함해 도시재생 사업계획을 수립하라는 내용이다. 그렇다면 도시재생 사업은 기존에 없던 새로운 사업으로 투기의 대상이 될 만큼 경제적 이익이 큰 사업이 될까?

이러한 질문에 답을 하기 위해서는 먼저 기존에 노후 도시나 지역의 개선 대안은 없었느냐에 관한 질문에 먼저 답을 찾아야 할 것 같다. 기존에 노후 도시를 개선하기 위한 방법으로는 〈도시 및 주거환경 정비법〉의 주거환경개선사업, 주거환경관리사업, 주택재개발사업, 도시환경정비사업, 주택재건축사업, 가로주택정비사업이 있다. 그러다가 2017년 법이 개정돼 주거환경개선사업, 재개발사업, 재건축사업으로 정리됐다 (2018년 시행). 기존의 중복되는 6개 유형의 사업을 3개 유형의 사업으로 통폐합한 것이다. 주거환경개선사업은 도시저소득 주민 집단저주지역으로 정비기반시설이 극히 열악하고 노후·불량 건축물이 과도하게 밀집한 지역에서 시행된다. 재개발사업은 정비기반시설이 열악하고 노후·불량 건축물이 밀집한 지역, 재건축사업은 정비기반시설은 양호하나 노후·불량 건축물이 밀집한 지역에서 시행된다. 정리하면 노후·불량 건축물 밀집지역인데 도시저소득층이 집단 거주하면서 정비기반시설이 열악하면 주거환경개선사업, 그냥 정비기반시설이 열악하면 재개발사업, 정비기반시설이 양호하면 재건축사업에 해당하게 된다.

이러한 도시정비 사업 외에도 이른바 '뉴타운 사업'으로 한때 시장의 관심과 사랑을 받았던 재정비촉진사업이 있다. 재정비촉진사업은 주택재개발사업보다 큰 개념으로서 재정비촉진계획이 고시되면 해당 지역 안에서 주택재개발사업, 주택재건축사업, 도시환경정비사업, 주거환경개선사업 등의 사업이 이뤄지게 되는 광역적인 사업이다.

그렇다면 도시재생과 기존의 노후 도시 개선 사업의 공통

점과 차이점은 무엇일까? 먼저 비교 가능한 사업과 그렇지 않은 사업을 구분해보면, 도시정비사업 중 주거환경정비사업은 도시 저소득층 밀접이라는 측면에서 도시재생과는 차이가 있다. 주택 재건축 사업은 노후·불량 건축물이 밀집했지만 기반시설이 양호해 기반시설 정비가 포함되지 않으니 도시재생과는 유사성이 떨어진다. 주택 재개발 사업은 노후·불량 건축물이 밀집해있고 기반시설이 열악한 지역에서 실시한다는 점에서 도시재생 사업과 유사성이 높다. 재정비촉진사업은 도시정비사업 중 주택재개발사업과 구별이 모호할 정도로 유사성이 높지만 은평 뉴타운이나 길음 뉴타운과 같은 소수의 시범사업 이후 뚜렷한 사업 실적이 없다는 점에서 도시재생과 비교할 실익은 다소 떨어진다.

도시재생 사업과 주택 재개발사업, 주택 재정비 촉진사업을 비교해보면 기본적으로 사업의 근거법이 다르기 때문에 이에 따른 사업의 추진체계 등 법적 절차나 규정에 차이가 있다. 그러나 현실적으로 기존의 도시정비사업이나 재정비촉진사업의 경우 약간의 사업계획을 바꾸면 도시정비사업도 되고 재정비촉진사업도 될 수 있었다. 이에 사업 추진 주체의 입장에 유리한 법이 적용될 수 있도록 사업의 유형을 선택해 추진할 수도 있었다. 이러한 현실을 고려할 때 우리가 좀 더 궁금한 것은 실제 시장에서 도시재생과 주택 재개발 사업 및 주택 재정비 촉진사업의 확실한 차이가 무엇이냐는 것이다.

물리적인 관점에서 도시재생 사업을 위해서는 기반시설이나 주택, 상업시설 등 사업 대상지 내 건축물의 상당 부분을 철거하고 신축해야 하며, 일부는 리모델링도 고려될 수 있다. 주택 재개발 사업 및 주택 재정비촉진 사업도 물리적으로는 도시재생 사업과 같이 사업 대상지 내 건축물의 상당 부분을 철거하고 신축하면서, 일부는 리모델링도 고려될 수 있다. 이러한 물리적인 사업의 형태에서 기존의 노후 도시 개선 사업과 도시재생 사업은 크게 다르지 않다.

그러나 사업의 계획방향과 자금조달 방법에서는 확실한 차이가 있다. 사업 목표의 경우 도시재생 사업은 기존 거주자의 지속적인 생활여건 확보, 사회·문화적 기능회복, 도시경제회복이라는 측면에서 기존의 재정비촉진사업이나 재개발사업과는 차이가 있다(도시재생 종합정보체계, 2017). 구체적으로 비교해보면, 첫째 기존 사업의 경우 사업의 주체는 토지 및 건물 소유자 중심이었다면, 도시 재생사업은 거주자 중심의 지역공동체가 사업의 주체가 돼 개발이익보다는 자력기반 확보 및 지역 경제 활성화 중심의 사업을 계획할 수 있다. 둘째, 기존 사업의 대상은 수익성 있는 노후지역이므로 주로 수도권을 중심으로 했다면, 도시재생 사업의 대상은 자력기반이 없어 공공의 지원이 필요한 쇠퇴지역으로 주로 지방 대도시 및 중소도시를 중심으로 한다. 셋째 사업 방식 측면에서 기존의 사업은 물리적 환경정비로 끝났다면, 도시 재생사업은 물리적 환경정비를 통해 종합적인 도시 기능 개선 및 활성화를 목표로 한다는 점에서 다르다. 마지막으로 이러한 차이점 때문에 발생할 수 있는 사업의 경제성 저하로 사업 추진 자체가 어려워지는 것을 방지하기 위해 정부의 공적 기금인 주택도시기금의 도시계정 자금을 투자, 융자, 투·융자 방식 등으로 도시재생 사업에 투입한다는 점에서 기존 사업과 크게 다르다.

요약하면 물리적 영역에서 도시재생 사업의 형태는 기존의 도시정비 사업과 크게 다르지 않겠지만 사업계획·관리나 자금조달, 즉, 부동산 사업의 영역에서는 다소 차이가 있을 것이다. 그러나 도시재생 사업은 원주민 재정착이나 공적 개발을 중시하기 때문에 기존의 도시정비 사업이나 주택 재정비 촉진 사업에서처럼 큰 경제적 이익이 발생할 것이라는 일부 시장 참여자의 기대에 관해서는 회의적이다.

44

도시와 농촌의 재생은
다른가?

| 김재환 |

박근혜 정부부터 이어온 도시재생정책은 문재인 정부에 와서 도시재생 뉴딜정책이라는 이름으로 사업을 전개해가고 있다. 낙후된 도심환경과 주거개선을 추진하는 도시재생 뉴딜사업은 매년 10조 원씩 총 50조 원이 투입되는 전국단위의 도시관리정책이다. 각 부처에서 추진되는 유사한 성격의 사업들은 수도권과 비수도권, 도시와 농촌의 구분에 따라 사업을 수립하고 있다. 이렇듯 지역적 구분에 맞춰 사업부처의 특성을 전제로 하기에 보다 효율적인 사업진행을 할 수 있다고 생각되나, 과연 도시와 농촌의 재생 측면에서 선별적인 구분이 필요한지에 대한 의문이 든다.

일반적으로 도시와 농촌의 정책, 특히 물리적 차원의 환경정비와 개량증진은 양 지역이 서로 접근의 차이를 전제로 하지만, 해당 지역 주민의 삶의 질 향상이라는 측면에서 이러한 구분이 사업의 물리적 효과가 다르기 때문인지, 아니면 정책의 달성 측면에서 접근을 달리해야 하는지, 혹시 부처마다 사업추진에 있어 중복적 예산집행과 부작용은 없는지, 그렇다면 사업부처의 협력 또는 일관성 측면에서 다뤄질 필요는 없는지, 한 번쯤은 검토가 필요하기 때문이다. 이에 따라 도시와 농촌이라는 개념 및 지역적 구분에 따라 정책의 방향성 측면에서 정리해보고, 두 지역의 재생사업이 추구하는 궁극적인 목적에 맞춰 사업의 성격을 비교해봄으로써 그 의미를 생각해보고자 한다.

먼저 도시와 농촌의 개념과 특성으로부터 정책의 방향은 어떠한 기준에서 이뤄지는지 살펴보자. 도시는 도읍과 시장이 합쳐진 의미로 정치와 행정 등 공공행정기능과 3차 산업중심의 상업 및 경제활동의 중심지이며, 비교적 한정된 공간 내에 많은 인구가 집중해 주거, 생산활동, 위락활동, 문화·예술 활동 등 창조적인 행위와 정치, 경제 문화의 중심지로서의 역할을 수행하는 곳으로 이해될 수 있다. 이러한 도시의 특성은 농촌과는 상대되는 개념으로 인간의 정주형태를 크게 도시적 취락과 농촌적 취락으로 구분하고 있다. 이러한 측면에서 도시는 인구 및 직업의 구성에서 주로 제조업과 판매업에 종사하는 사람과 지식인과 전문인들로 구성되며, 규모와 인구밀도 측면에서 농촌보다 상대적으로 크다.

또한 도시는 주민의 구성에 있어서 이질적인 집단의 성격이 강하고, 주민 간의 상호접촉은 빈번하고 광범위하지만 일시적이고 간접적인 특징이 있으며, 인구의 유동성은 농촌에 비해 높은 지역이라고 할 수 있다. 반면 농촌은 도시와는 대조적인 특성을 갖고 있으며 이를 우리의 농촌현실에 한정하면, 농촌인구는 전체 인구의 18% 수준인 939만 명(2016년 말 기준)으로 추정된다. 하지만 장래에 적지 않은 농촌마을이 사라지리라는 일부의 우려가 있듯이 면 지역 중심으로 가구 수 20호 미만인 과소화 마을의 증가는 더욱 뚜렷해지고 있다. 농촌은 도시와는 달리 강이나 하천을 중심으로 자연적으로 형성됐기에 하나의 읍·면 내에서도 여러 마을이 흩어져 있고 읍·면 소재지와의 물리적 거리로 인해 농촌주민들이 누릴 수 있는 문화·복지 등의 서비스는 제각각이다. 또한 특성이 다른 농촌에서 도시형태의 서비스 제공방식을 적용하기에는 한계가 있으며 농촌의 주거, 복지, 교육, 의료 등 정주여건 개선 정책 또한 도시와는 달리 이뤄지고 있다.

그렇다면 도시와 농촌의 구분으로부터 우리의 재생사업에서 다루고 있는 포괄적인 사안에 대해 각 부처의 특징과 사업방식을 정리한 〈표 1〉을 참고해 부처마다 이 사업을 달리하는 근거의 타당성은 어디에 있는지 살펴보자.

〈표 1〉 부처 간 주요 사업내용

주관부처	사업명	주요 내용
국토 교통부	1. 도시 활력증진 사업	1. 지역발전정책의 일환으로 중추도시권 육성을 위한 발전전략으로 지역 특화발전 효과와 지자체 간 연계 협력 필요성이 높은 사업 위주로 지원 – 도농복합형태 시를 제외한 99개 시군 – 도시생활환경개선사업과 지역역량강화사업으로 구분되며, 주거지재생, 중심시가지재생, 기초생활기반확충, 지역역량강화 사업으로 구성 – 근거법 : 국가균형발전 특별법
	2. 지역 수요맞춤 지원사업	2. 기존 성장촉진지역에 대한 대규모 SOC사업 위주에서 탈피, 주민 실생활과 밀접한 소규모 창조융압 사업 지원, 주민의 생활불편 해소와 삶의 질 제고 – 지역연계사업을 발굴해 지역 네트워크 강화와 시너지 효과 극대화 – 지역특화를 토대로 광역적 스토리 구성과 기존 행정구역 구회의 한계 극복 – 성장촉진지역으로 지정된 70개 시군 – 근거법 : 지역개발 및 지원에 관한 법률
농림축산 식품부	3. 농업, 농촌 테마 공원 조성 사업	3. 도시와 구별되는 농어촌 특유의 독특한 자연문화사회자원을 토대로 다양한 형태의 테마공원 조성해 농촌주민과 도시민의 자연친환경적 휴식, 레저, 체험공간 제공 – 농어촌정비법에 의한 농어촌지역에 농식품부장관이 사업대지구로 선정한 지구에 기반시설, 휴양 체험시설, 소득기반시설 개발 – 근거법 : 농어업인 삶의 질 행상 및 농어촌지역 개발촉진에 관한 특별법, 농어촌정비법, 도시와 농어촌 간의 교류촉진에 관한 법률
	4. 농촌 중심지 활성화 사업	4. 농촌 중심지의 잠재력과 고유의 테마를 살려 특성과 경쟁력을 갖춘 농촌 발전거점으로 육성하고, 농촌중심지를 배후마을과 도시를 연결하는 연결 거점으로서 지역행복생활권 구현의 중심지 역할 수행 – 선도지구(농촌중심지 위주)와 일반지구(농촌중심지 읍면동의 배후마을)로 구분해 – 근거법 : 국가균형발전특별법, 농어업인 삶의 질 향상 및 농산어촌지역 개발촉진에 관한 특별법
	5. 전원 마을 조성 사업	5. 농어촌 지역에 쾌적하고 다양한 형태의 주거공간을 조성해 도시민의 농어촌유입을 촉진함으로써 농어촌인구 유지 및 농어촌 지역 활성화 도모 – 노인들이 거주하는 은퇴자 마을이 아니라 농사짓고 정착할 수 있는 지원 프로그램을 통해 도시 사람들이 농촌으로 삶의 터전을 옮겨 새로운 삶을 살 수 있도록 하는 마을 – 수도권과 광역시를 제외한 농촌의 면 지역(성장촉진지역은 읍 포함) – 근거법 : 농어업인 삶의 질 향상 및 농산어촌지역 개발촉진에 관한 특별법, 농어촌정비법

행정 안전부	6. 마을 기업 육성 사업	6. 마을주민이 주도적으로 지역자원을 활용한 수익사업으로 주민들에게 소득 및 일자리를 제공, 지역공동체를 활성화하는 마을 단위의 기업을 육성해 지역발전에 기여 – 주민 욕구 및 지역문제 해결을 과업으로 하는 마을주민의 자발성에 기인한 협동조합 정신의 법인 – 신규, 재지정 마을기업 선정, 우수마을기업 선정, 마을기업 컨설팅 및 홍보 등 – 근거법 : 시행지침 적용, 해마다 공고, 지역공동체 활성화 기본법안 제정 검토
	7. 희망 마을 사업	7. 지역공동체가 주도해 제안하는 사업방식으로 공간조성사업뿐만 아니라 다양한 지역공동체활성화 프로그램의 병행지원을 통해 지역주민의 필요에 부응, 지역공동체 현장의 요구에 충족 – 주민편익증진 및 소득창출 공간 제공해 주민상호 간의 소통과 화합 기반 마련 – 근거법 : 지자체 조례
중소벤처 기업부	8. 전통 시장 및 상점가 주차환경 개선사업	8. 전통시장이나 상점가 이용 시 주차문제를 완화함으로써 고객 및 매출증대 등 활성화 지원사업 – 전통시장, 상점가, 상권활성화 구역 대상 – 근거법 : 전통시장 및 상점가 육성을 위한 특별법
	9. 도시 재생선도/ 일반지역 사업	9. 도시 내 공공청사 이전 부지, 역세권, 폐항만, 노후산단 등을 새로운 경제거점으로 재활성화(도시경제기반형)하고, 중심상권 및 근린주거지를 활성화(근린재생형)하기 위해 추진하는 사업 – 경제기반형, 근린재생형, 중심시가지근린재생형(일반지역사업)으로 구분 – 근거법 : 도시재생특별법
부처협동 사업	10. 새뜰 마을사업	10. 도시 및 농촌 취약지역 주민의 기본적인 생활수준 보장을 위해 안전위생 등 긴요한 생활인프라 확충 및 주거환경 개선, 주민역량 강화 등을 지원하는 사업(취약지역 생활여건 개조 프로젝트) – 국토교통부, 농림축산식품부, 지역발전위원회가 공동주관하며, 전국 시군구 농어촌 낙후마을, 도시 쪽방촌 및 달동네 등 취약지역 대상 – 근거법 없음
	11. 노후 산업단지 경쟁력 강화사업	11. 산업구조 변화에 따라 쇠퇴하는 산업단지 및 그 주변 지역을 대상으로 재생사업을 추진해 사업입지 기능을 발전시키고 기반시설과 지원시설 및 편의시설을 확충·개량을 목적으로 한 사업 – 국토교통부, 산업통상자원부가 공동주관하며, 착공 후 20년 이상 경과한 국가산업단지 및 일반산업단지 대상 – 근거법 : 노후거점산업단지 경쟁력 강화 특별법, 산업입지 및 개발에 관한 법률

자료: 재생사업과 연계된 사업내용을 관련법과 부처별 정책자료에서 정리

해당사업의 주요내용에서와 같이 해당부처에서 사업의 목적과 기대효과를 제시하고 있지만, 실질적으로 이는 도시와 농촌이라는 그리고 하나의 기능적 차원에서 부처 간의 역학구조로서 사업을 추진하고 있음을 알 수 있다. 재생과 관련된 해당 부처의 사업은 일목요연하게 쇠퇴지역의 어떠한 거점입지, 활성화 전략을 통해 도시와 농촌의 중심성이 어떻게 회복되는지, 이로부터 일관성 있는 국토관리가 어떻게 이뤄지는지를 판단해야 한다.

다시 말해, 도시와 농촌이 상위 개념인 국토관리 측면에서 재생의 정책이 다르지 않다는 것이다. 특히 농촌에 대한 접근을 함에 있어 마치 도시에 대한 소외 측면에서 차별적인 대상으로서 다뤄지는 지는 것이 아니라 국토의 일관된 관리 측면에서 검토돼야 한다. 농촌의 재생도 도시의 재생과 다르지 않다. 농촌을 도시화한다는 것은 농촌의 부족한 편의시설과 기반시설을 정비하고 도시의 기능으로 보완해 농촌의 편의성과 주민 삶의 질 향상에 있다. 즉, 농촌의 도시화도 도시관리수단으로 다뤄져야 경쟁력 있는 재생이 될 수 있다. 이러한 경쟁력 있는 재생은 부처 간의 장점을 전제로 통합적인 수단으로서도 보조적인 역할을 수행할 수 있으나, 실질적인 재생행위 측면에서 시장이해에 조예가 깊은 주체가 시장 흉내내기(Market Mimicking)를 통해 이뤄져야 한다.

재생사업이 시장 흉내 내기를 해야 한다는 것은 재생사업의 필요성 그간의 도시와 농촌계획이 시장실패에서 비롯됐기 때문이다. 즉, 토지 소유자들 간의 자발적 협조가 이뤄지지 않은 상황에서 어떠한 공공목적을 달성하기 위해서는 정부의 개입이 필요하다. 토지 소유자들 사이의 협조가 잘 이뤄졌다면 어떤 형태의 도시와 농촌계획이 이뤄졌을 것이고, 거기에 어떠한 기반시설들이 들어섰을지 추측한 후에 그 내용을 강제로 시행하는 것이다. 이것이 바로 시장 흉내 내기다. 도시와 농촌계획이 토지 소유자들 간의 자발적 협력이 일어나지 않는 상황, 즉 시장의 기능을 상실한 상황에서 필요하다는 그간의 경험은 무엇을 하든 그것으로 얻는 편익에 비해서 비용이 더 크지 않은가를 늘 염두에 둬야 한다. 향후 재생이라는 이름으로 도시와 농촌의 모습을 그리는 일에 있어 이분법적인 구분에서 비롯된 논리에서 벗어나 시장이해를 잘하는 주체가 개발과 관리행위를 실행한다면 더욱 일관적이고 경쟁력 있는 도시와 농촌의 조화로운 재생이 이뤄질 수 있을 것으로 본다.

〈참고문헌〉
· 김병도, 『농촌개발론』, 선진문화사, 1998.
· 김정호, 『땅은 사유재산이다』, 나남출판, 2006.
· 김재환, 「부동산학과 지역사회개발학과의 공생적 발전방안 연구」 한국부동산학회, 부동산학보 63집, 2015.
· 강대구, 「도시와 농촌 지역 구분 기준 연구」, 한국농촌지도학회, 농촌지도와 개발, 16권 3호, 2009.
· 대한국토도시계획학회 편저, 『도시계획론(5정판)』, 보성각, 2015.
· 이민선 외, 「살고 싶은 도시 만들기 사업의 실태 조사연구」, 한국농촌건축학회 논문집, 9권 3호, 2007.

45

송전탑 건설반대는
지역이기주의다?

| 오민경 |

  2014년 6월 11일 밀양에서는 약 2,000여 명의 경찰이 투입돼 한전이 진행하는 765kV 송전탑건설을 강행하는 행정대집행이 있었다. 이는 송전탑 건설을 반대하는 지역주민과의 갈등 상황이 극에 다다랐음을 보여주는 것이었다. 한전이 진행하는 사업은 신고리 원전에서 생산된 발전력을 영남지역까지 수송하기 위해서 신고리에서 북경남 변전소까지 약 90.9km 거리에 161기의 765kV 송전탑을 건설하는 것이다.

  765kV의 송전탑은 45층 건물 높이의 140m로서 거대하고 시각적인 위압감을 주고 전자파의 유출에 따른 건강 위해에 대한 두려움을 준다. 밀양을 지나가는 송전설비[1]는 민가에 너

---

1) 송전설비는 철탑과 송전선로를 의미함.

무 근접해 있고 마을 중심을 관통하도록 설계돼 생존위협을 더욱 느끼게 하며 생활기반인 농지의 활용가치를 떨어뜨리는 경우가 많았다.

밀양주민들의 반대는 님비(NIMBY, Not In My Back Yard) 현상의 전형적인 사례인 지역이기주의로 비치면서 언론에 공개됐다. 밀양에서 진행되는 765kV 송전탑 건설과 관련해 지역 주민과의 갈등을 완화하고자 2013년 12월 〈송변전설비 주변시설 보상 및 지원에 관한 법률(이하 송주법)〉을 국회에 통과시켜 주민 보상의 규정을 보완하고자 했다. 그리고 한전은 개별 보상의 조항으로 경과지 가구당 약 400만 원의 지원금을 신설했다. 이러한 과정에서 '그 정도로 했으면 됐지'와 '기다리면 보상금이 올라가네' 식의 지역이기주의로 오도되기 시작했다. 결국 밀양 사건의 원인을 근본적으로 접근하는 것이 아니라 단지 금전적인 문제인 것으로 생각의 프레임이 바뀌게 됐다.

밀양 사건을 좀 더 근본적으로 접근해보자. 우리나라에서는 입지가 유리한 지방의 대용량발전소에서 대량생산해 전력의 생산단가를 낮추고 수도권에 편중된 소비지역의 원거리로 송전하는 방식으로 전력시스템이 운영돼왔다. 이는 [그림 1]에서 지역별로 전력 생산량과 소비량의 격차를 나타내는 전력자급률[2)]에서 불균형의 정도를 파악할 수 있다. 2013년 데이터를 기준으로 한 보고서에 따르면 인천의 전력자급률은 356.6%고 충청남도는 266.6%, 부산은 187%인 반면 대전 2.5%, 서울은 4.7%, 충청북도가 5.9%다. 즉 서울, 대전, 충청북도 등의 시도는 자급률이 10%에도 미치지 못해 90% 이상의 대부분을 다른 시도에서 공급받고 있다는 것을 보여주고 있다.

한국토지공법학회는 송전선과 관련해 예상될 수 있는 피해로서 사용불편, 생활방해, 건강위험, 수익감소, 안전사고 위험, 장래가치 상실, 권력행사 제한 등을 제시했다. 환경과 건강에 대한 지역주민들의 눈높이가 높아지고 있는 상황에서 상기 피해에 대해 예민하게 반응할 수밖에 없다. 따라서 원거리 송신을 하는 송전선과 송전탑의 잠재적 위험부담을 전력자급률이 높은 지역에 떠넘기고 있는 것이라 볼 수 있다. 밀양 갈등사건 외에 서해안 당진화력 송전망 연결갈등, 새만금 송전선로 갈등, 경상북도 북부지역의 동해안 지역 송전설비 포화문제 등이 지속적으로 제기되고 있는 것과 관련이 있다.

이번에는 송전설비 건설과 관련된 지역 주민의 보상금액을 들여다보자. 한국감정평가협회가 제정한 토지보상 평가지침에 의하면 선하지는 토지의 지상공간에 고압선이 통과하고 있

---

2) 전력자급률(=전력생산량÷전력소비량)은 생산량과 소비량의 비율로서 해당 수치가 100% 이상이면 소비량보다 생산량이 많다는 것이고 100%보다 낮다는 것은 소비량이 생산량보다 높아 다른 지역에서 생산된 전력을 원거리에서 전송받아야 한다는 것을 의미함.

[그림 1] 전력자급률(2013년 기준)

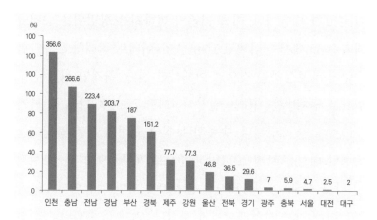

자료 : 전력통계정보시스템(2015.10.16.)
주 : 박명덕·신힘철, 〈지역별 송전요금 차등부과 효과분석 및 시사점〉 표 내용 발췌해 재작성

는 토지[3]를 의미하며 전체 토지가격의 약 28%(보정률)[4] 수준
에서 보상금액이 산정된다. 하지만 현재의 선하지의 공중 부
분 사용에 따른 손실보상 평가지침에서는 송전탑 전압별로 서
로 다른 전자파, 소음, 시각적 위압감 등의 피해의 정도가 반영
되지 못하고 있는 한계[5]가 있었다.

---

3) 전기사업법 제90조의2의 2항에서 지상 공간 사용의 경우 송전선로의 양
   측 가장 바깥선으로부터 수평으로 3m를 더한 범위에서 수직으로 대응하
   는 토지의 면적이 선하지보상의 범위가 됨.
4) 선하지의 공중부분 사용에 따른 손실보상평가지침 제7조에 따라 입체이용
   저해율(8%)에 추가보정률(10~25%)을 더해 보정률을 결정함.
5) 서경규(2014)는 현재 지침상 보정률이 송전선로 인한 다양한 피해를 반영
   하지 못하고 있다고 언급하면서 특히 전압별로 별도의 보정률 산정이 필
   요하다고 했음.

2015년 6월부터 시행된 송주법은 [표 1]로 정리된 보상지원이 주요한 내용이다. 이는 기존의 선하지 보상범위를 송전탑최외측 3m에서 전압별로 13m~33m 이내로 확대하고 유사한수준에서 보상하는 것으로 이해하면 된다. 하지만 정작 송주법으로 구제받는 가구는 밀양시 4개면 7,800여 가구 중 31가구(0.39%)만 해당된다. 송주법 부칙에 규정에 의거 해당되는송전탑 대상을 보면 2011년 기준으로 765kV 902기는 포함되지 않고 345kV 1만 1,600기 중 400여 기만 적용되며 154kV2만 7,000기는 보상대상에서 빠졌다. 이에 송주법의 보상범위가 실질적으로는 매우 협소하다는 의견이 제기되고 있다.

〈표 1〉 송주법상 지원내용

구분	보상범위		보상주기	보상금액
	765kV	345kV		
재산적 보상	33m	13m	건설시 1회	토지감정평가금액의 약 28%수준
주택매수	180m	60m	건설시 1회	주택 감정평가금액+이전비 등
지역 지원사업	1,000m	700m	매년	연간 1,260억 원 수준

자료: 산업통상자원부(2014.07.22) 보도자료 "송·변전설비 주변지역 보상 및 지원 본격시행"발췌 정리

송전설비의 피해 정도를 파악하는 실증연구의 한 분야는 송전설비와 인근 부동산 가격과의 영향관계를 도출하는 것이다. 많은 연구에서 송전선과의 거리가 가까워질수록 부동산 가격에는 부(-)의 영향을 미친다고 봤다. 그리고 송전탑이 시각적

으로 보일 경우 부정적인 영향은 더 커지게 된다.[6] 또한 송전설비가 부정적 영향을 미치는 유효거리를 제시하는 연구[7]들도 많이 있다. 이러한 유효거리는 선하지 보상대상 면적의 결정이나 송주법에서 제시하고 있는 재산적 보상이나 주택매수대상의 결정에서 제시되는 구체적 거리의 결정에 활용될 수 있다.

물론 상기의 실증분석 연구 결과를 보상금액과 직접 비교하는 것은 무리가 따른다. 송전설비가 부동산 가격에 미치는 부정적 영향은 종합적인 피해를 나타내는 것이고 실증분석대상이 전국적인 범위가 아닌 하나의 지역에 국한돼 이뤄진 경우가 많아 부정적 영향의 정도를 일반화하는 데 어려움이 있다. 하지만 이러한 분석결과는 송전설비의 건설에 반대하는 지역주민들이 느끼는 피해의 정도를 판단하는 데 기초자료로서 활용될 수 있다고 본다. 특히 송주법상 보상대상이 되는데 결정적인 한계를 결정하는 보상범위의 제시는 이해 관계인에게 치

---

6) 심-댄트(Sim and Dent, 2005)는 송전선과의 거리가 100m 이내의 부동산들은 약 6~17%의 가격하락 영향이 있었는데 송전탑이 있을 경우 그 영향은 20.7%까지 더 커졌음을 실증 분석했음.
7) 오민경(2017)에서 발췌

연구자	분석지역	가격하락효과	전력	유효거리	발표년도
Colwell & Foley	미국 일리노이주	-3%	138kV	60m	1979
Hamilton & Schwann	캐나다 밴쿠버	-6.3%	230kV, 500kV	200m	1995
Des Rosiers	캐나다 몬트리올	-9.60%	315kV	150m	1998
Sims & Dent	스코틀랜드	-11.50%	275kV	100m	2005
손철	경기도	-16%	154kV	250m	2006
Han & Elliott	호주 퀸스랜드	-7%	275kV	200m	2013

명적으로 작용할 수 있으므로 보다 신중해야 할 것이고 추가적인 연구가 필요하다고 본다.

밀양사건의 문제는 단지 그곳에 살고 있는 지역주민만의 문제가 아니다. 다른 지역에서도 잠재적인 갈등구조는 항상 존재하고 있다. 전력의 생산과 소비지역으로의 원거리 송출되는 우리나라 전력시스템의 구조적인 문제에 기인하고 있으며 전력이 생산되는 지역주민들의 위험부담 감수에 우리 모두가 책임을 져야 하고 관심을 가져야 할 것이다. 단지 묵인하고 근본적인 문제의 직면을 회피하는 것은 아니어야 할 것이다.

밀양에 건설되는 송전탑은 반드시 764kV이어야 하는가? 마을은 관통하는 송전선의 경로는 송전탑건설의 최단거리 원칙을 지키고 있는가? 한전은 송전설비 경로 선정과정에서 주민과의 의사소통에 충실했는가? 삶의 터전을 잃어버리고 다른 곳으로 이전하는 것이 금전적으로 등가교환이 가능한가? 선하지의 활용가치 하락 및 장래이익의 상실 등의 피해를 토지가격의 약 28% 수준에서 보상해 주는 것이 적정한가? 우리 모두는 밀양주민과 향후 잠재적인 갈등 이해관계인에게 답을 해줘야 한다. 우리는 밀양지역 주민과 유사한 상황에 놓인 사람들에게 부채의식에서 자유로울 수 없다.

"해로움의 최소화-이로움의 최대화는 일견 효율성을 가진 논리로 비치지만, 실제 이 논리는 해로움의 피해와 이로움의 혜택이 어떻게 배분돼야 하는가에 대해서는 침묵하고 있다. 즉 전체의 이로움을 최대화하고 해로움을 최소화하는 과정에서 그 이로움과 해로움의 배분 내지 지역적 분포가 편향, 편파적이라면 이 효율성의 논리는 결국 해로움의 피해를 집중적으로 입는 지역적 고통을 전제한다는 것이다." 안순철(2014)

〈참고문헌〉
· 길준규, 「독일의 고압송전선로 보상제도에 관한 고찰-우리나라 밀양 송전선로 공사 사례와 비교해」, 『부동산포커스』, Vol.65, 2013.
· 박명덕, 신힘철, 정유진, 「합리적 송전망 비용회수 방안연구」, 에너지경제연구원, 2015.
· 박명덕, 신힘철, 「지역별 송전요금 차등부과 효과 분석 및 시사점」, 『에너지포커스』, 13권3호 2016.
· 서경규, 「선하지 손실보상제도의 쟁점과 개선방안」, 『감정평가학 논집』, 13권1호, 2014.
· 안순철, 「고압송전선로건설 분쟁에 대한 대안적 접근 : 환경 공감의 시각을 중심으로」, 『분쟁해결연구』, 12권2호, 2014.
· 오민경, 「혐오시설이 부동산 가격에 미치는 영향에 관한 세 가지 에세이」, 건국대학교 대학원 부동산학과 박사학위 논문, 2017.
· 장우석, 「국내 전력수급 현황과 문제점 및 개선방안」, 『에너지포커스』, 11권 1호, 2014.
· 한국토지공법학회, 「송·변전설비 건설 시 피해범위와 적정 편입면적 산출 및 보상방법 연구」, 2011.
· 「송·변전설비 주변지역의 보상 및 지원에 관한 법률」, 법률 제12738호
· 「송·변전설비 주변지역의 보상 및 지원에 관한 법률 시행령」, 대통령령 제26302호
· Sims, S. and Dent, P.(2005) "High voltage overhead power lines and property values: a residential study in the United Kingdom", Urban Studies, 42(4), 2005.

부동산 정책은
어떻게
변해야 하나?

46

부동산 문제의 해결을 위해 헨리 조지의 사상을 실현해야 한다?

| 손재영 |

더불어민주당 추미애 대표는 2017년 9월 4일 국회 교섭단체 대표 연설에서 "19세기 헨리 조지(Henry George)에 따르면 생산력이 아무리 높아져도 지대가 함께 높아지면 임금과 이자는 상승할 수밖에 없다. 지대의 수준에 따라 임금과 이자의 수준이 결정된다는 것"이라고 말하면서 "부동산 보유 현황에 대한 면밀한 조사로 징세를 강화하고, 필요하면 초과다 부동산 보유자에 대한 보유세 도입도 적극 검토해야 한다"고 주장했다. 과연 헨리 조지의 사상이 오늘날 대한민국의 부동산 문제를 푸는 데 도움이 될까?

헨리 조지(1839-1897)는 미국 필라델피아에서 영세한 인쇄업자의 아들로 태어나, 정규교육을 거의 받지 못한 채 14세에 선원 생활을 시작으로 해 인쇄공, 광부, 관청직원, 기자 등 다양한 일자리를 전전했다. 그는 수많은 저서를 출판했는데 1879년에 출간된 그의 대표 저서 『진보와 빈곤(Progress and Poverty)』은 성서 다음으로 많이 보급된 책으로 일컬어지며, 미국뿐 아니라 세계 여러 나라에 영향을 미쳤다.

그가 살았던 시기는 미국에서 산업혁명이 만개해 사회적 생산력이 유례없이 높아진 때다. 그러나 사회 전체적인 물질적 풍요에도 불구하고 빈곤의 문제는 해결되지 않아서 오히려 곤경에 처한 사람들이 많았다. 진보 속의 빈곤이라는 역설이 조지가 가졌던 문제의식의 핵심이다. 유사한 문제의식을 가졌던 사상가 중 맬서스(Thomas Malthus)는 생산력의 비약적인 발전을 인식하지 못했으며, 마르크스(Karl Marx)는 진보의 원천이 개인의 노력과 창의, 그것을 뒷받침하는 사유재산제라는 것을 부정했다. 오늘날에도 많은 사람이 조지의 사상에 공감하는 이유는 (어쩌면 순진하게도) 생산수단의 국유화나 이를 위한 혁명 없이 자본주의의 폐해를 극복할 수 있는 가능성을 제시했다고 보기 때문일 것이다.

조지는 문명이 발달된 도시 한가운데서 빈곤과 온갖 비참함이 만연하고 있는 이유는 합법적인 도적질을 하는 자들이 있기 때문인데, 그들이 하나님이 주신 토지를 사유화하고 거기서 발생하는 가치를 독점하는 사람들이라 했다. 조지는 빈곤을 추방하고 노동에 대한 대가를 보장하는 방법은 토지를 공유재산으로 만드는 것뿐이라고 주장한다. 그렇다고 토지를 몰수해서 국유화하는 것은 최선책이 아니며, "진실로 필요한 것은 토지의 몰수가 아닌 지대의 몰수"라고 주장하면서 토지가치에 대한 조세(Site Value Tax) 이외의 모든 조세를 철폐하는 토지단일세(Single Tax)를 주장했다.

조지에 의하면 모든 사람은 자신의 노동에 대해 배타적인 자연권을 가지며, 자신의 노동의 산물에 대해서도 자연적 권리를 갖는다고 봤다. 그런데 토지는 누구에 의해서도 생산되지 않았으므로 사유화될 수 없다. 조지는 주택과 같은 건물, 자본재, 노동 등 인간의 노력으로 생산될 수 있는 모든 대상에 세금을 부과하는 데 대해 극력 반대했다.

"세금은 과세대상의 품목을 제거할 목적으로 또는 줄이기 위할 목적으로 부과하는 것입니다. 미국의 대부분 주나 군에서는 개의 숫자가 많아지면 개를 없애기 위해 개에게 세금을 부과합니다. 그렇다면 주택은 없애기를 바라지 않으면서 왜 세금을 부과합니까? (중략) 주택에 대한 세금은 틀림없이 주택의 수효를 줄어들게 할 것입니다. (중략) 영국의 경우에는 오래된 집에는 '창문세'라는 것이 부과됩니다. 이 창문세는 오늘날 프랑스에서 시행되고 있는데 센서스 보고에 따르면 세금을 내지 않기 위해서 창문을 전혀 달지 않는 집이 20만 가구에 달한다고 합니다.

(중략)

　건물에 과세하십시오. 그러면 건물의 수효도 줄어들고 모양도 누추해질 것입니다. 농장에 과세하십시오. 그러면 농장은 더욱 줄어들고 더욱 황량해질 것입니다. 선박에 과세하십시오. 그러면 선박의 수효도 줄어들고 선체도 엉성해질 것입니다. 자본에 과세하십시오. 그러면 자본은 줄어들 것입니다."(대천덕, 1989, pp. 124-125)

　조지는 정부가 토지가치세만 징수해도 그 규모가 커서 다른 모든 조세(즉, 인간 노력의 결실에 대해 부과하는 벌금형의 조세)들을 철폐해도 정부의 수입을 충당할 수 있다고 생각했다. 이런 의미에서 토지가치세 도입 제안을 토지단일세운동이라고 부른다. 이러한 조지의 사상이 가진 나름대로의 매력에도 불구하고 100년도 더 지난 오늘날의 우리나라에서 부동산 문제를 푸는 데 큰 도움이 되기는 어렵다.

　첫째로, 조지도 그 시대의 한계, 특히 학문 발전의 수준을 뛰어넘을 수는 없었다. 무엇보다도 토지가 사유되는 한 빈곤과 불황이 지속된다는 예측은 실현되지 않았고, 오히려 인류가 이룬 눈부신 진보 속에 노동자·자본가 모두 유례없이 풍요로운 생활을 할 수 있게 됐다. 우리나라의 자료로부터도 곽태원(2005)은 전체 소득에서 지대가 차지하는 비중이 늘지 않았고, 실질 임금이 낮아지지도 않았으며, 임금이 GDP에서 차지하는 비중이 줄지 않았음을, 즉 조지의 예측이 빗나갔음을 보여준다. 조지가 봤던 대중의 빈곤은 토지의 사유재산제 때문이 아니었고, 또 장기간 지속되지도 않았다.

둘째로, 조지는 앞서의 인용문에서 보듯이 오로지 토지에 대해서만 세금을 부과하자고 역설했는데, 그렇다면 건물에 부과되는 재산세, 종합부동산세 같은 세금은 절대로 시행되지 말아야 한다. 주택, 건물, 소득 등에 부과되는 세금에 대해 한마디 불평하지 않는 사람들이 조지의 사상을 따르고 있다고 말하기 어렵다. 또 오늘날처럼 정부가 하는 일이 많은 세상에서 다른 세금을 모두 없애고 오로지 토지에 대한 세금만으로 정부 재정을 모두 충당하는 것은 불가능하다.

셋째로, 조지가 말하듯이 지대의 100%를 과세하면, 토지의 가치는 0이 될 것이다. 누구도 토지 소유권을 주장할 이유가 없어지고, 인위적인 몰수 조치 없이 "자연스럽게" 토지가 공유화되는 것이다. 몰수조치가 있든 없든 어느 날 갑자기 모든 토지의 가치가 0이 되는 상황은 마르크스 혁명에 버금가는 엄청난 충격이다. 많은 사람이 보유한 자산의 큰 부분이 토지이므로 지대조세에 따른 부의 상실이나 자산소유자 간 상대적 재분배의 경제·사회적 효과는 상상하기 힘들 정도로 크다.

넷째로, 많은 재산을 일거에 빼앗기는 토지소유자들이 대체

무슨 죄를 지었는가? 조지는 먼 옛날에 이뤄진 토지의 사유화가 원초적으로 불의한 것이었고, 그 후 토지를 매입한 사람들은 장물을 취득한 것과 마찬가지이므로 보상 없이 몰수하는 것이 타당하다고 주장했다. 토지사유제가 빈곤과 불황, 그 외 모든 사회적 해악을 초래한다면 아마도 "사소한" 형평성의 문제를 고려할 필요가 없을지 모른다. 그러나 이 주장은 너무 단순하다. 현실 사회경제적 여러 문제에는 보다 복잡한 원인이 있으며 진단과 처방도 복잡할 수밖에 없다. 지난 몇백 년에 걸쳐서 당시 법체계나 사회규범상 정당한 대가를 치르고 소유권을 취득했던 모든 사람의 권리를 부인하는 것은 정의롭지 않다.

다섯째로, 지대조세는 지대의 최대치만큼 부과되므로 토지소유자에게 가장 생산성 높은 용도에 토지를 투입하도록 강제한다는 것이 이론적 기대다. 하지만 현실적으로 그렇게 하기 힘들 것이고, 많은 토지 소유자는 토지를 포기할 것이다. 결국 국가가 대부분 토지를 소유, 관리하게 된다. 토지가 거대한 관료조직의 관리하에 놓이면 정치적 역학관계에 따라 토지가 배분되고 그 용도가 결정될 수밖에 없고 시장이 기능하지 못한다. 시장기능이 작동하지 못하면서 많은 토지가 낭비적으로 이용될 것이며 국가적으로 생산성이 낮아질 것이다.

이외에도, 형평성, 효율성, 실행 가능성 등 다양한 측면에서 조지의 제안에 대해 비판이 가능하다. 지대조세제의 도입이

자본주의의 문제를 해결하기는커녕 오히려 경제파탄을 가져올 가능성이 농후하다. 결국 순수한 형태의 지대조세는 도입이 가능하지도 바람직하지도 않다. 문헌을 보면 이 제도를 옹호하는 사람들도 건물에 비해 토지가 다소 중과세되는 정도만 해도 지대조세제의 정신을 구현하는 것으로 본다. 그러나 현재 우리나라에서는 토지 건물을 가릴 것 없이 부동산을 많이 가지는 사람들이 마치 주택 가격 상승의 주범인 것처럼 매도되고, 이들을 벌주자는 의도에서 제도개혁을 구상한다. 보유과세의 강화가 부동산 가격을 떨어뜨린다는 이론적인 근거가 언급되지만, 이는 장기적으로도 공급이 변화하지 않는 재화에 대해서만 성립한다. 주택과 같이 세금이 중과세될 때 그 공급이 줄어들 수 있는 재화는 오히려 가격이 오를 수 있다.

조지는 당대의 천재이며 신심 깊은 종교가였고 도덕가였다. 또 많은 사람의 공감을 불러일으킬 정도로 대중 정치운동의 지도자이기도 했다. 그럼에도 불구하고 그는 시대적, 지역적 한계를 넘을 수 없었으며, 21세기의 한국에서 조지를 들먹이며 부동산 제도 개혁을 논하는 모습은 우리의 정책토론 수준이 19세기 미국만도 못한가 하는 생각을 떨치지 못하게 한다.

〈참고문헌〉
· 곽태원, 『토지는 공유되어야 하는가?』, 한국경제연구원, 2005.
· 대천덕, 『토지와 자유』, 도서출판 무실, 1989.

47

다주택자는
규제해야 할 투기꾼인가?

| 박합수 |

최근 부동산 시장에 화두로 떠오른 것이 다주택자에 대한 논란이다. 반면, 실수요자에 대해서는 지지를 보내고 있다. 다주택자와 실수요자의 관계 등 전반적인 현상에 대해 살펴보기로 하자.

다주택자는 과연 집을 몇 채 이상 가지고 있는 사람일까? 다수라는 많다는 사전적 의미만으로는 명확하게 얼마 이상의 숫자를 의미하는지 알 수 없다. 대부분 사람은 3채 이상을 다주택자라고 인식하는 것 같다. 2채까지는 필요에 의해 보유할 수 있다는 데 동의한다. 시장에서 2주택자는 다주택자 즉 투자자라기보다는 실수요자에 가까운 사례도 많다. 본인 명의 주택에 부모나 자녀가 거주하는 부류도 있고, 일시적으로 2주택이되거나, 매도 타이밍을 놓쳐 팔지 못하는 경우도 있다. 즉, 투기수요로 단기 차익을 얻으려는 차원이 아니고, 장기간 보유한 상황이라면 달리 생각해야 한다. 2주택자는 다주택자 규제 대상에 제외하는 것을 검토해야 한다.

〈표 1〉 다주택자 적용 세율

구분	~ 2017.12.31		~ 2018.3.31		2018.4.1.~	
	2주택자	3주택자	2주택자	3주택자	2주택자	3주택자
투기 지역	기본세율 (6~40%)	기본세율 + 10%p	기본세율 (6~42%)	기본세율 + 10%p	기본세율 (6~42%) + 10%p(장특배제)	기본세율 (6~42%) + 20%p(장특배제)
조정대상 지역	상동	기본세율 (6~40%)	상동	기본세율 (6~42%)	상동	상동

주) 장특 : 장기주택보유특별공제

　다주택자는 어떤 상황에 처해 있을까? 다주택자가 조정대상 지역에서 주택을 매도할 경우 2018년 4월부터 2주택자는 기본세율에 10%p, 3주택자 이상은 20%p를 더 내고 장기보유특별공제도 배제한다. 시간을 줄 테니 그 전에 팔라는 뜻이다. 정부는 다주택자를 체계적으로 관리하기 위해 주택임대사업자로 등록을 유도하고 있다. 다주택자의 약 90% 가량은 임대사업자로 등록하지 않고 있어 필요성은 충분히 인정된다. 그동안 걸림돌이던 임대주택 등록기준과 소득세 증가, 건강보험료 인상 등에 대한 제도를 개선했다. 또한 다주택자를 규제대상으로 인식한 결과 대출제한도 크다. 대출을 받아 추가로 집을 사는 것을 방지하기 위한 조치다.

다주택자는 집을 팔 것인가? 투기지역 제도의 부활로 3주택 이상인 경우 양도소득세가 '기본세율+10%p'로 중과세되고 있다. 2017년 8월 3일부터 서울 11개 구와 세종시가 해당된다. 2018년 3월 말까지 매도하면 중과세에서 제외된다는 정부의 메시지가 무색해졌다. 다주택자의 매도 고민이 깊어지는 이유다. 다주택자가 집을 팔도록 유도하는 가장 좋은 방법으로 떠오른 것이 '보유세 인상'이다. 양도소득세를 아무리 중과해도 팔지 않으면 의미가 없으니, 보유세를 무겁게 해 팔도록 유도한다는 것이다. 현재 보유세는 재산세와 종합부동산세인데, 모든 부동산소유자에 해당되는 재산세는 조세저항으로 인상이 만만치 않다. 결국 주택을 일정 금액(다주택자는 6억 원 초과, 1주택자는 9억 원 초과) 이상 소유한 자에게 부과하는 종합부동산세 강화가 유력하다. 정부는 보유세 인상에 대한 검토를 마친 상태다. 다주택자는 보유세가 인상되더라도 부동산 가격이 더 상승할 것이라는 기대를 갖는다면, 매도하지 않고 기다릴 수도 있다.

　다주택자는 부동산 시장에서 어떤 역할을 하고 있을까? 다주택자는 본인이 거주하는 주택을 제외하곤 전세나 월세로 임대를 주게 된다. 자연스럽게 임대주택 공급자가 된다. 민간임대주택의 공급자로서 전월세시장 안정에 나름대로 기여하고 있다. 공공임대주택을 마련해야 하는 정부의 재정지원을 줄여주며 보조역할을 충분히 하고 있다. 물론 민간임대주택 공급자로서의 역할 중 속칭 '갭 투자' 형태의 주택 소유는 바람직하지 않다. 전세를 끼고 집을 사서 가격상승을 통한 시세차익 실현이 목적인 투기수요로 시장가격이 왜곡될 수 있다.

다주택자를 무조건 규제 대상으로만 볼 것인가? 부작용은 없을까? 다주택자 때문에 실수요자가 집을 못 사는 경우도 많지 않다. 기회는 거의 동등한 상태인데 매입 실행을 하느냐의 여부에 달려 있다. 참여정부 시절 다주택자에게 집을 팔라고 중과세를 한 시기에는 오히려 집을 매도하지 못하는 경우가 많았다. 현실적으로 양도소득세를 60% 넘게 내고 집을 파는 사람은 거의 없기 때문이다. 다주택자를 매물 공급자라는 측면에서 보면, 주택임대사업 등록 시 4년, 8년, 10년간을 매도하지 못하므로 매매시장에 물량이 줄어들 수 있다.

결국 주택 수급동향을 잘 살펴야 하며, 매매시장에 매물이 줄 때는 가격상승의 우려도 있다. 정부에서 준비하는 제도 중 임차인을 위한 제도로 전월세상한제와 계약갱신청구권이 있다. 계약갱신청구권은 나름대로 안정적인 주거보장을 위한 합리적인 의미는 있다. 다만, 주택소유자가 임대료 인상으로 대응할 수 있어 세입자에게 피해가 돌아간다. 부작용을 줄이려면 일정 부분 시장이 안정된 상태에서 도입을 검토해야 한다. 보유세 인상도 마찬가지다. 대부분 소유자는 세금을 더 내야 할 경우, 전부는 아니더라도 일부는 전월세에 반영하고자 한다.

다주택자인 투자자와 실수요자는 무엇이 다를까? 통상 집을 한 채 가진 경우 1세대 1주택자를 실수요자라 부른다. 집을 사지 않고 전월세 단계에 머무는 경우도 그렇다. 집을 사지 않는다고 무조건 투자자가 아닌 실수요자로 보는 것도 무리다. 일반적으로 아파트 시세의 70~80%에 이르는 높은 전세 가격을 부담하며 계속 전세에 머물고 있다. 집을 살 능력이 충분한데도 전세로 남아 있는 것은 주거비용이 가장 적게 들기 때문이다. 정작 집값이 떨어질 것 같아 사지 않는다면 투자자와 무엇이 다른가? 실수요자 역시 집을 사면 자기 집값이 올라갈 것으로 기대하고 있다. 주택 가격 상승을 확신하지 못해 매입하지 않는 일종의 판단 문제다. 종전에 주택시장이 침체할 것을 우려하고 전세에 계속 머무는 현상이 지배적이었다. 고가 전세에 거주하는 집 없는 세입자는 투자자와 구별의 실익이 거의 없다. 투자자는 주택 가격 하락의 위험을 감수하고 매입했다는 것이 차이다.

다주택자는 규제해야 할 투기꾼이 아니다! 다주택자는 민간 임대주택 공급자로서 주택시장 안정에 일조하고 있다. 특히 정부의 서민주택 공급 역할을 대행하는 측면도 있다. 주택임대사업 등록을 한 정당한 다주택자를 집이 많다는 이유로 매도할 명분은 없다. 주택임대사업 등록을 하지 않은 다주택자를 관리 가능한 임대사업자로 편입하기 위한 제도를 개선하면 된다. 아울러 충분한 인센티브를 제공하고 그에 걸맞은 역할을 부여하면 된다.

다주택자에게 집을 팔라고 하는 부분에서도 고민이 필요하다. 세금 중과세를 통한 유도보다는 정부의 공약처럼 중장기적으로 '보유세 강화, 거래세 완화'라는 조세체계가 갖춰져야한다. 거래세인 양도소득세를 낮춰야 하고, 대신 보유세는 늘려야 하는 식이다. 다주택자의 매물이 시장에서 적정하게 거래되는 것이 오히려 시장가격을 안정시킬 수 있다. 집을 여러 채 보유하는 대신 그에 상응하는 기회와 비용을 물게 하면 된다. 주택시장 안정을 위해서는 실수요자 보호도 필요하지만, 주택공급자 역할을 하는 다주택자를 시장논리에 맞게 인정하고 대우해야 한다.

48
세금으로 부동산 가격을
잡아야 한다?

| 손재영 |

　정부의 강력한 대책에 잠시 움츠러들었던 주택시장이 강남 재건축 단지를 중심으로 조금씩 회복되는 모습을 보이자, 정부가 주택 보유과세를 강화할 준비를 하고 있다는 소식이 들린다. 세금 부담을 높여서 부동산 가격을 잡는다는 발상은 구태의연한 것이다. 1960년대 중반부터 역대 정부는 부동산 가격급등이 부동산에 대한 무차별적 투자, 즉 투기에 기인한다는 진단을 내리고, 투기를 억제해 부동산 가격을 안정시킨다는 목표 아래 정책을 운용했다. 투기억제를 위한 최초의 구체적인 시도가 1967년의 부동산투기억제세였다. 당시 정부는 "근년간 서울특별시 지가변동을 보면 1962~66년 기간 중 대지의 평균 지가지수는 2.39배 증가했으며, 공장지는 2.08배로 각각 배증하고 있다"고 배경을 설명하면서 이런 지가상승을 막기 위해 투기행위에 중과세 조치를 시행했다.

부동산투기억제세는 서울, 부산 등의 대도시지역에서 일정 기준 이상의 토지를 소유한 자가 토지를 양도한 경우 양도차익의 50%를 부과했다. 특이한 것은 쓰지 않고 비워둔 공지에 대해서는 2년마다 평가해 미실현상태의 자본이득에 대해서도 과세하고자 했다. 부동산투기억제세는 이후 양도소득세로 발전됐고, 일정한 기준하에 투기 의심자에 대해서는 강력한 제재를 가하고 실수요자는 보호하는 기조가 이후의 부동산 조세들에서도 그대로 채택됐다.

세금을 올려서 부동산 가격을 잡는다는 원리, 그리고 그 결과는 다음과 같은 비유로 설명할 수 있다. 장사가 잘되는 어떤 노점의 한 달 순수입이 500만 원인데, 권리금이 5,000만 원이라고 가정하자. 어느 날 인근 불량배가 와서 "오늘부터 내가 보호해줄 테니 수입의 10%를 내라"고 협박했고 노점상은 어쩔 수 없이 그러기로 했다. 수입이 10% 줄어든 만큼 노점의 권리금도 10% 낮은 4,500만 원이 될 공산이 크다. 이 노점상이 4,500만 원에 좌판을 넘긴다고 하면, 싸게 넘겨받은 사람은 횡재를 할까? 그렇지 않다. 싸게 산 대신 매달 자릿세를 내야 하기 때문이다.[1] 그런데, 불량배가 걷어가는 자릿세는 노점의 "공급"에 영향을 준다. 예컨대 새로 노점을 차리는 데 이래저래 4,700

---

1) 불량배가 자릿세를 요구하기 전 권리금 대비 순수입의 비율이 10%(=수입 500만 원/권리금 5,000만 원)였는데, 불량배 등장 이후 노점을 싸게 산 사람의 권리금 대비 순수입 비율은 여전히 10%{=(수입 500만 원-자릿세 50만 원)/권리금 4,500만 원}임.

만 원이 소요된다면, 노점을 차려봤자 그 가치가 4,500만 원밖에 되지 않으니 앞으로 노점이 생기지 않을 것이다.

세금이 주택시장에 미치는 영향도 유사하다. 주택 소유자의 수입을 줄여서 일부의 재산권이 정부로 넘어가는 효과를 가지기 때문에 부동산 가격이 떨어진다. 가격이 떨어져도 다음에 집을 산 사람에게 큰 이득이 없다. 싸게 집을 사는 대신 보유기간 동안 높은 세금을 내야 하기 때문이다. 장기적으로는, 세금 때문에 주택의 공급이 줄어든다. 주택은 토지와 자본의 결합인데, 세금이 자본의 수익률은 낮추고 투자를 줄이기 때문이다. 이는 자칫 임대료의 상승을 가져오고 세입자에게 세금이 귀착된다.

정부의 생각은 우리나라 부동산 세금이 워낙 낮으니 좀 올려도 된다는 것 같다. 그러나 우리의 부동산 조세부담은 세계적으로 높은 수준이다. [표]의 OECD 35개국 비교표를 보면 2016년 OECD 평균 GDP 대비 부동산세의 비중이 1.92%인데 비해 우리나라의 비중은 3.04%로 평균보다 훨씬 높다. 모든 국제비교가 그렇듯이 [표]에 나온 통계에는 나라마다 특이사항이 있고 이를 완벽하게 통제하기는 힘들다. 그렇더라도 우리나라가 세계에서 부동산 세금을 가장 많이 거두는 나라 중의 하나임은 분명하다.

그렇다면, 강남아파트 세금이 소형자동차 세금보다 작으니 세금을 더 올려야 한다는 주장은 어떻게 봐야 하나? [표]에서 보듯이 우리나라의 보유세 비중은 비교적 낮고 거래세의 비중이 세계 1위이다. 보유세가 낮다고 해도 30개국 중 16번째로 중위권의 세금부담을 하고 있다. 미국을 기준으로 해서 보유세 부담이 시가의 1% 정도가 되도록 올려야 한다는 주장은 세계에서 가장 높은 보유세 부담을 지워야 한다는 주장이다. 부동산에 한이 맺히지 않았다면 거래세도 1등, 보유세도 1등 해야 한다는 주장에 동의하기 힘들다.

〈표 1〉 OECD 주요국의 GDP대비 부동산 과세 비율(2016년)

	재산과세 (보유과세+거래과세)		보유과세		거래과세	
	%	순위	%	순위	%	순위
United Kingdom	4.19	1	3.11	1	0.83	5
France	4.10	2	2.65	3	0.68	6
Canada	3.78	3	3.06	2	0.24	24
Korea	3.04	7	0.80	16	1.92	1
United States	2.66	9	2.48	4	0.00	31
Japan	2.53	12	1.87	7	0.27	22
Switzerland	1.88	15	0.18	30	0.27	21
Netherlands	1.53	17	0.94	14	0.33	14
Ireland	1.33	20	0.59	21	0.59	9
Portugal	1.28	21	0.81	15	0.47	11
Norway	1.23	22	0.44	23	0.28	19
Turkey	1.23	23	0.26	27	0.95	4
Germany	1.06	25	0.43	24	0.40	13
Sweden	1.06	26	0.76	18	0.29	17
Austria	0.56	30	0.22	28	0.32	16
OECD 평균	1.92		1.10		0.44	

주: 표에서 순위는 OECD 35개국 중 2016년 자료가 있는 33개국(합계) 또는 31개국(보유과세, 거래과세) 중의 순위임.
자료: OECD homepage, 2018.2.2.

두 번째 흔히 듣는 논리는 세금을 강화하면 불필요한 토지 보유를 막아서 가격이 안정된다는 것이다. 여론조사에서 많은 사람이 부동산 중과세 정책을 지지하는 이유는 "그래도 집값이 떨어지면 좋지 않은가?"하는 바람 때문이다. 이론적으로 보면 보유과세 인상은 일회적인 부동산 가격하락을 가져온다. 그러나 그 이후의 부동산 투자는 세금과 무관하게 진행되며 그때그때의 수급 상황에 따라 가격이 오르기도 하고 내리기도 할 것이다. 미국의 많은 대도시가 오래전부터 실효세율 1% 수준의 보유과세를 부과하고 있으나 2000년대 초중반에 주택 가격이 크게 오른 것이 좋은 예다.

보다 중요한 것은 세부담 증가의 장기적 효과다. 주택은 투자를 통해 공급이 늘어나는 재화인데, 미국발 금융위기 이후 수도권 시장에서 보듯이 주택은 이익이 날 수도 손실이 날 수도 있는 투자자산이다. 주택에 투자해 국가의 주택재고를 늘리고 국민 주거안정에 기여하는 사람들을 지원하고 격려하기 위해 대부분 나라는 주택소유에 대해 세제혜택을 주고 있다. 좀 더 넓게 보면, 주택을 포함하는 모든 형태의 자본에 투자해 자본축적에 기여하는 사람들에게 세제상 혜택을 주는 나라가 많다. 자본이득과 일반소득 중 어느 쪽에 더 무거운 세금을 부과할 것인가의 문제에 대해, 많은 나라에서 자본이득을 일반소득보다 낮게 과세하거나 아예 과세하지 않아야 한다고 생각한다. 미국의 저명한 경제학자인 프레스콧(Edward C. Prescott)

교수는 "경제를 활기차게 만드는 것은 위험을 감수하고 혁신하며 재원을 조달해 새로운 사람을 고용하고 옛 틀을 파괴하는 경제주체들의 자발적인 의사다. 자본이득과세의 증가는 이러한 활력에 대한 직접적인 과세다"라고 비판하고 있다.

셋째로, 다주택자들에 대한 부정적인 시각이 세금을 올려야 한다는 여론을 뒷받침하고 있다. 다주택자들이 남들의 내 집 마련 기회를 빼앗고 있기 때문에 벌금을 물리는 것이 정의라고 생각하는 것이다. 그러나 다주택자들의 역할에는 긍정적인 측면이 많다. 다주택자도 집 한 채에서 살 뿐이고, 나머지 집은 임대한다. 2010년 센서스에 의하면 우리나라에서 자기 집에 살고 있는 사람들은 전 가구의 54.5%다. 나머지 약 800만 가구가 남의 집을 임차해서 살고 있다. 그중 135만 가구는 정부나 기업, 임대사업자 등이 제공하는 각종 제도권 임대주택에 살고 있고, 나머지 665만 가구 대부분이 다주택자가 임대하는 주택에서 산다.[2]

2000년 이래 모든 정부가 공공임대주택 공급을 늘리려고 애쓰고 있는데, 호당 건설비가 거의 1억 원에 달한다. 정부가 다주택자들의 역할을 대신하려면 천문학적 예산이 필요하다. 정

---

2) 엄밀히 말하면, 다가구주택은 법상 단독주택 한 채인 것으로 분류돼 다주택자가 아니지만, 다가구주택 보유자도 임대수입과 자본이득을 목적으로 하는 부동산 투자자이므로 여기서 굳이 구분하지 않음

부 입장에서 보면 다주택자가 제공하는 임대주택 공급 물량이 공짜로 굴러 들어온 노다지라고 할 수 있다. 정부 지원 없이 다주택자들이 제공하는 임대주택을 굳이 없애고, 그만큼을 국민 혈세를 써서 다시 채워야 할 이유를 찾기 어렵다.

49

양도소득세를 높이면
주택 가격이 낮아질까?

| 박정현 |

2017년 8월 2일 발표된 〈실수요자 보호와 단기 투기수요 억제를 통한 주택시장 안정화 방안〉에서 실수요 중심의 주택수요 관리 강화의 첫 번째 수단으로 양도소득세를 강화시킨 것처럼 역대 정부에서 양도소득세는 주택 가격 조절 수단으로 적극 활용돼왔다. 세 부담의 변화가 주택 수요를 변화시켜 가격에 영향을 미칠 것으로 기대되기 때문이다. 양도소득세란 개인이 자산의 양도를 통해 실현하는 자본이득(Capital Gain)을 다른 통상의 소득(Ordinary Income)과 구분해 종합소득세와 별도로 납부하는 조세다. 주택 양도소득세의 가장 큰 특징은 1세대 1주택자에 대한 양도소득세 비과세와 다주택자에 대한 중과세다. 1세대 1주택 비과세는 생계를 같이하는 한 가구로서의 1세대가 2년 이상 보유했던 주택의 양도차익은 양도 당시 주거용 건물 1채만 갖고 있다면 과세하지 않

는 것이다. 다만, 양도가액이 9억 원을 초과하는 고가주택인 경우에는 양도가액이 9억 원을 초과하는 부분에 대한 양도차익은 과세한다.

양도가액에서 취득가액과 필요경비를 차감해 양도차익을 계산하고 3년 이상 보유하고 양도하는 토지, 건물(미등기 제외)의 양도차익에서 보유기간에 따른 공제율을 적용해서 계산한 장기보유특별공제액을 차감해서 양도소득을 계산한다. 양도차익 이후 과세표준은 장기보유특별공제에 의해 결정되기 때문에 다주택자에 대해 장기보유특별공제를 배제하면 중과세하는 것이고 반대로 1세대 1주택자에 높은 공제율을 적용하면 양도세 감면혜택을 추가로 주는 것이다. 2007년까지 장기보유특별공제율은 보유기간에 대한 차등만 두었는데 2008년부터는 1세대 1주택 장기보유특별공제율을 토지·건물·다주택자(1세대 1주택 외)와 구분해서 이원화해 운용하고 있다. 현행 세법상 10년 이상 보유한 경우라면 더 오래 보유해도 장기보유특별공제율은 늘어나지 않는데, 10년 이상 보유시 장기보유특별공제율은 '1세대 1주택'의 경우는 80%, '1세대 1주택 외'는 30%고 2018년 4월 1일 이후 양도분부터 다주택자의 장기보유특별공제는 배제된다.

양도소득세 세율은 2008년까지는 9~36%의 4단계 초과누진체계였으며, 2014년 이후 6~38%의 5단계 초과누진체계를 거쳐 2017년 6~40%의 6단계 초과누진세율이 적용되고 있는 데 2018년부터는 5억 초과 최고세율 42% 구간이 신설돼 총 7 단체 초과누진세율 체계가 된다. 2002년 부동산 가격이 단기 간에 급등하자 2003년 〈10.29 주택시장안정종합대책〉을 통해 2004년부터 1세대 3주택 이상에 대해서 60%의 단일세율과 장기보유특별공제 배제를 적용해 중과세했다. 그 이후에도 부동산 가격이 계속 상승하자 2005년 〈8.31 서민주거안정과 부동산 투기억제를 위한 부동산제도 개혁방안〉을 통해 2007 년부터 1세대 2주택에 대해서도 50%의 단일세율과 장기보유 특별공제 배제를 적용해 중과세했다.

주택시장이 침체되기 시작한 이후 한시적으로 2009년 3월 부터 2010년 12월 말까지의 양도분에 한해 다주택자 양도소 득에 대해 중과세율을 기본세율로 과세하기로 했고 2012년부 터 다주택자에 대한 장기보유특별공제도 다시 적용됐다. 일 몰기간이 2차례 연장돼 2013년 말까지 기본세율이 적용되다 가 2014년부터 다주택자 단일세율 중과규정이 폐지됐는데, 지난 8월 2일 발표된 〈8.2 실수요자 보호와 단기투기수요 억 제를 통한 주택시장 안정화 방안〉에 따라 2018년 4월 1일 이 후 양도분부터 2주택자는 기본세율에 10%p를 가산하고 3주 택자 이상은 20%p를 가산한다. 다주택자에 대한 중과세가 다 시 시작된 것이다.

주택 양도소득세 개편은 주택수요뿐만 아니라 주택공급에
도 영향을 미친다. 양도소득세 개편이 주택수요에 미치는 효
과는 사용자비용을 포함한 주택수요함수를 이용해 분석할 수
있는데, 양도소득세는 주택 가격상승에 따른 자본이득의 확보
를 어렵게 하므로 주택수요 특히 투자목적의 수요를 억제하
는 기능을 가진다. 공급 측면에서 고려해야 할 점은 양도소득
세는 주택을 처분해 자본이득이 실현됐을 때 부과되므로 납
세자는 주택을 처분하지 않고 계속 보유해 세 부담을 계속 연
기 할 수 있다는 것이다. 조세에 대한 고려가 없었다면 처분했
을 자산이지만 그 자산에 누적된 자본이득에 대한 과세를 이
연해 당장의 세 부담을 줄이려는 목적으로 자산을 계속 보유
하게 되는 공급동결효과(Lock-in Effect)가 존재하면 양도소
득세 개편으로 당초 의도와는 달리 주택공급이 감소해서 주택
가격상승을 가져올 수 있다.

자본이득과세와 관련해서 2000년대 들어 주택 가격이 급등
하자 참여정부시절 주택 가격을 안정시키고자 다주택자에 대
한 양도소득세를 중과하기 시작했다. 정운오·박성욱(2009)은
이러한 제도의 도입은 다주택자의 부동산 보유 및 양도로 인
한 조세부담을 급격히 증가시켰고 다주택자들은 조세부담을
경감하기 위해 제도의 시행 전에 주택을 양도했거나 또는 양
도소득세 중과기간 동안은 과도한 세 부담으로 부동산을 양
도하지 못했을 가능성이 상당히 크다고 했고, 박명호(2009)는

참여정부 시절 양도소득 중과세도의 부동산 가격 안정 효과를 다른 정책 효과와 분리해 식별하기 어렵지만 단기적으로 부동산 가격 안정 효과는 미약하고 다주택자 양도소득 중과제도의 주택거래량 축소 효과는 상당한 것으로 판단된다고 했다.

양도소득세가 증가하면 주택수요곡선이 감소해 거래량은 감소하고 가격은 하락하지만, 양도소득세의 공급동결효과가 나타난다면 주택공급곡선도 감소해 거래량은 더 많이 감소하고 가격은 상승하게 된다. 즉, 양도소득세 증가는 자본이득을 줄여 실질 사용자비용을 증가시키고 주택수요를 감소시켜 거래가 줄고 주택 가격은 하락하는데, 동결효과가 존재한다면 시장에 대한 공급을 제한해 가격은 오히려 상승하고 거래량은 더욱 감소할 수 있다는 것이다. 이번 주택 양도소득세 개편으로 다주택자의 경우 보유기간이 길수록 세 부담이 증가하므로 공급동결효과가 발생할 가능성이 크다. 공급동결효과가 클 경우, 부동산 매각을 지연시켜 공급부족 및 가격상승을 초래할 수도 있는데, 실제로 김명숙(1989)은 우리나라에서 양도소득세가 이런 효과를 가지고 있다는 실증분석 결과를 제시했다.

손경환(2001)은 부동산 양도소득세의 부과로 인한 수요 감소보다 공급동결 효과가 클수록 또는 수요에 비해 공급의 가격탄력성이 높을수록 수요·공급의 새로운 균형점은 가격이 상승하고 거래량이 더욱 감소하는 수준에서 결정된다고 했다. 이것은 양도소득세를 높이면 사용자비용이 증가해 주택 수요가 감소하지만 조세의 동결효과로 주택공급도 감소하는데 이때, '주택수요 감소효과'보다 '주택공급 감소효과'가 더 크다면 양도소득세 중과로 오히려 주택 가격이 상승한다는 것이다.

주택 양도소득세 개편으로 실제 주택 가격이 상승·하락했는지는 주관적 균형이 아니라 시장균형에 의해서 파악돼야 한다. 주택시장에서 거래량과 가격의 새로운 균형점은 주택 양도소득세 개편 후 신규수요곡선과 신규공급공선이 교차하는 점에서 결정된다. 만약, 그동안 주택시장에 양도소득세의 공급동결효과가 존재했다면 2017년 8월 2일 발표된 양도소득세제 개편에 포함된 다주택자 세율인상과 장기보유특별공제 배제는 공급동결효과를 강화시켜 주택공급을 감소시킬 것이다. 물론, 양도소득세제의 개편이 수요와 공급 중 어느 쪽에 더 많은 영향을 미치는가에 따라 주택 가격이 상승할 수도 하락할 수도 있을 것이나 이를 계량적으로 특정하기는 어렵다. 다만, 주택시장에 양도소득세의 공급동결효과가 존재한다면 이번 양도소득세제 개편으로 주택 가격이 하락할 것으로 단정 지을 수는 없다.

양도소득세제 개편에 관한 그동안의 논의에 있어서 가장 큰 문제는 이번 세제개편의 명칭에서도 알 수 있듯이 투기성 단기매매의 억제에 역점을 둔 나머지 장기보유에 따른 공급동결의 문제를 소홀히 다루고 있다는 점이다. 양도소득세는 자산을 처분해 자본이득이 실현됐을 때 부과하므로 주택시장에 양도소득세의 공급동결효과가 존재한다면 양도소득세제가 일정한 경우에도 납세자가 주택을 처분하지 않고 계속 보유함으로써 세부담을 연기하는 만큼 이번 주택 양도소득세 개편으로 공급동결효과가 강화되면 당초 의도와는 다르게 오히려 주택 가격이 상승할 수 있다.

〈참고문헌〉
· 김명숙, 「양도소득세의 공급동결효과와 개선방향」, 한국개발연구원, 1989.
· 손경환, 「양도소득세제 개편의 주택시장 파급효과」, 국토연구원, 2001.
· 노영훈, 「주택에 대한 양도소득세제 개편연구」, 한국조세재정연구원, 2005.
· 박명호, 「양도소득세 중과제도 개편 필요성과 향후 과제」, 한국조세재정연구원, 2009.
· 정운오·박성욱, 「부동산세제 강화가 부동산 매매거래에 미친 영향」, 한국경영학회, 2009.

50

비싼 아파트를 보유하면
보유세를 많이 내야 한다?

| 박정현 |

부동산 투기억제를 목표로 부동산 보유과세를 강화하기 위한 구체적인 방안들이 곧 발표될 것이라는 예측이 심심치 않게 들리고 있다. 지난 참여정부에서 2003년 부동산 보유과세 개편안을 발표할 때 개편안의 핵심목표로 보유과세 강화를 통한 시장안정화를 들었기 때문이다. 2000년대의 부동산 가격 급등기에 부동산세제의 모든 측면에서 큰 변화가 있었다. 2003년 9월 1일 발표된 〈부동산 보유세 개편방안〉에서 정부는 보유과세를 강화해 시장을 안정시키고, 과세표준을 현실화해 주택 가격 대비 공평성을 향상시키기 위해서 〈주택 가격공시제도〉를 도입하고, 부동산 보유세 대한 조세부담의 형평성 제고·부동산 가격안정 및 서민 주거안정 도모·지방재정의 균형발전과 국가경제의 건전한 발전의 재정목표를 달성하기 위해서 종합부동산세를 신설한다고 발표했고 이 제도들은

2005년부터 시행돼 운용되고 있다. 주택 가격공시제도 도입과 종합부동산세 신설로 인해 주택의 보유세가 2005년 이후 크게 증가했다.

우리나라의 부동산 보유단계의 과세는 2단계로 구성된다. 먼저 1차적으로 시·군·구에서 관내 부동산에 대해 재산세를 과세하고, 2차적으로 중앙정부가 전국의 소유 부동산가액이 일정기준을 초과하는 자를 대상으로 종합부동산세를 과세한다. 종합부동산세는 부유세의 일종으로 토지·주택을 일정액 이상 보유한 경우에 한해 과세한다. 종합부동산세 세수는 2007년 2.8조, 2008년 2.3조로 정점에 달한 후 2009년 이후 1조 원 내외의 규모로 크게 감소했다. 이유는 2008년 종합부동산세 세대별 합산방식 대한 헌법재판소 위헌 결정으로 세대별 합산에서 인별 합산으로 부과방식이 변경됨에 따라 종합부동산세의 보유과세 강화의 기능이 크게 약화됐기 때문이다. 2009년도에 재산세도 주택분에 대한 재산세 세액공제를 통해 추가적으로 세부담이 완화되는 조치가 취해져서 부동산 보유세가 감소했다. 부동산 가격이 상승할 때마다 부동산 보유과세를 강화하면 투기가 억제돼 부동산 가격안정에 크게 기여할 것이라는 주장과 국민에게 조세부담만 가중시킬 뿐 부동산 투기를 근절시키지는 못한다는 주장이 동시에 제기된다. 이와 관련해 부동산 보유과세 강화정책의 타당성과 관련된 논의를 살펴보고자 한다.

조세란 국가 또는 지방자치단체라는 공권력을 가진 단체가 재정조달의 목적으로 그의 과세 권력에 의해 법률에 규정된 과세요건을 충족한 모든 사람에 대해 강제력에 의해 부과·징수하는 금전급부이며 특별급부에 대한 반대급부가 아니다. 최명근(2005년)은 이를 경제학적으로 정의하면 조세란 국가 또는 지방자치단체라는 공권력단체가 그의 재정수요(Public Want)를 충족하기 위해 국민경제 내부에서 생산돼 개인의 소유로 귀속된 부 가운데 일부를 권력적 강제력에 의해 국가 또는 지방자치단체의 소유로 이전시키는 수단이라고 했다. 이러한 의미에서 어떤 조세제도의 좋고 나쁨을 따질 때 우선적으로 공평한 조세부담의 분배가 이뤄졌나를 따지게 되는 것은 지극히 당연한 일이다. 부동산 보유과세의 본질로서 가장 핵심적인 것은 납세자들의 부담능력에 따라 공평한 세 부담을 실현하는 것이다. 보유세는 재산의 보유를 과세대상으로 하는 조세이므로, 재산가액(시장가격 또는 실거래가)에서 보유세가 차지하는 비율인 실효세율로 조세부담을 정의하는 것이 가장 적절하다. 보유세 부담은 보유세 금액 자체가 아니라 재산가액에서 차지하는 보유세액의 비율로 측정된다.

공평한 조세부담에 대한 접근법은 크게 둘로 나눌 수 있다. 첫 번째는 납세자가 정부로부터 받는 혜택에 비례하도록 세부담을 분배하는 것이다. 편익에 따른 세부담은 정부로부터 제공받는 공공서비스에 대한 비용차원에서 조세를 부담하는 방법으로 정부에서 제공하는 서비스에 대한 편익이 세부담 분배의 기초가 된다. 이 이론을 제시한 빅셀(K. Wicksell, 1896)은 일반적으로 물건을 선택할 때, 각자의 편익에 따라 물건을 선택하고 그에 대한 비용을 지불하듯이 정부에서 제공하는 공공서비스의 편익에 대한 대가를 비용차원에서 조세로 납부해야 한다고 했다. 특히 지방정부에서 제공하는 도로, 도서관 등 각종 공공서비스 편익이 주택 등 해당지역의 부동산 가치에 반영되기 때문에, 편익에 따른 세부담의 원칙에 적합한 조세로 재산세가 가장 바람직하다는 것이다.

버드·슬랙(Bird and Slack, 2002)은 토지와 같은 부동산은 지역과 지역 간의 이동이 어려우므로 해당 지방정부에서 제공하는 서비스에 대한 편익이 자본가치로 내재화된다는 특성이 있기 때문에 재산세가 대표적인 편익과세로 인식되고 있다고 했다. 응익원칙(Benefit Principle)이라고 불리는 이 접근법은 정부로부터 받는 혜택의 귀속이 분명할 때는 설득력이 크겠지만 현실적으로 혜택의 귀속이 불분명할 때가 더 많다. 혜택을 받는 사람과 조세를 내는 사람을 명백하게 연관 짓기가 힘든 비배재성과 비경쟁성 등 공공재 특성의 문제가 발생되는 것이 보통이기 때문에 공평성의 원칙으로 널리 받아들여지지는 못하고 있다.

두 번째 접근법은 납세자의 경제적 능력에 따라 조세부담을 분배하는 것이 공평하다는 응능원칙(Ability-to-pay Principle)이다. 응능원칙의 구체적인 실천지침으로서 수평적 공평성(Horizontal Equity)과 수직적 공평성(Vertical Equity)이 있다. 수평적 공평성은 동일한 경제적 능력을 가진 사람에게 동일한 부담을 지워야 한다는 원칙으로 이를 부동산 보유과세에 적용하면 부동산 가치가 같으면 동일한 세부담을 해야 한다는 것이고, 수직적 공평성은 상이한 경제적 능력을 가진 사람은 상이하게 취급돼야 한다는 원칙으로 이를 부동산 보유과세에 적용하면 부동산 가치를 부담능력의 척도로 간주해 부동산의 가치가 클수록 더 많은 세부담을 해야 한다는 것이다.

부동산 보유과세가 부담능력을 충실하게 반영해 과세하는 세목인가를 보기 위해서는 조세의 부담능력이란 무엇이며 이를 어떻게 측정할 것인지에 대한 논의가 필요하다. 경제적 능력에 대한 세부담은 애덤 스미스(A. Smith)와 존 스튜어트 밀(J. S. Mill) 등에 의해 주장됐다. 존 스튜어트 밀은 공평한 세부담은 납세자가 세를 부담함으로써 자신의 효용이 희생하는 것으로 그 희생의 정도가 납세자간에 공평하면 된다고 했고, 펠드스타인(Feldstein, 1976)도 공평한 세부담이 되도록 하기 위해서는 조세를 부담하기 이전의 효용과 세부담 이후의 효용이 동일하도록 해야 한다고 했다. 원윤희(2005)는 이러한 주장은 이론적으로는 가능할 수 있으나 우선 납세자 개개인의 희생 정도에 대한 측정이 어려울 뿐만 아니라 이러한 논리가 실현되려면 납세자가 소유하고 있는 모든 부와 부채에 대한 측정이 가능해야만 할 것이기 때문에 현실적으로 적용하기에 불가능하다고 했다.

부에 대한 정확한 측정이 가능하다면 포괄적으로 부동산·금융자산·서화·골동품·내구재 등 총자산에서 총부채를 차감한 순자산이 일정 규모 이상이면 과세하는 부유세(Net Wealth Tax)가 재산보유세보다 납세자들의 부담능력에 따른 공평한 세부담을 실현할 수 있을 것이다. 다만, 현실적으로 재산파악의 어려움과 재산평가의 어려움으로 아시아권에서는 인도·스리랑카·파키스탄이 부유세를 시행 중이고 일본도 잠시 시행해본 경험이 있다. 재산을 기준으로 납세자들의 부담능력을 평가한다면 토지와 건물 등 부동산뿐만 아니라 현금과 금융상품은 물론 내구제 등 모두를 포함하는 것이나, 현실적으로 납세자들이 보유하는 모든 재산을 파악해 매년 평가한다는 것은 극히 어려운 일이므로 현재의 재산보유과세는 부동산 과세로 국한된다. 경제가 단순하던 시절에는 부동산은 개인이 소유한 자산의 큰 부분을 차지할 수 있었겠지만 현대사회는 부동산 이외에 유형·무형자산의 종류가 다양하게 변화해서 개인이 보유하는 자산 구성에 있어 부동산이 차지하는 비중에 따라 부담능력에 따른 실제 세부담의 정도가 달라진다. 현실에서의 재산보유과세는 상대적으로 가치평가가 용이한 부동산을 중심으로 이뤄지게 되므로 부담능력에 따른 공

평과세 관점에서 볼 때 부동산 보유과세의 역할은 극히 제한적이라고 할 수 있다

국가별 조세부담 비교에서 법정세율을 비교하는 것은 의미가 없고 소득대비 조세부담의 정도가 중요한 지표다. OECD 국가들의 GDP 대비 재산과세 비중은 1.9% 수준을 꾸준히 유지하고 있고 세제개편사항도 거의 없는 반면 우리나라는 주택 가격공시제도 도입과 종합부동산세 신설 등 보유과세 제도의 급격한 변화가 있었고 GDP 대비 재산과세 비중이 크게 상승해 최근 3.1% 수준으로 비교적 높은 수준의 과세가 이뤄지고 있다. 재산과세 조세부담률이 OECD 평균을 초과하는 반면 GDP대비 소득과세와 소비과세 비중은 OECD 평균에 미달해 소득과세 조세부담률과 소비과세 조세부담률은 상대적으로 낮은 수준이다.

세원별 비교분석에서 재산과세의 총조세 대비 비중은 우리나라가 호주·캐나다·이스라엘·영국·미국과 함께 10%를 초과해 영국 다음으로 높은 수준이며, OECD 평균을 두 배 이상 초과하고 있다. OECD 국가 재산과세를 비교분석 하면 우리나라의 재산과세 비중은 GDP대비 비중과 총조세 대비 비중두 가지 모두에서 평균을 크게 초과하고 있음을 알 수 있다.

〈표 1〉 2015년 OECD 조세부담 비교

국가	OECD GDP대비 비중 % of GDP			OECD 세원별 비중 % of Taxation		
	소득과세 Taxes on per- sonnal Income, corporate profit	재산과세 Taxes on Property	소비과세 Taxes on goods and service	소득과세 Taxes on per- sonnal Income, corporate profi	재산과세 Taxes on Property	소비과세 Taxes on goods and service
호주	16.0	3.0	7.8	56.7	10.7	27.5
오스트리아	12.8	0.6	11.9	29.3	1.3	27.3
벨기에	16.0	3.5	10.7	35.7	7.8	23.8
캐나다	15.0	3.8	7.4	46.8	11.8	23.1
칠레	6.3	0.9	11.1	30.9	4.4	54.1
체코	7.2	0.5	11.2	21.5	1.4	33.4
덴마크	27.9	1.9	14.5	60.7	4.1	31.6
에스토니아	7.9	0.3	14.2	23.3	0.8	41.8
핀란드	15.4	1.4	14.2	35.2	3.3	32.3
프랑스	10.6	4.0	11.0	23.5	9.0	24.3
독일	11.6	1.1	10.3	31.5	2.9	27.8
그리스	7.6	3.1	14.3	21.0	8.5	39.4
헝가리	7.1	1.3	17.1	18.3	3.3	43.8
아이슬란드	15.9	2.0	11.9	43.2	5.4	32.4
아일랜드	9.9	1.5	7.5	43.0	6.4	32.6
이스라엘	9.0	3.3	11.9	28.9	10.6	38.0
이탈리아	13.3	2.8	11.8	30.7	6.5	27.3
일본	9.6	2.5	6.4	31.2	8.2	21.0
한국	7.6	3.1	7.1	30.3	12.4	28.0
룩셈부르크	13.4	3.3	9.4	36.4	8.9	25.5
멕시코	6.6	0.3	6.3	40.3	2.0	38.6
네덜란드	10.4	1.4	11.1	27.7	3.8	29.6
뉴질랜드	17.1	2.0	12.7	51.9	6.1	38.3
노르웨이	15.1	1.1	11.6	39.4	2.9	30.3
폴란드	6.5	1.4	11.7	20.1	4.2	35.9
포르투갈	10.4	1.3	13.3	30.2	3.7	38.4
슬로바키아	6.8	0.4	10.9	21.2	1.3	33.7
슬로베니아	6.6	0.6	14.6	18.0	1.7	40.0

스페인	9.6	2.6	10.0	28.2	7.7	26.7
스웨덴	15.5	1.0	12.2	35.9	2.4	28.1
스위스	11.6	1.9	6.0	42.0	6.7	21.8
터키	5.1	1.2	11.1	20.3	4.8	44.3
영국	11.5	4.1	10.7	35.3	12.6	32.9
미국	12.9	2.7	4.5	49.1	10.3	17.0
라트비아	7.5	1.0	12.0	25.9	3.4	41.3
OECD 평균	11.2	1.9	10.9	33.5	5.8	32.4

자료 : OECD, Revenue Statistics, 2015
주 : 재산과세(Taxes on Property)는 부동산세, 재산세, 상속증여세, 금융 및 자본거래세로 구성

경제적 부담능력에 따른 공평과세의 실현이라는 관점에서 볼 때, 부동산의 재산보유과세의 역할은 매우 제한적이라고 할 수 있다. 그러한 이유로 대부분 국가에서는 소득과세를 부담능력에 따른 과세로 보고 부동산에 대한 과세는 소득과세의 보완적 기능을 담당하도록 한다. 부동산 보유과세는 본질적으로 투기억제라는 정책적 목표보다는 부담능력에 따른 공평과세를 실현하고 지방자치단체의 재정수입을 조달하는 세목으로 의미를 가지기 때문에 투기억제라는 국가의 부동산 정책을 위한 수단으로 활용되는 것은 제한적으로 이뤄져야 한다.

〈참고문헌〉
· 최명근, 「부동산 보유과세 부담수준에서 본 위헌 가능성」, 한국세무학회, 2005.
· 원윤희, 「부동산 보유과세의 핵심논점과 실태」, 한국세무학회, 2005.
· 박종국·이권석, 「부유세의 도입과 조세공평성」, 한국세무학회, 2006.
· Knut Wicksell, Finanzwissenschaftliche Untersuchungen, Stockholm School, 1896.

51
재건축초과이익환수제로
주택시장의 과열을 막을 수 있다?

| 이준용 |

주택재건축초과이익 환수제(이하 재건축이익환수제)의 주 목적은 주택재건축사업(이하 재건축사업)에서 발생하는 초과이익을 일정 부분 환수함으로써 주택 가격의 안정과 사회적 형평성을 기하는 것이다. 재건축이익환수제는 일부 개인 및 집단에 재산권 행사나 행동의 자유를 구속해 그렇지 않은 집단을 보호하는 규제정책(Regulatory Policy)에 해당한다. 그리고 환수한 금액은 주택도시기금과 지자체의 기금 및 특별회계에 귀속돼 주거기반시설이나 주거복지시설에 활용되므로 재배분 정책의 성격도 존재한다.

정부가 조합의 재산권 행사를 제한하되, 시장과열을 방지하고 최종 주택 소비자의 주거부담을 줄이며 발생이익의 일부를 불특정 다수에게 복지 성격의 혜택으로 돌아가게 하는 것이 정책구조의 핵심이다. 그리고 제한 수준을 최소화하면서 시장을 보다 안정시킬수록, 최종 주택 소비자의 주거부담을 줄이는 규모가 클수록 정책의 효율성을 극대화시킨다. 그러나 이 제도에 반대하는 사람들은 제도의 정당성 문제 및 위헌 소지를 제기하거나 제도 운영의 낮은 효율성을 지적하고 있다. 김성수(2006)와 성소미(2006)는 제도의 위헌성 여부에 주목했는데, 재건축 자유의 제한, 재산권 침해, 이중과세의 문제 등을 제기했다. 이주희(2008)는 이 제도가 양도세를 예납하는 효과가 있을 뿐 과도한 행정적 비용을 지불하게 하므로 제도의 과감한 정비가 필요하다고 했다.

만약 위와 같은 위헌 소지나 행정비용 등에도 불구하고 주택 가격 안정이라는 정책 목적을 달성한다면 제도 존립의 당위성이 인정될 수 있다. 하지만 주택 가격이 안정되지 않는다면 제도의 당위성이나 필요성, 그리고 효율성을 논할 수 없고, 제도 개선을 진지하게 검토해야 한다. 재건축이익환수제는 2006년 5월 24일 공포된 후 수도권은 2006년 9월 25일, 비수도권은 2009년 7월 1일부터 시행됐다. 그리고 2013년 1월 1일부터 유예돼 1차례 연장 후 2017년 현재까지 이어져 오고 있다. 아래 [그림 1]은 지역별로 재건축사업 관리처분인가 추이를 나타낸 그림이며, 가운데 점선은 재건축이익환수제가 시행된 기간을 나타낸다.

관리처분인가 후 통상적으로 1년 이내 실제 공사가 진행되는 것을 감안하면 재건축이익환수제 시행 이전에 재건축사업 진행이 가속화되는 모습을 볼 수 있다. 그리고 재건축이익환수제 이후에는 관리처분인가 건수가 급감했는데, 이러한 통계들은 제도 시행이 사업진행 시기를 앞당겼다는 사실을 보여준다. 뿐만 아니라 이러한 영향은 재건축사업 가능성을 높이고 투자수요를 끌어들여 미래의 가격상승분까지 미리 상승시키게 만든다.

[그림 1] 연도별 재건축사업 관리처분인가 추이

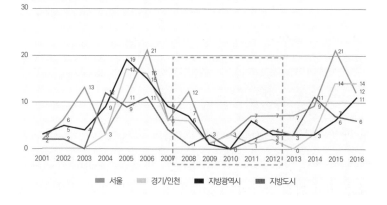

〈표 1〉은 지역별 아파트매매가격 변동률을 나타내고 있는데 음영 표시된 부분은 지역별 재건축이익환수제 시행기간을 나타낸다. 재건축이익환수제 직후 연도인 2007년 서울 지역의 연평균 변동률은 7.0%인데 직전 매매가격변동률은 23.4%

<표 1> 주요 지역별 아파트매매가격 변동률

(단위: %)

구분	전국	서울	강남3구			경기	인천	부산	대구
			서초	강남	송파				
'04	-0.6	1.0	-1.4	-3.0	-0.8	-3.5	-2.4	-1.9	0.5
'05	5.8	8.6	26.7	19.2	20.2	7.2	0.3	-0.2	9.8
'06	13.9	23.4	27.1	28.2	25.3	28.1	12.1	-0.7	1.6
'07	4.5	7.0	-0.3	-0.2	-0.5	6.9	14.8	0.7	-2.9
'08	5.1	7.0	-6.4	6.0	-8.0	3.6	19.7	5.7	-3.3
'09	1.5	2.5	5.0	6.4	4.3	-0.5	-0.8	6.0	-1.4
'10	1.9	2.0	0.6	-1.7	-1.6	-3.6	-2.8	16.0	2.1
'11	8.2	-0.4	1.2	-0.4	-0.8	1.4	-1.9	22.3	13.8
'12	-2.2	-6.7	-5.4	-12.1	-9.8	-5.3	-5.5	-3.9	6.5
'13	0.8	-1.3	-2.8	-1.1	2.5	-0.8	-0.1	-0.6	11.5
'14	2.7	2.0	2.2	3.5	1.7	2.7	3.1	1.7	7.9
'15	4.9	6.8	7.6	9.8	5.3	6.1	5.1	4.8	9.0
'16	0.7	3.2	3.9	6.0	2.2	1.1	1.3	4.2	-3.1

로 매우 높은 상승률을 보였다. 그리고 그 전년도인 2005년은 이보다 훨씬 낮은 8.6% 수준이었다. 재건축 사업장이 많았던 강남3구는 가격 상승이 더 뚜렷한데 2006년 한해 가격상승폭은 약 25~28% 수준이었다. 이를 종합하면 과거 재건축이익 환수제는 주택시장을 안정시키는 것이 아니라 제도 시행 전에 다수의 재건축사업을 조기에 앞당기고, 그에 따라 미래의 가격상승까지 미리 상승시키게끔 만든 것으로 보인다.

한편, 재건축이익환수제 시행 기간에 몇몇 사업장은 재건축 사업을 진행시켰는데, 재건축부담금 부과 건수는 5건이고 전체 부과금액은 약 22억 원이다. 사업장들의 조합원 수를 보면 모두 100인 이하의 규모로 매우 작고 아파트 단지가 아닌 연립주택 단지들이 해당된다. 그리고 조합원 1인당 부과액과 전체 사업장의 조합 부담금 총액도 개발이익의 환수액으로써 매우 적은 수준이다.

〈표 2〉 재건축부담금 부과실적 현황

사업명	위치	조합원수	준공인가일	부담금부과일	조합부과금액(만 원)	조합원 1인당 평균 부과액(만 원)
계(5건)					224,135	
정풍연립	중랑구 묵동	20인	'08.9.29	'10.10. 1	3,174	144
우성연립	중랑구 면목동	15인	'09.2.13	'10.10. 1	5,784	352
이화연립	송파구 풍납동	29인	'10.10.25	'11.10.20	981	34
한남연립	용산구 한남동	31인	'11.12.31	'12. 9.25	171,873	5,544
두산연립	강남구 청담동	68인	'10.10.20	'14.12.23	43,117	634

종합하면, 재건축이익환수제는 제도 시행에 앞서 재건축사업 시기를 앞당겼고 가격을 미리 상승시켜 주택시장을 불안정하게 만든 원인을 제공했으며, 환수실적도 매우 저조한 것으로 분석됐다. 최근 〈8.2대책〉에 따라 내년 재건축이익환수제가 재시행될 예정인데, 과거와 마찬가지로 재건축아파트 가격이 미리 상승하고 있다. 물론 주택시장이 호황이라면 이 가

격 상승이 재건축이익환수제 재시행의 영향이라고 보기 힘들 지만, 역대 최고수준의 주택공급이 집중되고 있는 등 재고주 택시장은 보합세인 상황에서 재건축 가능성이 큰 단지만 가 격상승이 지속되고 있다.

결과적으로 재건축이익환수제의 첫 시행 직전, 재시행 직전 에 재건축 사업 진행의 촉진은 재건축아파트 가격을 불안정 하게 만든 요인으로 작용했고, 현재도 그렇다. 아래 [그림 2] 와 같이 재건축이익환수제를 피할 가능성이 큰 사업장(개포주 공1단지 등)은 8.2대책 이후에도 상승하고 있고, [그림 3]의 부 산 지역의 경우 환수제를 적용받을 것 같은 사업장은 최근 들 어 시세에 큰 변화가 없다. 앞으로 재건축사업은 과거 주택을

[그림 2] 서울 재건축단지 시세 변화(3.3㎡당 단가)

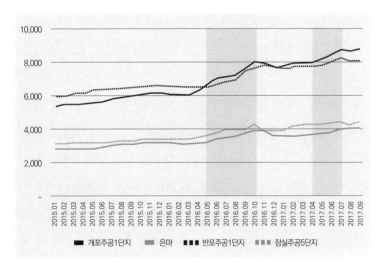

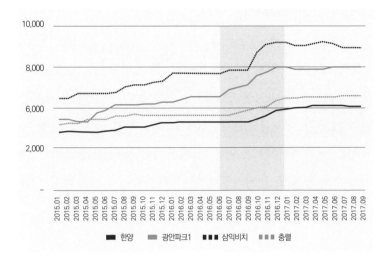

[그림 3] 부산 재건축단지 시세변화(3.3㎡당 단가)

범례: ■ 한양   ■ 광안파크1   ▪▪▪ 삼익비치   ▪▪▪ 충렬

대량 공급했던 지역 순서와 유사하게 진행될 것이고, 사업성을 높이기 위해 종상향 등 건설사나 조합의 요구로 개발이익은 반드시 발생할 수밖에 없다.

이 과정에서 재건축 시장의 과열을 막을 수 없다면 이러한 개발이익이 발생하는 것 자체를 원천 차단하는 방법과 제대로 된 기준하에 개발이익을 환수할 수 있도록 제도를 개선하는 방법이 있다. 수많은 이해관계와 막대한 개발이익을 얻은 경험, 그리고 여러 다른 제도들이 얽혀있는 만큼 재건축사업에서의 개발이익 개념과 이를 측정하는 기술적 문제들을 보완하는 방안이 마련돼야 한다. 그리고 해당 지역에서 감당할 수 있는 기반시설 규모와 그에 따른 적정한 주택 밀도 등도 동시에 고려돼야 할 것이다.

특히 재건축이익환수제를 유예한 후 재시행하는 경험은 정책에 대한 강한 내성을 만들었기 때문에 더 이상의 유예기간 없이 제도가 지속적으로 유지되게 해야 하며 시장에 강한 메시지를 전달해야 한다. 이러한 제도개선 노력과 영구적인 개발이익 환수 제도 유지가 담보돼야 재건축이익 환수제가 온전히 주택시장의 과열을 막는 효과를 낼 수 있을 것이다.

〈참고문헌〉
· 김성수, 「재건축부담금에 대한 헌법적 검토」, 『토지공법연구』 제31집, 한국토지공법학회, 2006.
· 성소미, 「재건축 개발이익 환수에 관한 법적 쟁점」, 『토지공법연구』 제31집, 한국토지공법학회, 2006.
· 이주희, 「재건축사업의 초과이익 환수제도의 부적정성에 관한 연구」, 『토지공법연구』 제40집, 한국토지공법학회, 2008.

52

전월세상한제는 저소득층이나
서민을 위해 필요하다?

| 이준용 |

우리나라 임대주택 계약의 주된 형태는 전세제도와 전세보증금의 일부를 월세로 전환해 월 임대료를 내는 보증부 월세제도다. 순수월세를 제외하면 상당수에 달하는 전세(반전세 포함)와 보증부 월세의 보증금은 해당 주택 가격의 50~70%, 또는 그 이상에 상당하는 가격이기 때문에 자금을 마련하는 것뿐만 아니라 재계약에 따른 보증금의 추가 인상 경우에도 큰 부담이 된다. 그렇기 때문에 언론이나 정치권에서는 주거비 부담을 경감시키기 위해서는 전월세상한제를 도입해야 한다는 목소리를 내고 있으며 세입자들도 제도의 도입을 기대하고 있다.

전월세상한제는 세입자들의 주거비 부담을 덜어주고자 하는 목적이 큰데, 제도 도입에 반대하는 쪽은 세입자의 고통은 인정하지만 제도의 부작용이 크고 오히려 세입자에게 악영향을 미치는 점을 강조한다. 과거 임대차계약 기간을 1년에서 2년으로 했을 때, 인상시키지 못하는 1년의 전세 가격 인상분을 미리 가격에 반영해 전세 가격이 급등한 것처럼 전월세상한제도 마찬가지일 것이라는 것이다. 그리고 전월세상한제와 같은 임대료 상한제는 임대인들의 수익률을 낮추기 때문에 비용부담으로 인한 관리 소홀과 임대주택 공급의 감소 또는 슬럼화가 될 우려가 있다고 한다. 특히 해외 실증연구들을 보면, 임대료 규제는 임대주택의 관리를 등한시하기 때문에 수선유지비용을 증가시키거나 신규주택 공급량을 감소시켰으며, 반대로 규제 폐지나 완화는 민간 임대시장의 활성화에 기여하는 것으로 나타났다(김경환, 2011). 또한 이면계약의 편법이 발생할 우려도 있기 때문에 시장의 건전성을 해칠 수도 있다.

분명 양쪽의 주장은 모두 일리가 있기 때문에 어느 쪽의 손을 자신 있게 들어주기 힘들지만 제도 자체가 반드시 필요한 수준인가에 대한 검토는 부족한 듯하다. 예를 들어 제도의 혜택을 받는 수혜자가 얼마인지? 제도를 도입했을 때 단기 및 장기적으로 얼마 정도의 주거비가 경감이 되는지에 대한 검토가 전제돼야 한다. 그리고 무엇보다 기초적인 검토사항은 과연 이러한 상한 기준을 국내 임대시장에 적용할 정도로 전세나 월세 가격의 상승이 심각하고 정책대상 계층이 이러한 부담을 겪고 있는가다.

현재 많이 거론되고 있는 기준은 현 주택임대차보호법의 임대료 인상 상한률인 5%[1]에 계약갱신청구권을 적용하는 것[2]인데, 장기간 전세 가격 변동 수준에 비해 적정한지에 대해 진단할 필요가 있다. 아래 그래프는 2003년 12월부터 2016년 12월[3]까지 총 13년 동안 서울 아파트 전세 가격 지수와 매월 전년 동월 대비 변동률을 나타낸 그림이다. 2006년 이후 전세 가격의 연변동률은 전년 대비해서 연 5%를 상회하고 있고, 2008년 이후에는 연 5%를 하회하는 등 5%를 기준으로 순환되는 모습이다. 이러한 변동을 전체 기간 동안의 통계수치를 요약해보면 12년간 서울 아파트 전세 가격이 연 5%를 넘지 않

---

1) 〈주택임대차보호법 제7조(아침 등의 증감청구권)〉 당사자는 약정한 차임이나 보증금이 임차주택에 관한 조세, 공과금, 그 밖의 부담의 증감이나 경제 사정의 변동으로 인해 적절하지 아니하게 된 때에는 장래에 대해 그 증감을 청구할 수 있음. 다만, 증액의 경우에는 대통령령으로 정하는 기준에 따른 비율을 초과하지 못함. 〈주택임대차보호법 시행령 제8조(차임 등 증액청구의 기준 등)〉 ① 법 제7조에 따른 차임이나 보증금(이하 "차임등")의 증액청구는 약정한 차임등의 20분의 1의 금액을 초과하지 못함.

2) 주택임대차보호법 제7조 등에 보증금 인상에 대한 상한이 있으나 계약갱신 시에 이를 지킬 의무가 없어 실효성이 없는 조항임. 예를 들어, 집주인이 주택임대차보호법에 따라 보호받고 있는 임대차기간인 2년간 보증금 인상 없이 임대하다가 재계약 시에 보증금의 인상할 경우 임차인은 이를 받아들이거나 감당하지 못 할 경우 이사를 할 수밖에 없음. 따라서 임차인이 1회 계약갱신을 청구할 수 있게 한다면 최대 4년간 임대차기간을 연장하면서 보증금의 상한에 대한 법적 보호를 받게 됨.

3) 주택동향가격조사는 시도 및 시군구별로 주택유형에 따라 국가승인통계인 매매가격과 전세 가격 지수등을 2003년 11월부터 공표되고 있으며, 분석 기간은 연 단위로 분석 가능한 최대한의 장기시계열을 사용했음. 최근 공급물량 증가로 전세 가격이 하락하거나 매우 안정적이므로 최신 공표시점까지 포함한다면 전세 가격 변동 관련 통계는 최종결과 수치보다 낮아지며, 연간 변동률 산출을 위해 분석시점은 2003년 12월부터 2016년 12월까지로 선정했음.

은 기간은 4.7년이고, 초과하는 기간은 7.3년이다. 그리고 상기 기간 동안 연평균 변동수준은 5.4% 정도다.

[그림 1] 서울 전세 가격 지수 및 연간변동률 추이(전년 동월 대비)

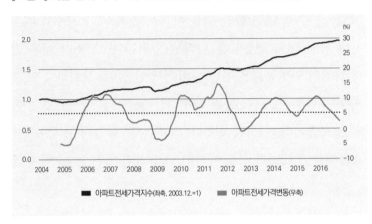

위와 같은 방식으로 서울 및 대도시 지역의 전세 가격 변동을 산출해서 아래 〈표 1〉과 같이 나타냈다. 연간 변동률(전년 동월 대비)이 5%를 초과하는 기간이 전체(12년)의 절반(6년)을 초과하는 지역은 서울, 경기, 인천, 대구 지역의 아파트고, 연평균 변동률이 5%를 초과하는 지역은 서울과 울산 지역의 아파트다. 이에 반해 연립주택 및 다세대주택 전세 가격의 연간 변동률은 모두 5% 미만으로 나타났으며, 단독주택의 경우 (결과는 생략했지만) 연립주택 및 다세대주택보다 현저히 낮은 수준이다.

이러한 결과들은 우리의 상식 범위에서 크게 벗어나지 않은데, 거주 선호도가 높은 서울 및 대도시 지역에 질적으로 우수한 주택인 아파트의 전세 가격 상승률이 높은 것은 당연하다. 하지만 전월세상한제의 도입취지를 비추어 보면 논점은 달라지게 된다. 우선 첫 번째, 전월세상한제는 늘어나는 보증금이나 월 임대료를 감당하기 어려운 서민들과 그중에서도 소득이 낮은 계층들을 위해 상한을 두는 것인데 장기간 연평균 상승률은 높은 수준이라고 보이지 않는다. 일부 가격 급등기에는 서민들이 감당하기 어려울 수 있지만 그 반대로 전세 가격이 주택 수급상황에 의해 하락하기도 하고 보합세를 유지할 수 있다. 가장 높은 상승률을 보이는 서울과 경기지역도 연평균 상승률이 각각 5.4%, 5.7%에 지나지 않아 전월세상한제의 부작용을 무시하고 제도를 도입할 정도로 심각한 수준이라 보기 힘들다.

두 번째로, 저소득층이나 서민들이 주로 거주하는 주택유형은 아파트보다는 연립/다세대주택에 해당하는데, 이들 주택유형의 전세 가격 변동이 연평균 5%를 초과하지 않는다. 그리고 저소득층이 주로 거주하는 다가구주택인 단독주택은 연립/다세대주택보다 현저히 낮은 수준의 변동을 보인다. 따라서 전월세상한제를 도입하더라도 다가구주택이나 연립/다세대주택에 거주하는 전세 임차인들은 혜택을 보기 어려운 수준이다.

〈표 1〉 주택유형 및 대도시지역별 전세 가격 변동 주기 및 연간변동률(전년 동월 대비)

구분			서울		경기	인천	부산	대구	광주	대전	울산	8개도
			강북	강남								
아파트	기간	5%이하(년)	4.67	4.00	4.67	4.42	5.67	9.17	4.75	8.50	8.58	7.17	9.08
		5%초과(년)	7.33	8.00	7.33	7.58	6.33	2.83	7.25	3.50	3.42	4.83	2.92
	변동	전체(%)	98.2	99.3	96.9	106.1	74.0	76.9	81.2	88.3	71.2	92.8	79.5
		연간(%)	5.4	5.4	5.4	5.7	4.4	4.5	4.7	5.0	4.2	5.2	4.6
연립/다세대	기간	5%이하(년)	7.17	7.50	6.83	7.83	8.25	9.33	9.67	11.58	9.42	8.92	10.33
		5%초과(년)	4.83	4.50	5.17	4.17	3.75	2.67	2.33	0.42	2.58	3.08	1.67
	변동	전체(%)	54.7	50.3	59.4	59.8	56.2	18.5	28.3	9.3	38.4	53.2	28.5
		연간(%)	3.4	3.2	3.7	3.7	3.5	1.3	1.9	0.7	2.5	3.3	1.9

세 번째로, 연평균 전세 가격 변동률이 5% 미만인 연립/다
세대주택이나 단독주택에 거주하는 임차가구 수는 아파트에
거주하는 임차가구 수보다 많아 제도의 적용대상이 그렇지
않은 대상보다 적을 수도 있다. 아래 〈표 2〉는 전세 및 월세가
구를 대상으로 아파트와 비아파트의 거주하는 가구 수를 나
타낸 표인데, 음영 표시된 부분은 상기 〈표 1〉에서 연평균 전
세 가격변동률이 5%를 초과하는 지역 및 주택 유형을 의미한
다. 2016년 주거실태조사결과 전세가구 중 아파트에 사는 가
구들은 131만여 가구고, 비아파트에 거주하는 가구는 아파트
거주 가구 수보다 많은 164만여 가구다. 이들 중에서 연평균
전세 가격 변동률이 5%를 초과하는 서울, 경기 및 울산 지역
의 가구 수는 81만 가구다. 즉, 전월세상한제 혜택을 주로 받

는 전세가구들은 전체 전세가구인 300만여 가구 중에서 81만 가구 일부분에 해당된다고 볼 수 있다. 그리고 이들 지역의 아파트 전세 가격의 연평균 변동률이 5% 초반인데, 가격변동률의 분포가 평균을 중심으로 좌우대칭이라는 가정하면 81만 가구의 절반인 40여만 가구 정도가 제도의 혜택을 받는 수준 정도일 것이다.

〈표 2〉 주택유형 및 대도시지역별 전세가구 수

		서울	경기	인천	부산	대구	광주	대전	울산	8개도	합계
전세	아파트	385,845	398,080	60,042	62,538	45,770	34,583	42,294	28,207	258,371	1,315,729
	비아파트	608,403	474,694	108,426	89,219	68,762	20,841	48,064	10,520	215,851	1,644,780
월세	아파트	203,723	284,408	66,920	87,638	71,474	49,205	29,250	20,849	360,633	1,174,101
	비아파트	874,708	736,888	160,219	241,714	160,903	96,628	129,406	79,988	873,840	3,354,294
총합계		2,072,679	1,894,070	395,607	481,109	346,909	201,257	249,014	139,564	1,708,694	7,488,903

자료: 2016년 주거실태조사

정책은 그 대상이 명확해야 하고 예상되는 효과가 뚜렷해야 온전한 효과를 발휘한다. 그리고 과거 경험도 중요하지만 현재 상황을 정확히 인지해야 할 필요가 있다. 최근 10여 년 이상 동안 장기 전세 가격의 변화를 검토해 본 결과, 전월세상한제가 반드시 필요할 정도로 전세 가격이 상승하고 있는 수준이라고 보기 힘들다. 그리고 주로 혜택을 볼 것으로 예상되는 대상도 저소득층이 주로 거주하는 연립·다세대 주택이 아니라 서울이나 수도권의 아파트에 전세로 사는 일부 임차인들이다. 저소득층이 주로 사는 비아파트에 전세로 살고 있는 임차인이 대상일 가능성은 작아 제도 도입의 취지와 거리가 멀다.

한편, 월세가구의 경우는 전세의 경우보다 훨씬 더 복잡하고 관련 통계도 매우 부족한 실정이다. 국가승인통계인 주택가격동향조사의 월세지수는 2015년 6월부터 작성돼 준전세, 준월세, 월세에 대한 가격변동을 측정하고 있다. 하지만 전세의 경우처럼 제도 도입의 타당성을 진단할 수 있는 충분한 시계열 자료가 아니고, 현재 얼마만큼의 가구가 월세 보증금이나 월임대료 증가에 대한 큰 부담을 가지고 있는지를 측정할 수 있는 통계가 부족하다. 특히 〈표 2〉에서 보듯이 월세는 아파트보다 비아파트일수록, 수도권보다 비수도권 지역일수록 전세가구보다 월등히 많다. 따라서 서민이나 저소득층의 주거비부담을 경감시키기 위한 전월세상한제 도입을 검토하기 위해서는 전세보다는 월세시장에 초점을 맞추고, 아파트보다는 비아파트, 수도권보다 월세가 많은 비수도권 지역의 월세부담 상태가 어떠한지에 대한 면밀한 진단이 전제돼야 할 필요가 있다.

〈참고문헌〉
· 김경환, 「전월세 상한제 도입에 대한 정책제언」, 『부동산 시장 동향분석』 2011년 2/4분기보고서, 한국개발연구원, 2011.

53
정부는 저소득층을 위한
부동산 정책에 소극적이었는가?

| 남영우 |

우리나라는 1970년대 이후 높은 경제성장을 거치면서 대도시를 중심으로 인구가 집중되고 주택문제가 당면과제로 대두됐다. 특히 절대적인 재고량이 부족한 상태에서 주택 가격이 크게 상승해 저소득층의 주거불안정은 사회 전반의 문제로 확장됐다. 이러한 상황에서 1998년 외환위기 이전까지 정부의 정책은 주로 주택공급 촉진과 투기억제에 초점이 맞춰져 있었고 저소득서민을 위한 주거안정 정책이 직접적으로 부각되지는 못했다.

주택공급 촉진을 통한 재고량 확보와 투기억제를 통한 가격안정은 서민주거 안정을 위한 선결과제이므로 당시로서는 불가피한 측면도 있었을 것으로 생각된다. 또한 1980년 국민주택기금의 설치를 기점으로 저소득층을 위한 부동산 정책이 시작돼 2016년 주택도시기금[1]은 약 62조 원을 운용하는 수준으로 확대됐다. 하지만 아직도 우리나라에서는 정부에서 저소득층을 위한 주택정책에 소극적이라는 인식이 보편적으로 깔려있다.

특히 선진국에 비해서 공공임대주택의 비율이 낮다는 점이나 높은 전세 가격상승률 등 몇 가지 지표를 통해서 이러한 주장의 근거를 제시하고 있다. 과연 정부에서는 저소득층을 위한 주택정책에 소극적이었을까? 출범 시기나 정치적 기조와 관계없이 대부분의 과거정부에서는 서민주거안정이 주택정책의 최우선 과제였기 때문에 이러한 비판을 수용하지 않을 것이다. 본 글에서는 지금까지 정부의 정책을 되돌아보고 앞서 제시한 질문에 대한 답을 찾아보고자 한다.

먼저 주택공급 위주의 정책이 저소득층을 배제한 정책이었는가에 대한 평가가 필요하다. 국토교통부의 발표에 따르면 1975년도 우리나라의 주택재고는 473만 호에 불과했으나 2015년에는 1,637만 호까지 증가했다. 지난 40년간 1,160만 호의 주택이 공급된 것으로 단기간 내에 이렇게 대량으로 주택을 공급한 나라는 찾아보기 힘들다. 아파트를 중심으로 주택의 공급이 증가하면서 주거의 질도 향상돼 현재는 거의 모

---

1) 국민주택기금은 2015년 기존 주택계정에 도시계정을 추가해 주택도시기금으로 변경됨.

든 주택이 수세식 화장실과 입식 부엌을 갖추고 있다.

최근 빠른 도시화로 인해 주택문제가 심각해지고 있는 동남아시아 국가들이 한국의 주택공급 정책을 적극적으로 배우고자 하는 것도 한국의 주택공급 확대정책이 성공적으로 이뤄졌다는 점을 대변한다. 하지만 주택공급 촉진정책에서 저소득층에 대한 배려가 없었다는 비판도 함께 제시되고 있다. 특히 외환위기 이전에는 분양 위주의 주택공급으로 극빈층을 대상으로 한정적으로 공급된 영구임대주택 외에는 장기임대주택의 공급이 거의 없었기 때문에 이러한 주장은 일정 부분 타당하다.

하지만 한국전쟁 이후 경제성장에 국가의 역량을 집중하고 있는 시기에 주택 부분에 정부의 자금지원을 최소화하고 있던 상황에서 주택공급을 확대하기 위해서는 단기간 내 투입 자금을 회수해 새로운 사업에 투입할 수 있는 분양주택 위주의 공급이 불가피했을 것으로 생각된다. 또한 주택공급을 확대하는 과정에서 청약제도를 도입해 주택도시기금 등 공공부문에서 자금을 지원하는 국민주택 등은 무주택자만 주택을 공급받도록 하는 등 신규주택의 분배에서 저소득층이 우선권을 받을 수 있도록 했다.

주택도시기금은 1980년에 설치된 이후 2015년까지 약 518

만 가구의 주택공급에 171조 원을 지원해 지금까지 공급된 주택의 3채 중의 1채는 무주택자에게만 공급됐다. 물론 분양 중심의 주택공급으로 인해 투기수요가 몰리고 무주택자들이 청약통장을 불법으로 매각하는 등의 문제가 발생했지만 이는 운영과정의 부작용이지 정부의 정책기조가 잘못됐다고 보기는 어렵다. 장기적인 관점에서 보면 당시에 주택재고량을 크게 확대해 주택보급률을 높인 것이 외환위기와 금융위기 과정에서 정부가 주거복지 정책에 역량을 집중할 수 있는 기반을 제공한 것으로 평가할 수 있다.

외환위기 이후 주택도시기금의 운용에도 큰 변화가 나타나면서 분양주택에 대한 지원은 크게 감소하고 임대주택 건설과 수요자 지원 항목의 비중이 크게 증가했다. 외환위기로 인해 저소득층의 주거안정이 정부의 큰 과제가 됐고 주택정책의 기조가 주택공급 촉진에서 주거안정으로 전환되는 계기가 됐다. 특히 1998년에는 기존의 공공임대주택과는 달리 소득 4분위 이하의 계층에 30년간의 장기임대를 제공하는 국민임대주택이 도입되면서 우리나라에서 본격적으로 장기 공공임대주택이 공급되기 시작했다.

2015년 전체 공공부문 임대주택 재고 126만 호 중에서 국민임대주택 재고는 55만 호로 가장 많은 비중을 차지하고 있다. 장기 공공임대주택이 공급된 시기가 짧아서 영국과 프랑스 등

서구선진국에 비하면 공공임대주택의 재고비중이 낮은 것은 분명하지만 〈2017년 주택종합계획〉에서 12만 호의 공공임대주택을 공급을 추진하는 등 매년 10만 호 이상의 공공임대주택을 지속적으로 공급하고 있어 점차 개선될 것으로 생각된다.

재고량의 증가와 함께 최근에는 행복주택, 공공실버주택 등 다양한 수요층을 위한 공공임대주택도 개발되는 등 공공임대주택의 공급확대 및 주거만족도 제고에 많은 노력이 기울여지고 있다. 무주택서민과 저소득층에게 주택의 구입 및 전세자금을 지원하는 비중도 크게 증가하고 있다. 우리나라는 1990년대까지 경제성장을 위해서 금융기관의 가계부문 대출을 제한해왔으므로 외환위기 이전에도 국민주택기금을 통한 구입자금 대출 등 수요자 지원사업이 유용하게 활용됐으나 아래 그림에 나타난 바와 같이 기금운용에서 차지하는 비중은 1996년에 4%, 1997년에 5%로 매우 낮은 수준이었다.

하지만 외환위기 이후 저소득서민층의 주거 불안정이 커지면서 주택도시기금의 수요자 지원이 크게 증가해 2014년에는 지원 금액이 10조 원을 넘어서고 전체 운용항목 중 비중도 60%를 상회했다. 최근에는 1~2인 가구 등의 지원을 위해 월세자금 지원 항목을 신설하고 구입자금과 전세자금의 융자에서 다자녀가구에 대한 인센티브를 제공하는 등 시장의 환경변화에 맞춰 지원방식에 변화를 시도하고 있다.

[그림 1] 주택도시기금의 항목별 운용비중

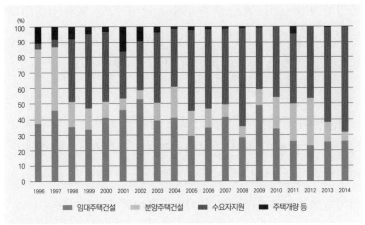

출처 : 주택도시기금 업무편람

대부분의 부동산 정책은 시장에서 가격이 크게 상승하거나 공급이 침체되는 등 개입이 필요한 상황에서 발표되지만 일시적인 정책을 통해서 시장의 기조를 단기간 내에 전환하는 것은 쉽지 않다. 따라서 부동산 정책의 실효성에는 많은 비판이 제기될 수 있고 정책의 성과에 대해서도 다양한 평가가 나타날 수 있다.

하지만 부동산 정책이 효과적이었는지와는 별개로 과거부터 정부의 정책을 살펴볼 때 정부가 저소득층을 위한 부동산 정책에 소극적이었다고 평가할 수는 없다고 판단된다. 정부의 정책기조와 문제 해결 수단에 대한 판단에 따라서 방법은 달라졌지만 정책수립 당시의 시장 상황과 정부의 역량 등을 고려해 가능한 수준의 정책을 펼쳐왔다고 평가할 수 있다.

특히 과거에 미약한 수준이나마 저소득층을 위한 부동산 정책을 지속적으로 추진해왔기 때문에 최근까지 점차 지원규모가 커지고 정책의 효과성도 높아진 것으로 판단된다. 주거복지 정책이 발달한 서구 선진국에 비하면 아직 우리나라는 개선할 점이 많고 시장 환경도 차이가 있다. 따라서 정부의 부동산 정책에 대한 선입관을 가지는 것보다는 더 효과적인 정책이 수립될 수 있도록 정책을 평가하고 개선방안을 모색하는 것이 더 필요하다.

54

공공임대주택은
물량만 늘려가면 되나?

| 권치흥 |

공공임대주택은 공공 또는 민간이 공공의 재정적 지원을 받아 임대를 목적으로 건설하거나, 매입하는 주택을 말한다. 이는 사회 취약계층의 주거 안정을 위해 공급되는 주택복지 정책의 핵심수단 중 하나로, 노태우 정부에서는 영구임대주택, 김영삼 정부에서는 5년임대주택, 김대중·노무현 정부에서는 국민임대주택, 이명박 정부에서는 보금자리주택, 박근혜 정부에서는 행복주택의 이름을 거쳐 현재에 이르고 있다.

1989년 노태우 정부의 영구임대주택 19만 호 공급 이후 총 임대주택 재고량은 2015년 기준 193.8만 호, 장기 공공임대주택 재고는 98만 호 수준이다. 이는 2015년 총주택 스톡 대비 비중 OECD 평균인 8.7%에 2.3%가 모자라는 6.4% 수준이다. 2015년 OECD의 사회임대 주택재고비율(Social Rental

Housing Stock Ratio)로는 총 24개국 중 10번째 순위고 미국 (4.3%), 독일(3.9%), 일본(3.8%) 등이 우리보다 낮은 비율을 기록했다. 그러나 네덜란드(34.1%), 오스트리아(26.2%), 덴마크 (22.2%), 프랑스(18.7%), 영국(17.6%), 핀란드(12.8%) 등 우리나라보다 주택재고비율이 월등히 높은 나라와 비교하면 상대적으로 여전히 열악한 수준이다. 이에 따라 현 정부에서는 공공임대주택 비율을 OECD 평균인 9%로 올리는 것을 목표로 하고 있으며, 주거복지 차원에서 17만 호의 공적임대주택을 추가 공급함으로써 양적인 확대를 추진하고 있다. 이러한 시점에서 기존 공공임대주택의 공급 차원과 수요 차원의 문제를 되짚어 볼 필요가 있다.

최근 공공임대주택의 공급 측면에서 새로운 문제는 공공임대주택의 노후도 심화 및 유지관리 비용의 문제다. 2017년 민홍철 국회의원 국정감사자료에 따르면, 2016년 말 기준 전국 공공임대주택 중 입주 후 20년 이상 된 단지는 모두 15.2만 호이며, 이 중의 50%인 7.5만 호는 25년 이상 된 아파트로 노후화가 심각하다. 이는 저소득층을 비롯한 사회 취약계층 비율이 높은 장기 공공임대주택일수록 특히 심각하게 나타났다. 국토부에 따르면 전국 장기 공공임대주택 중 15년 이상 된 단지는 28만 채로 전체(30.5만 호)의 91%에 달했다.

수리가 필요한 시설에는 가스차단 시설, 전기안전 및 교통

안전 시설 등 대부분 입주민 안전과 직결된 경우가 대부분이 었다. 이 유지관리 비용은 LH가 직접 준공한 아파트 형태의 공공임대주택 단지만 집계한 수치며, LH가 민간으로부터 매입해 운영하는 임대주택을 비롯해 지자체와 민간 사업자가 시공한 물량까지 더하면 수리비 예산은 더욱 늘어난다. 2017년 6월 국토부가 전국 장기 공공임대주택을 전수 조사한 결과, 이를 수리하는 데만 2조 1,400억 원(국고 9,000억 원 포함)이 필요한 것으로 조사됐다. 2015년 기준으로 LH가 운영하는 임대주택은 전체 임대주택의 45% 정도이며 나머지는 민간 사업자와 지자체가 각각 43%와 12%를 맡아 운영하고 있다. LH는 앞으로 10년 동안 노후 공공임대주택을 보수하는 데 6조 5,000억 원이 필요할 것으로 보고 있다.

또 다른 문제는 공급 입지 문제다. 과거 공공임대주택 정책이 물량 목표 중심으로 추진되다 보니, 택지 확보가 용이한 도시 외곽 위주로 공급되기 때문에 공공임대주택 입주민들은 외부와 단절되고 고립된 상황에 처했다. 이처럼 고립된 입지환경은 입주민의 주거만족도에도 영향을 미치는데, 김선엽·박천익(2012) 연구에 따르면, 교통·문화 등과 같은 주거환경 요인, 단지관리 요인, 친밀도 요인, 심리적 박탈과 차별감보다 큰 영향을 미치는 것으로 나타났다. 따라서 공공임대주택 공급 시 교육시설, 문화시설, 대중교통과 같은 주거환경을 충분히 고려하거나 기반시설을 구축해야 할 것이다.

다음은 수요자 입장에서 살펴보자. 일반적으로 공공임대주택 입주민은 입주 전보다 안락한 주거생활을 할 것을 기대한다. 물론 사회 취약계층은 공공임대주택에 입주함으로써 이전보다 주거 안정성이 향상되고 주거비 부담이 완화돼 주거의 질과 가계의 경제 상황이 개선되는 효과가 있다. 그러나 공공임대주택 입주가 반드시 이들에게 긍정적인 측면만 있는 것은 아니다. 공공임대주택의 입주자들은 저소득층 밀집으로 인해 이웃 환경이 나빠지고 사회적 배제(Social Exclusion)를 경험하기도 한다.

사회적 배제와 관련해 Taylor(1998)는 빈곤층에 한정해 공급되는 공공주택단지에 대한 외부의 부정적 인식과 압력을 강조하며 부정적 인식과 압력이 일부 주민의 이동을 가져오고, 그 자리에 또 다른 빈곤층(혹은 더 심한 빈곤층)이 입주함으로써 공공주택은 빈곤층의 마지막 거처라는 인식을 강화시키고, 이는 입주자의 자신감 상실과 스스로 실패를 수용하는 내부화 과정을 거쳐 사회적 배제를 강화시킨다고 한다.

공공임대주택에 대한 부정적인 인식과 압력에 대한 사항은 각종 학술적 연구 및 통계자료를 통해 확인할 수 있다. 홍인옥(2005) 연구에 따르면, 영구임대주택 입주민은 최저 소득계층의 집단 거주지역이라는 낙인과 반사회적 행위를 경험했다고 언급했다. 또한 2017년 안호영 국회의원 국정감사 자료에 따르면 2013년부터 2017년 9월까지 공공임대주택 거주자의 총 자살 건수는 162건, 고독사는 115건이고, 특히 2016년 자살 건수는 32건, 2017년 9월 현재는 45건으로 40.6%가 증가한 것으로 나타났다.

이러한 통계자료는 공공임대주택 거주자에 대한 사회적 배려가 아직까지도 부족해 반사회적 행동이 증가하는 양상을 보여주는 단적인 예라 할 수 있다. 다행히도, 공공임대주택에 대한 이미지는 과거보다 많이 개선되고 있다. 최근 서울시와 SH 도시연구원이 서울시민 1만 명을 대상으로 설문조사한 결과, 공공임대 주택 이미지가 긍정적이라는 답변이 54.6%에 달했고 부정적이라는 대답은 20.3%에 그쳤다. 또한 신혼부부들은 공공임대주택에 대한 인식이 긍정적으로 변화하고 있다는 연구결과도 있다. 그러나 여전히 공공임대주택 입주민들에 대한 사회적 배제 및 낙인이 존재한다는 점과 인근 분양주택 거주자들로부터 주택 가격이 하락했다거나 주거환경이 악화됐다는 의견이 나오는 것도 현실이다.

일부 분양아파트 거주자들이 제기하고 있는 공공임대주택이 거주환경의 악화 또는 아파트 가격을 하락시킨다는 의견은 사실일까? 공공임대주택이 주택 가격에 미치는 영향을 살펴본 이재영·박태원(2016) 연구에 따르면, 공공임대주택 건설공급은 공급대상지 주변의 전세 가격 안정에 기여하며 특히 소형 아파트의 경우, 전세 가격 안정 효과가 보다 큰 것으로 나타났다. 뿐만 아니라, 주택 매매가격의 경우, 공공임대주택이 상승요인으로 작용하는 것으로 나타났다. 이를 통해 볼 때, 일부 분양아파트 거주자들이 주장하는 주택 가격 하락은 단정적으로 판단하기 어렵다. 그럼에도 불구하고 이러한 주장이 된다는 것은 공공임대주택에 대한 사회적 인식이 여전히 성숙되지 않았음을 시사한다.

이를 종합해보면, 공공임대주택의 공급은 신규 공급물량의 확대뿐만 아니라 기존 재고물량에 대한 유지 및 보수비용과 같은 정부의 지속적인 재원 투입이 필요한 상황임을 인식하고 이에 대한 중장기적인 계획을 수립한 후에 정책을 추진하는 것이 필요하다.

또한 사회 일부 인근 주민들은 공공임대주택에 대한 부정적인 인식보다는 사회적 배려 차원에서 공공임대주택 입주민을 우리 사회 일원으로 포용하려는 인식의 전환이 필요하다. 공공 및 지자체에서는 소셜 통합(Social Mix)이나 세대 통합(Generation Mix) 등과 같은 활성화 방안을 제시하는 정책을 강화하며 사회복지관, 사회적 기업육성 등을 통해 입주민 간의 소통과 자활지원 공간을 마련 하는 등을 통해 공공임대주택 단지내 활력을 일으킬 수 있는 프로그램을 추진해야 한다. 그리고 공공임대주택 입주민 역시 자신감 회복에 노력하고 점진적으로 단지내 및 인근 지역 주민과 프로그램 참여 등으로 소통을 확대해 스스로 사회적 배제를 극복할 수 있는 힘을 키워야 할 것이다.

〈참고문헌〉
· 민홍철 국회의원, 2017년 국정감사 자료
· 안호영 국회의원, 2017년 국정감사 자료
· 김선엽·박태원, 「공공임대주택 거주자의 주거만족 결정요인에 관한 연구」, 『사회과학연구』, 제28집 2호, 2012.
· 이재영·박태원, 「장기공공임대주택의 유형별 주택시장 안정효과분석」, 『부동산연구』, 제26권 2호, 2016.
· 홍인옥, 「영구임대주택 주민들의 사회적배제 해결 및 사회통합방안」, 『도시와 빈곤』, 제76호, 2005.
· SH도시연구원, 「공공임대주택에 대한 서울시민 의식조사」, 2016
· Taylor, M., Combating the Social Exclution of housing Estates, Housing Studies, 13,6. 1998.

55

임대주택을 지어주면 청년주거를 안정시킬 수 있을까?

| 도주은 |

　전세주택의 공급 부족과 고공행진을 이어가는 주택 가격으로 주거에 대한 불안감이 이어지고 있다. 특히, 청년층의 주거비 부담과 열악한 주거환경에 대한 문제가 최근 더욱 부각되고 있다. 국회입법조사처의 '청년층 1인가구의 주거현황 및 시사점'에 따르면, 청년 1인가구의 69%가 $40m^2$ 이하의 협소한 면적에서 거주하고, 63%가 월세형태의 주거생활을 하고 있는 것으로 나타났다(그림 1).

　현재까지의 주거정책을 살펴보면 청년층은 주거복지의 논의 대상에서 다른 계층에 비해 상대적으로 소외돼왔다. 하지만 청년 시기는 독립과 결혼 등으로 새로운 가계를 형성하고 주택시장에서의 활동이 활발한 때다. 이들이 유효수요층에서 이탈하게 되면 주택수요의 감소와 공급의 제한으로 시장 전

[그림 1] 청년층 가구의 주택사용면적 및 주택점유형태

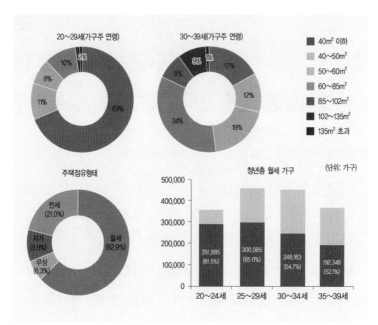

자료: 국회입법조사처(2017)

체의 위축이라는 악순환을 야기할 수 있다. 또한 청년기에 주거가 안정되지 못하면 장래 주거 빈곤층으로 전락할 가능성이 크고, 이는 결국 주거복지 비용의 증가로 이어져 국가재정에 부담을 초래하게 된다. 따라서 청년층의 주거안정은 전체 주택시장의 안정을 위해 필수적이라 할 수 있으며, 이들이 주택시장에서 유효수요로서 자리 잡을 수 있도록 관심과 지원이 필요하다. 그 지원의 일환으로, 정부는 〈새정부 경제정책 방향(2017)〉을 통해 매년 17만 호의 공적 임대주택을 공급함으로써 서민의 주거안정을 도모하겠다고 했다. 또한 청년층

에 초점을 맞춰 셰어형 임대주택, 역세권 주변 청년주택, 기숙사 등의 30만 호와 신혼부부를 위한 임대주택 20만 호를 공급하기로 했다.

주거안정의 핵심은 부담 가능한 가격의 재고물량을 유지하는 데 있다. 청년주거 안정을 위한 임대주택 공급정책은 청년들이 부담할 수 있는 가격의 주택을 공적 임대주택으로 충족시키겠다는 것을 의미한다. 이는 부담 가능한 가격을 '월세'로 보고 있는 것이며, 과연 월세살이가 청년층 주거안정의 최종목표인지에 대한 고민을 간과해서는 안 된다. 양적충족으로 단기적 주거안정을 도모할 수는 있겠으나, 최소한의 주거환경을 보장하는 질적 문제를 해결하지 않고서는 협소한 주거공간과 여전히 불안정한 월세주택은 장기적이며 본질적인 해결책이라 보기는 어렵다.

공적 임대주택의 공급은 몇 가지 한계를 갖는데, 첫 번째는 비용의 문제다. 임대주택을 매입 및 건설하기 위한 초기비용도 필요하지만, 임대주택은 건설 이후에도 운영 및 관리를 위한 유지보수비용이 지속적으로 투입돼야 한다. 공공임대주택 수선비용 통계를 보면, 2012년 2,025억 원, 2013년 2,310억 원, 2014년 2,598억 원, 2015년 2,903억 원, 2016년 3,204억 원으로 최근 5년간 58%가 증가한 것으로 조사됐다. 또한 LH가 건설 또는 매입한 공공임대주택 중 건축 후 20년이 넘은 건물이 약 21%(2016년 기준)를 차지하는 것으로 나타났다. 향후 임대주택이 대량으로 공급되면 임대주택의 유지보수를 위한 예산도 급격하게 증가돼야 할 것인데, 이를 감당할 여력이 있는지 검토해봐야 한다.

두 번째는 빈집 문제다. 저출산으로 인해 인구는 2027년 정점을 찍은 뒤 감소할 것으로 전망하고 있으며, 생산가능인구는 이미 2016년 정점을 찍고 2020년부터는 20만 명 넘게 감소할 것으로 예상하고 있다. 인구가 감소하면 빈집문제는 필연적으로 발생한다. 국토연구원의 '저성장 시대의 축소도시 실태와 정책방안'에서는 경북, 전북 등 20개의 지방 중소도시를 축소도시[1]로 판정했고, 이 중 19곳은 빈집비율이 10%를 넘는 것으로 조사됐다. 이는 주거공간을 단기간에 확보하기 위한 무분별한 양적확대는 경계할 필요가 있음을 시사한다.

청년층의 주거를 안정시키기 위해서는 청년들이 지불할 수 있는 가격의 주택이 공급돼야 한다. '지불 가능한 가격의 주택'은 두 가지 방식으로 접근이 가능하다. 첫째는 저렴한 주택을 공급해 현재의 소득수준에서도 주거생활을 할 수 있게 하는 방식이다. 이는 현 정부에서 집중하고 있는 공적 임대주택

---

1) 축소도시(Shrinking City) : 지속적이고 심각한 인구 손실로 유휴 및 방치 부동산이 증가하는 도시를 가리킴. 국토연구원은 1995~2005년과 2005~2015년 두 기간 연속으로 인구가 줄거나 최근 40년 동안 정점 대비 25% 이상 인구가 감소한 국내 도시 20곳을 축소도시로 분류함.

공급정책으로 볼 수 있다. 전통적인 주택구매 방식은 소득의 일부를 모아, 이를 내 집 마련의 마중물로 이용하는 것이었다. 하지만 소득 대비 주택 가격이 상승하고, 소득의 불확실성과 주거비용 증가로 청년들의 자력적 내 집 마련은 더욱 어려워졌다. 공적 임대주택은 주거비를 경감시켜 종잣돈을 마련할 시간을 벌어주고, 부담 가능한 가격의 주거공간을 제공해준다는 점에서 청년 주거안정의 디딤돌이 된다. 최근 공급되기 시작한 행복주택의 대학생 및 사회초년생을 위한 공급면적은 $16{\sim}26m^2$ 수준이다. 5~8평 남짓한 공간의 행복주택 청약경쟁률이 몇십대 1에서 몇백대 1까지 치열한 것을 볼 때, 시장에서 공적 임대주택에 대한 청년층의 요구가 높은 것을 알 수 있다.

두 번째 방식은 수요층의 주거비를 지원해 현재 형성돼 있는 가격수준의 주택에 대한 접근이 가능토록 하는 방식이다. 현재 시행되고 있는 금융지원정책을 보면, 버팀목 전세자금 대출, 주거안정 월세대출, 내집마련 디딤돌 대출 등이 있다. 하지만 이들은 특화되지 않은 일반론적인 지원정책으로 청년층을 위한 별도의 금융지원 정책은 거의 없고, 저소득층에 수혜계층이 한정돼 오히려 중간소득 계층의 청년들은 소외되고 있는 실정이다. 청년층은 주택시장에서 신규 가계형성으로 자금을 필요로 하는 시기이나, 소득이 장년층에 비해 낮고 불안정하다는 특성을 가지기에, 그들의 요구에 대응할 수 있는 보다 세밀한 금융정책이 필요하다. 또한 청년층의 금융지원 정책은 월세보다는 자가점유를 통해 청년층이 시장에서 유효수요로 자리잡을 수 있도록 자산형성을 지원하는 방향으로 나아가야 할 것이다.

국토연구원의 '저성장시대의 청년층 주거안정을 위한 정책방안 연구'에서는 청년층의 주거가 안정되기 위해서는 주거비 부담을 가중시키는 임대시장의 문제를 해소해야 하고, 이는 청년층의 매매수요가 안정적으로 유지될 때 가능하다는 점에서 청년층의 자가점유 촉진이 필요함을 언급하고 있다. 또한 청년층에 의한 주택매매수요의 지속적 창출은 주택을 활용한 자산기반 복지의 실현으로 향후 사회복지 정책을 보완하는 기능을 담당할 수 있다고 했다.

청년주거 안정책은 저렴한 임대주택의 공급과 금융지원의 두 가지 방향으로 나아갈 수 있다. 특히 청년층의 특수성이 고려되지 않은 현 금융지원 방식은 보완될 필요가 있으며 최저소득계층에 집중돼있는 수혜층을 확대해 전 계층의 청년들이 요구에 맞는 적절한 지원을 받을 수 있도록 해야 한다. 이에 따라 소득계층별, 지역별, 연령대별로 정책이 세분화되고 다양해져야 하며, 양과 질이 모두 충족될 수 있는 지원이 필요하다.

〈참고문헌〉
· 국회입법조사처, 「청년층 1인가구의 주거현황 및 시사점」, 2017.
· 국토연구원, 「저성장시대 청년층 주거안정을 위한 정책방안 연구」, 2015.

56

청년가구의 주택은
사는 곳일까? 사는 것일까?

| 김성용 |

주택의 수요개체는 가구다. 가구는 혼인, 이혼, 사별, 경제적 독립 등을 원인으로 생성되는데 가장 큰 원인은 혼인이다. 통계청은 1995년부터 2010년까지의 인구수를 바탕으로 2035년에는 가구 수가 2010년 기준 약 1.3배 증가한다고 예상했다. 대부분 사람은 고가의 재화인 주택을 구입할 때 주택 가격의 상당 부분을 주택담보대출을 이용한다. 하지만 모든 사람이 주택담보대출을 이용하기는 쉽지 않은데, 특히 소득이나 자산 규모가 상대적으로 낮은 청년가구가 자신의 의지와 노력으로 주택을 구입한다는 것은 더욱 어려운 현실이다.

국토교통부가 발표한 '신혼부부 가구 주거실태 패널(2015)' 보고서에 의하면 신혼부부 가구의 약 30%가 주택을 구입해 분가하는데, 약 6%만 순수한 부부자금으로 주택을 구입했다.

또한 임차가구의 약 85%가 주택구입의 필요성을 느끼는데, 주택을 구입하는 예상기간은 평균 8.6년(수도권 9.5년, 비수도권은 7.3년)이었다. 주택 가격을 안정화시키기 위한 정부의 금융완화 정책 등의 영향에도 불구하고 청년가구가 금융대출과 부모 경제력의 도움을 받지 않고 주택을 구입하기는 어려운 현실이다.

한국노동연구원에서 제공하는 한국 노동패널 조사 자료를 이용해 금융기관에서 대출받은 가구의 현황을 연령대와 지역별로 구분해 [그림 1]과 같이 나타냈다. 먼저 연령별 대출 현황은 40대와 50대가 다른 연령대에 비해 대출금액이 높았는데, 특히 60대의 대출금액이 2010년을 기점으로 크게 증가했다. 하지만 청년가구인 20대와 30대는 다른 연령대와 비교할 때 가계대출 규모가 낮게 나타나는데 특히 2015년 이후, 큰 폭으로 감소한다. 한편 지역별로는 서울특별시와 수도권을 포함한 중부지역이 다른 지역에 비해 대출금액이 높게 나타났고, 중부권과 경상권의 가계대출 추이가 지속적으로 상승했는데 이는 다른 지역보다 높은 주택 가격이 원인으로 예상된다.

[그림 1] 연도별 금융기관 가계대출 추이

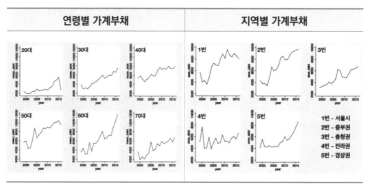

자료: 한국노동연구원

주택은 고가의 재화로 금융을 이용해 구입하는 빈도가 높아 가계대출에서 많은 비중을 차지해 가계부채의 위험을 낮추는 좋은 방법은 대출의 규모를 줄이는 것이다. 하지만 가계대출관리를 위해 주택담보대출 규모와 주택공급을 줄이면 주택 가격은 상승하고 상승한 주택 가격은 임차수요자의 거주비용을 증가시켜 높은 거주비용을 감당하지 못한 청년가구들은 거주비용이 낮은 곳으로 주거지역을 이동하거나 비(非)금융권에서 대출을 받아 충당하게 된다. 결과적으로 가계대출의 축소로 따른 금융대출의 진입장벽으로 거주비용을 마련하지 못한 청년가구의 우량대출은 감소하고 불량대출이 증가해 대출의 질은 떨어진다.

우리나라는 가족주의적 문화의 영향으로 자녀가 혼인할 때 주택을 마련하기 위해 부모의 사회적 배경과 경제력을 바탕으로 도움이 이뤄진다. 이러한 문화적 배경으로 자녀는 거주 주택을 마련할 자금을 부모에게 의존하고, 부모는 혼인하는 자녀가 거주할 주택을 마련하기 위한 부담을 의무로 간주한다. 이는 김소영·홍승아 외(2014)의 연구에서도 나타나는데, 부모는 자녀가 혼인해 거주하는 주택을 마련하는 비용 등을 포함한 결혼비용을 부모로서 도리와 도덕적 의무감으로 지원한다고 제시했다.

이러한 '세대 간 전이현상'은 부모가 유동성 제약이 큰 젊은 계층이 새롭게 가구를 형성하는 시기에 주택의 구입자금 마련에 도움을 주는 형태로 나타나는데, 이러한 도움은 청년가구에게 높은 수준의 주택소비와 함께 많은 자산을 축적할 수 있는 기회를 제공하는 계기로 작용한다. 특히 가족주의적 문화를 배경으로 하는 우리나라에서 세대 간 부의 이전과 지속적으로 상승하는 높은 전세 가격, 주택 가격은 거주 주택의 전세보증금과 전세수요량에 영향을 미치며 청년혼인가구는 자산형성과 축적이 가능하게 된다. 하지만 이와 같은 세대 간 전이현상은 소득의 불평등과 더불어 양극화 현상으로 나타나고 부모의 경제적 도움을 받지 못한 청년혼인가구는 하위시장으로 밀려 주거환경이 악화된다.

국토교통부의 신혼부부 가구 주택실태 패널조사(2014년, 2015년)에서 주택을 구입해 거주하는 신혼부부 가구의 주택자금을 마련하는 방법은 〈표 1〉과 같이 나타나며, 부모의 경제적 도움으로 주택을 구입하는 비율이 높게 나타난다. 먼저 2014년 자료에서 부모의 도움으로 주택자금을 마련한 가구의 비율은 전국 36.8%, 수도권 38.3%, 비수도권 35.0%로 조사됐고, 2015년에는 전국 37.6%, 수도권 39.4%, 비수도권 35.4%로 집계돼 10가구 중 약 4가구가 부모님으로부터 경제적 도움을 받아 주택을 구입하는 것으로 나타났다. 특히 수도권에 거주하는 가구일수록 부모에게 의존하는 비율이 높게 나타났다.

〈표 1〉 거주주택 주택자금 마련방법

(단위: %)

점유형태	2014년도			2015년도		
	전국	수도권	비수도권	전국	수도권	비수도권
부부자금	21.8	18.2	26.2	19.7	16.4	23.8
부부자금+대출	35.5	38.5	31.7	35.3	37.9	32.1
부부자금+기타	1.3	1.0	1.7	1.3	0.6	2.1
부모도움	36.8	38.3	35.0	37.6	39.4	35.4
기타마련	4.6	4.0	5.4	6.1	5.7	6.6
합계	100	100	100	100	100	100

자료 : 신혼부부가구 주거실태 패널조사서(2차년도)

청년가구는 주택시장에서 유효 수요층이지만 자생능력이 부족하고 부모의 의존도가 큰 계층으로 금융대출과 부모의 경제력에 도움을 받지 않고 주택을 구입하기는 어렵다. 결과적으로 부모에게 경제적으로 도움을 받지 못하고 금융기관의 높은 진입장벽으로 거주비용을 마련하지 못한 청년가구에게 주택은 사는 곳도 사는 것도 아닌 골칫덩어리일 뿐이다. 청년가구는 우리의 미래이자 희망이다. 청년가구의 특성에 맞는 차별화된 금융정책과 함께 주거복지 차원의 세심한 고려가 필요할 것이다. 그러기 위해서는 주택공급을 늘려야 한다.

청년가구는 생애주기가설의 가구의 형성기에 해당되며 향후 소득의 증가와 함께 자산의 축적이 기대돼 자가의 경우 주택소비의 확대, 차가의 경우 자가로의 전환에 따른 주택소비의 확대가 전망된다. 또한 공급의 증가에 따른 안정된 주택 가격은 높은 거주비용의 충당을 목적으로 대출받은 청년가구에게 주택구입의 기회와 함께 건전하고 양질의 가계부채가 될 것이다. 이와 함께 사회적 약자인 청년가구의 주거안정을 위해 양질의 공공임대주택을 공급해야 한다. 특히 취업과 상관관계가 높은 직주근접의 위치를 선호하는 지역과 사회적 배제현상을 극복할 수 있는 커뮤니티 등을 겸비한 임대주택을 공급해야 한다.

마지막으로, 양도소득세 등 부동산 조세 규제를 완화해야 한다. 높은 증여세와 자금출처조사를 회피하는 불법적인 '세대 간 부의 이전현상'은 결국 부(富)의 양극화현상을 대두시키는 원인이 된다. 이러한 제도적 지원과 정책적 지원이 이뤄지면 양성적인 주택증여에 따라 주택시장이 더욱 안정화될 것으로 예상된다. 청년가구에게 주택은 사는 것이 아니라 사는 곳이다. 하지만 안정된 주거생활을 보장받기 위해 주택을 사는 것이다. 안정되고 포근한 가정에서 출산율도 올라가고 소비도 진작된다. 혼인한 청년가구의 주택에 아기 울음이 끊이지 않는 사회가 되길 기대한다.

〈참고문헌〉
· 김성용, 「혼인분가가구의 주택수요 특성에 관한 연구」, 건국대학교 일반대학원 박사학위논문, 2017.
· 김소영·홍승아·이아름, 「고비용 문화개선을 위한 정책방안연구」, 한국여성정책연구원, 2014.
· 김주원·조주현, 「1인 가구의 주택수요 특성에 관한 연구-서울시를 중심으로」, 『부동산학연구』, 제16집 제4호, 2010.
· 이길제·최막중, 「신혼가구의 주택소비에 나타나는 세대 간 자산 이전과 성별효과」, 『주택연구』, 제25권 제1호, 2017.
· 국토교통부, 「신혼부부가구 주거실태 패널」, 2015.
· 한국노동패널, 「User's Guide 1-17」

57

임차인의
권리금 보호 요구는 정당할까?

| 황규완 |

    2015년 상가임대차보호법이 개정되면서 임대인이 임차인의 권리금 회수에 협조하도록 의무가 부가됐다. 이 법 개정은 그동안 임차인들이 꾸준히 요구해온 권리금 보호의 일환으로 권리금이 양성화되는 계기가 됐다는 평가를 받고 있다. 하지만 반대로 임대인은 추가적인 의무를 부담하게 됐다. 임대인이 임차인보다 계약상 우위에 있다고는 하지만 법률의 규정이 어느 일방에게 추가적인 의무를 요구하기 위해서는 그만한 합리적인 근거가 있어야 할 것이다. 하지만 금번 법 개정과 관련해서는 합리적인 근거가 제시되지도 못했을 뿐 아니라 충분한 연구도 부족한 실정이다.

    권리금과 관련한 연구는 대부분 법학 분야에서 이뤄졌다. 사회적 관심이 권리금의 법적 지위에 있었기 때문이다. 반면,

경제학적인 측면에서 권리금에 관한 연구는 거의 없는 상황이다. 권리금은 당사자 간에 음성적으로 주고받는 금전이기 때문에 정확한 통계를 파악하기 어렵기 때문이다. 현재까지 대규모로 권리금에 대한 조사가 이뤄진 것은 서울시가 한국감정원에 의뢰해 작성한 '서울특별시 상가 임대차 정보 및 권리금 실태조사'(2015)가 거의 유일하다. 결국 권리금의 경제적인 측면에 대해서는 아무도 정확히 알지 못한 채 이를 보호하기 위해 금번 법 개정으로 임대인 일방에게 추가적인 의무를 부과하게 됐다.

권리금에 대해 논의하기에 앞서 권리금에 대해 알 필요가 있다. 권리금이란 신규 임차인이 기존의 설비와 업종을 유지한다는 전제하에서 기존 임차인에게 지불하는 금액을 의미한다. 쉽게 말해 고깃집을 하고 싶은 사람이 새 가게를 여는 대신 기존에 고깃집을 영위하는 사람의 가게를 인수할 때 기존 고깃집 주인에게 지불하는 금전 등을 의미한다. 굳이 돈을 주면서까지 기존 설비 등을 인수하려고 하는 것은 새 고깃집을 열어 고객을 유치하는 일이 만만치 않기 때문이다. 반면, 기존 고깃집 주인이 꾸려놓은 명성이나 단골손님을 활용하면 장사가 훨씬 수월할 수 있을 것이다. 기존 고깃집 주인 입장에서도 설비 등의 장부상 가격만을 받고 가게를 넘기는 것은 좀 억울한 측면이 있다. 가게를 타인이 인수하겠다고 요구할 정도로 키워놓는 것은 여간 어려운 일이 아니기 때문이다.

결국 권리금은 임차인들 간의 필요에 의해 자연스럽게 형성되는 것이고 등록 등의 의무가 없기 때문에 외부에서 파악은 거의 불가능하다. 중요한 문제는 이 관계에서 임대인은 전혀 관여하지 않는다는 것이다. 권리금을 주고받는 것은 전적으로 임차인들 간의 문제이기 때문이다. 임대인은 임차인과 임대차 계약서에 기반한 임대료만 수취할 뿐이므로 임차인들 간에 거래되는 금전 등에 대해서는 관여할 권한도 없다. 쉽게 말해 법 개정으로 임대인은 내용도 잘 모르지만 임차인들이 서로 주고받았다는 금전 등에 대해 보호해야 할 의무를 부담하게 된다. 만일 임대인에게 권리금 보호의 의무를 부여한다면 임대인이 권리금 계약에 상당 부분의 결정권을 갖고 있어야 할 것이다. 그렇지 않을 경우 임차인들이 공모해 거액의 권리금을 주고받은 후에 임대인에게 보호를 요구할 경우 임대인은 꼼짝없이 받아들일 수밖에 없는 문제에 노출된다.

경제적 측면에서도 문제는 많다. 권리금은 통상 '바닥권리금', '시설권리금', '영업권리금'으로 구분된다고 알려져 있다. '알려져 있다'라고 표현할 만큼 이 명칭에 대한 기원이나 근거 등은 불명확하다. 어쨌든, 바닥권리금은 특정 지역에 상가를 확보하는데 지불하는 금액이다. 예를 들면 여의도에 가게를 연다는 이유만으로 기존 임차인에게 돈을 지불하는 것이다.

상권이 잘 형성된 지역에 가게를 열 경우 장사가 더 수월할 것이므로 상권의 발달이 바닥권리금에 영향을 미치는 것으로 알려져 있다. 하지만, 바닥권리금은 그 자체로 말이 안 되는 것이다. 바닥권리금이 형성되는 이유는 두 가지로 볼 수 있다. 우선 여러 이유로 상권이 발달해서 임대료가 올라가야 하나 그렇지 않아 기존 임차인이 얻는 차익이 있을 경우다. 임차인은 상권의 발달 수준을 직접적으로 체감할 수 있는 반면 임대인은 상대적으로 그렇지 못하다 보니 상권의 발달 정도가 임대료에 즉각 반영되지 못하고 임차인이 우연한 이득을 보는 경우가 생긴다. 기존 연구 등에 의하면 상권발달에는 교통시설의 변화라든가, 인구 집중시설의 설치 등이 더 중요한 영향을 미치는 것으로 알려져 있다. 기존 임차인들이 조합 등을 만들어 공동으로 특별한 마케팅 활동을 했다든가 할 경우에는 상권발달에 기여할 것이지만 현실적으로 이런 경우는 드물다.

둘째는 가게를 열려는 수요자(예비 임차인)는 많은 반면 신규 상가의 공급은 여의치 않은 경우다. 이 경우 새 가게를 열기 위해서는 기존 임차인이 나가주는 것이 가장 수월하다. 이 과정에서 기존 임차인의 임차권은 의도치 않은 가치를 갖게 되는데 바닥권리금은 이에 대한 대가일 수 있다. 바닥권리금의 형성이 이 두 요인에 기인한다면 보호할 가치는 거의 없다는 것이 필자의 판단이다. 두 경우 모두 기존 임차인의 노력과는 무관하기 때문이다. 임차인이 권리금 형성에 전혀 기여하지 않았음에도 불구하고 계약상의 지위를 빌미로 보호를 요구하는 것은 부당하다.

영업권리금은 원래 '무형의 경쟁력을 바탕으로 동종의 다른 업체보다 얻는 초과이익을 환산한 금액'을 의미한다. 그런데 특정 가게 주인이 가진 노하우나 단골손님 등으로 다른 가게보다 초과이익을 얻는다는 것을 무슨 수로 증명할 수 있겠는가? 결국 영업권리금은 임차인들끼리의 대략적인 합의로 결정될 수밖에 없으며 적정 금액 역시 아무도 모르는 것이 정상이다. 소위 '회계상의 영업권' 역시 이와 유사하다.[1] 이론적으로 적정한 영업권리금 산정을 위해서 임대인은 임차인의 수익과 그 인근 가게의 경영여건을 상당 부분 파악할 수 있어야한다. 하지만 현실적으로 임대인이 접근 가능한 정보는 거의 없는 상황이다. 임대인이 판단할 수도 없고 개입할 권한도 없는 내용에 대해서 보호 의무를 지우는 것은 부당하다고 볼 수밖에 없다.

마지막으로 시설권리금이다. '권리금'이라고 부르고 있어 대단해 보이지만 사실 '중고설비 인수대금'으로 고쳐 부르는 것이 더 적절하다. 시설권리금에 대해서도 임대인에게 보호의무를 부과하는 것은 무리가 있다. 중고설비의 인수대가가 적정한지의 여부를 임대인이 판단할 수 없으므로 시설권리금의

---

1) 회계상의 영업권은 단순히 회사의 인수금액과 장부가액의 차이를 기재하기 위한 항목에 가깝다.

적정성 여부를 판별하기 어렵기 때문이다.

　결론적으로 필자는 임차인이 임대인에게 권리금 보호를 요구하는 것은 매우 부당하다고 본다. 권리금의 적정성을 임대인이 판단하기 어려울 뿐만 아니라 바닥권리금과 같이 보호할 가치가 없는 내용도 포함돼있기 때문이다. 또한, 법 개정으로 임차인의 권익이 크게 개선되기도 어려울 것으로 예상한다. 권리금 관계에서 임대인은 일방적으로 추가적인 의무를 부담하므로 이에 대응해 임대차 계약에 권리금 불인정 특약을 삽입하거나 보증금 등을 크게 인상하려 할 것이기 때문이다. 그럼에도 불구하고 임대인에게 권리금 보호 의무를 부여해야 한다면 적어도 권리금 계약서에 임대인의 날인은 있어야 하지 않을까? 임대인이 사회적 강자라는 이유만으로 알지 못하는 계약에 대해 의무를 부담하는 것은 정의롭지 못한 일일 테니까 말이다.

58

뉴스테이는
비싸다?

| 손병희 |

최근, 뉴스테이는 여론의 뭇매를 맞고 있다. 사업자에 대한 과다 지원, 공실의 발생, 제한 없는 입주자격, 과도한 해지위약금 등 매우 다양한 이유가 있지만 가장 큰 비판은 가격, 즉 임대료다. 공적지원을 받고도 고소득자만이 입주가 가능할 정도로 임대료가 너무 비싸다는 것이다. 뉴스테이는 비싼 것일까? 결론부터 말하자면, 뉴스테이 임대료의 과다 여부를 현시점에서 단순히 공공임대주택의 임대료나 입주 초기 주변 지역의 임대시세를 기준으로 판단할 수 없다는 것이다. 상품과 서비스, 입지, 타깃, 임대료 외의 비용부담 등 다양한 요소들을 고려해야 가격에 대한 판단이 가능할 것이다.

첫째, 뉴스테이는 공공임대주택과는 다른 상품이다. 뉴스테이는 민간 분양주택 수준의 주택을 제공하고 기존 공공임대

[그림 1] 뉴스테이 소개

기업형 임대주택(New Stay) 정책이란?			

새로운 주거서비스

8년간 임대보장	토탈주거서비스 제공	누구나 청약 가능	세제부담 일체 없음
주거안정	주거수준 UP	청약자격 無	세제혜택 多

새로운 주거서비스

핵심서비스	커뮤니티 공간, 무인택배, 헬스케어, 카쉐어링, 보육시설
기타 주거서비스	생활가전렌탈, 문화강좌, 홈클린서비스, 게스트 하우스, 계절창고, 영어마을 등

기업형 임대 VS 공공임대

구분	기업형임대주택	행복주택	국민임대	영구임대
공급목적	중산층 주거안정	젊은 세대의 주거안정	저소득층의 주거안정	최저소득계층의 주거안정
공급대상	중산층	대학생, 신혼부부, 사회초년생 등	소득4분위 이하 가구	기초생활수급자 등 최저소득 계층
주택규모	규제없음	45㎡ 이하	60㎡ 이하	40㎡ 이하

출처 : 국토교통부, http://www.molit.go.kr/pr-housing/sub_infograph.jsp

주택에서는 제공되지 않았던 피트니스, 이사, 청소, 보육, 커뮤니티 프로그램 등 생활에 필요한 서비스가 추가로 제공된다. 공공임대주택이 저렴한 주거비용에 집중했다면, 뉴스테이는 주택의 품질, 쾌적함, 편리함 등 주거편익의 요소에 집중돼 있다. 제한된 건축비로 단순주거의 기능에만 충실한 공공임대주택과는 출발이 다르다. 최신으로 설계된 공간에 각종 편의시설과 교육 및 문화 프로그램, 커뮤니티 시설까지 갖춰진 주거공간을 합리적인 가격에 공급하는 것이 뉴스테이가 갖고 있는 특징이다.

둘째, 뉴스테이의 임대료는 최소 8년까지 보장된 비용이다. 일반적으로 민간분양주택의 경우 주택소유자 개인이 임대주택을 공급하게 되는데, 최초 전세임대는 일시적 임대물량의 집중공급으로 비교적 저렴한 수준으로 형성되지만, 손바뀜이 일어나는 2~4년 후에는 공급물량의 감소와 시세 변동에 따라 전셋값이 상승하기 마련이다. 반면, 대부분의 뉴스테이는 법적 상한선인 연 5% 또는 이보다 낮은 수준의 임대료 상승률을 제시하고 있다. 종합해보면, 입주 초기에는 뉴스테이의 임대료가 주변 시세보다 비싸게 느껴질 수 있으나, 장기적으로 보면 같거나 더 낮아질 가능성이 크다. 또한, 최근 개정된 뉴스테이 임대차 계약서를 보면 주변시세, 물가지수 등을 고려해야 함에 따라, 그 상승 폭은 더 작아질 수 있다. 그리고, 입주자가 원한다면 8년 동안 거주가 가능함으로써, 불필요한 이사비용과 중개수수료를 부담하지 않아도 되는 이점이 있다.

셋째, 뉴스테이의 임대료는 세금혜택을 통한 절감효과가 있다. 개인 간 임대차물건은 임대수익에 따라 세금이 발생하기 때문에 집주인이 임대소득 신고를 기피하는 경우가 대부분이다. 임차인 입장에서 임대소득 신고를 요구하는 경우, 임대인으로부터 세금을 포함한 임대료를 요구받게 될 수 있으며, 최초 협의된 임대료보다 상승한 조건으로 계약을 체결해야 하는 경우가 발생할 수 있다. 반면, 뉴스테이는 자유롭게 월세 납입을 신고할 수 있으며, 소득수준에 따라 연말소득공제를 받을 수 있다. 이는 개인의 소득 및 소비 형태에 따라 다를 수 있지만, 월 임대료의 약 10% 절감된 효과를 얻을 수 있다.

넷째, 뉴스테이의 임대료가 사업자 자율로 정해지지만, 시장의 가격을 무시할 수 없다. 소수의 임대물건을 갖고 임대하는 개개인과는 달리 수백 세대에서 수천 세대까지 일시에 임대모집을 실시하는 것은 굉장한 부담이다. 미분양이 다수 발생하는 상황은 누구도 원하지 않는다. 이를 방지하기 위해 공급지역 주택의 매매 및 임대시세, 타깃의 소득수준 등을 분석해 수요층이 수용할 수 있는 범위로 임대료를 결정한다. 일부 뉴스테이 단지의 과도한 임대료 부담이 지적되고 있으나, 이는 입지적 특성이 반영되는 일반적인 민간 부동산 상품의 특성일 뿐이다.

다섯째, 최근 공공임대는 청년, 신혼부부의 주거비용 절감에 집중되면서, 도심지역의 전용면적 $40m^2$ 미만 소규모 주택을 공급하는 방향으로 추진되고 있다. 직주근접한 주거공간의 제공에는 부합하나 1인 또는 2인 가족 중심의 공간이 다수 제공될 뿐, 가족의 기반이 되는 3인 이상의 구성원이 주거하기에는 불편한 것이 사실이다. 반면, 뉴스테이는 일부 도심 외곽 지역에만 공급된다는 논란이 있으나, 전용면적 59~84

m^2 중소형 중심의 공동주택으로 공급된다. 3인 이상의 구성원이 쾌적하게 생활 가능한 환경을 제공하는 것은 뉴스테이가 더 적합하다.

끝으로, 뉴스테이는 정부의 주거정책을 보조하는 민간이 제공하는 상품이다. 공공임대주택을 공급해 무주택자와 서민의 주거복지를 실현하는 것이 정부의 역할이라면, 뉴스테이는 까다로운 제약조건으로 공공임대주택 정책이 수용하지 못한 서민과 자의 또는 타의에 의해서 양질의 임대주택을 선택하는 중산층을 수용하는 것이 그 역할이다. 분명한 목적과 타깃이 존재하는 사업이다. 무주택자와 서민이 타깃이 아니라는 이유만으로 주거 정책에서 소외된다면 또 다른 구성원의 공공성이 침해받는 것이다. 가격의 합리성은 시장이 판단할 것이며, 실제 입주가 시작되고 8년이라는 의무임대기간이 도래할 때 보다 정확한 판단이 가능할 것이다.

뉴스테이 사업은 전세대란에 따른 주거불안정이 급증하며, 비교적 안정적이었던 중산층까지 위협하는 상황에서 해결책으로 만들어졌다. 최초 공모사업으로만 한정됐던 뉴스테이는 재정이 여의치 않은 지자체의 임대주택 확보를 위한 대안이 됐고, 수년간 진행되지 못한 재건축, 재개발 사업을 가능하게 하고 있다. 비록, 수익성이 불확실한 임대주택사업의 사업자를 찾기 어려운 상황 때문에 공적자금이 지원되는 방향으로 시작됐지만, 공적자금이 투입된 만큼 보다 저렴한 가격으로 거주할 수 있는 기회가 제공될 수 있었다. 민간자본만으로 추진된 임대주택사업은 공적자금보다 더 높은 금리와 수익률을 요구할 것이며, 이는 곧 임차인들의 주거부담으로 돌아가게 될 것이다.

　최근, 정부의 주거복지 로드맵 발표에 따라 '뉴스테이'는 '공공지원 민간임대' 주택으로 개편됐다. 기존 뉴스테이의 장점

[그림 2] 공공지원 민간임대주택 제도개선 방안

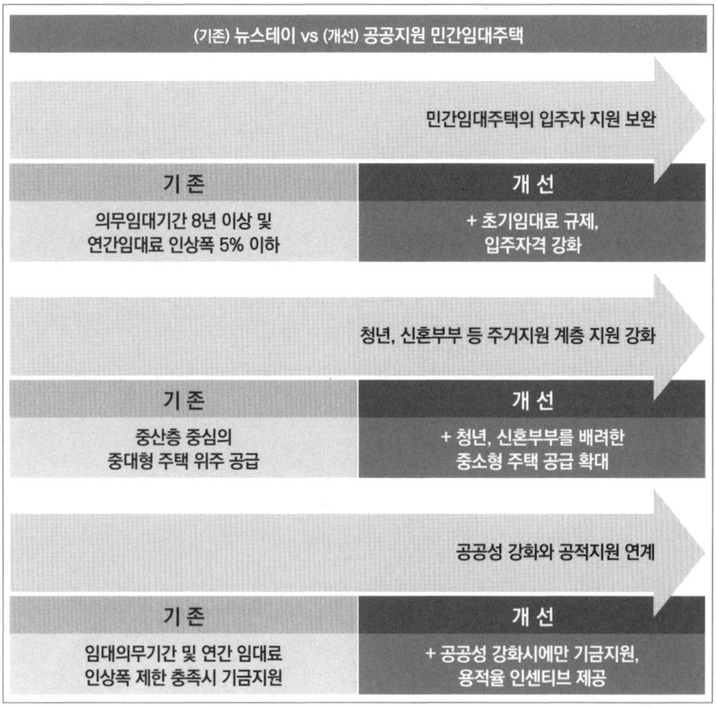

(기존) 뉴스테이 vs (개선) 공공지원 민간임대주택	
민간임대주택의 입주자 지원 보완	
기 존	**개 선**
의무임대기간 8년 이상 및 연간임대료 인상폭 5% 이하	+ 초기임대료 규제, 입주자격 강화
청년, 신혼부부 등 주거지원 계층 지원 강화	
기 존	**개 선**
중산층 중심의 중대형 주택 위주 공급	+ 청년, 신혼부부를 배려한 중소형 주택 공급 확대
공공성 강화와 공적지원 연계	
기 존	**개 선**
임대의무기간 및 연간 임대료 인상폭 제한 충족시 기금지원	+ 공공성 강화시에만 기금지원, 용적율 인센티브 제공

출처 : 국토교통부, 2017.12.06

(8년간 장기거주, 임대료 인상 제한)을 살리면서 공공성을 강화하기 위한 것이다. 특례로 받게 되는 용적률의 최대 절반을 공공임대로 제공해야 하며, 무주택자·사회취약계층과 사회초년생·신혼부부 등에게 우선으로 공급해야 한다. 또한, 자유롭게 책정할 수 있었던 초기 임대료도 앞으로 제한을 받게 된다. 이번 개선안만으로 뉴스테이의 모든 공공성 논란을 해소할 수는 없지만, 지금 같은 관심과 보완이 지속된다면 주거복지에 기여할 수 있는 좋은 제도가 될 것이라는 기대를 품기에는 충분해 보인다. 다만, 공공성이 확보되면서 희생될 수밖에 없는 공급자의 비용이 시장 또는 임차인의 주거품질에 미치는 영향은 지켜봐야 할 것이다.

시장의 판단은 냉정하고 요구는 다양하다. 고객이 지불하는 비용만큼 충분한 만족이 없다면, 뉴스테이 또한 시장에서 도태될 것이다. 그 비용의 적정성에 대한 판단은 오롯이 고객인 임차인의 몫이 될 것이다. 이제 입주를 시작하고, 임차인들이 판단하지도 못한 상황에서 가격과 공공성 등을 판단하려는 것은 너무 조급한 것은 아닐까?

59
주거공유가 주거빈곤 문제를
해결할 수 있을까?

| 신은정 |

주거빈곤이란 사람이 살아가는 데 있어 필요한 최소한의 주거서비스를 충족하지 못하고 열악한 주거환경에서 생활하는 상태다. 주거빈곤은 최저주거기준에 미달하는 주택에 거주하는 절대적 주거빈곤의 문제도 있으나 임대료 급등과 소득감소 등으로 임대료 부담이 커져 더 저렴한 지역으로 이동해야 하는 등 상대적 주거빈곤의 문제도 점차 커지고 있다.

쌴 집을 찾다 보면 사람이 쾌적하고 편리하게 살기 어려운 주거환경인 경우가 대부분이다. 주거에 적합하지 않는 조건들은 다양하다. 대중교통과의 거리가 너무 먼 주택, 옥탑과 반지하 주택, 아주 작은 주택, 환기나 채광이 안 돼 곰팡이가 피는 주택도 있으며 소음이 너무 심해 창문을 열어놓을 수 없는 주택 등 나열하자면 너무나 많다. 이러한 주거빈곤과 주거불안의 문제를 해결해보고자 여러 가지 방법에 대한 모색이 있었다. 그 방법 중 하나가 공유경제 형태의 주거공유, 셰어하우스다.

공유경제란 이미 있는 자원을 여러 명이 빌려 쓰거나, 물물교환 또는 품앗이하는 거래를 의미하며 '협력적 소비'라고도 일컫는다. 공유경제는 2011년 타임즈지의 '세상을 바꾸는 10대 아이디어'[1]에 선정될 만큼 세계적인 이슈가 됐으며 ICT[2]와 SNS 등의 소셜네트워크 서비스가 발달함에 따라서 그 규모는 매년 급속도로 확장하고 있다.

이러한 공유경제가 발달함에 따라 소유의 개념이 강했던 부동산 영역에서도 공유라는 새로운 경제모델이 등장하기 시작했다. 공유경제의 개념을 주거공간에 적용해 개인의 사적 공간을 확보하며, 그 외의 공간을 공동공간으로 활용함으로써 주거면적의 빈곤을 해결하고 주거편의설비를 확보하며 주거비 절감 및 관리의 효율과 정서적 안정감을 얻고자 하는 것이 셰어하우스다. 제한된 면적의 대지에 몇 세대가 거주하는 집을 건축하려면 세대마다 주방과 샤워부스, 화장실을 콤팩트하게 만들어도 가용면적은 좁아질 수밖에 없다. 넓지 않은 대지에 주방과 화장실 등을 방마다 만드는 것은 비합리적일 수 있

---

1) Bryan Wash, "10 Ideas That Will Change the World", Time(2011.3.17.)
2) Information & Communication Technology의 약어

다. 분명히 공유할 수 있는 공간을 공유한다면 콤팩트하면서도 여유 있는 주거공간이 만들어질 수 있다. 이를 실현한 것이 셰어하우스다.

통계청의 〈2015~2045 장래가구추계 결과〉[3]에 따르면 우리나라의 가구 수는 2015년 1,901만 가구에서 2043년 2,234만 가구로 증가할 것으로 예상된다. 국내 인구는 2031년 정점을 이룬 후 감소하지만, 가구는 적어도 2043년까지는 지속적으로 증가할 전망이다. 가구 증가의 대부분은 부부 가구 및 1인 가구의 증가가 차지할 것으로 예상되는데, 그중 1인 가구는 2015년 518만 가구에서 2040년 795만 3,000가구로 53% 증가할 것으로 예상된다. 1995년 전체 가구의 12%였던 1인 가구가 2015년에는 27%까지 그 비율이 늘어났으며 2040년에는 35.6%에 달할 것이라는 전망이다.

1인 가구가 점점 많아지고 있는 현실에서 점점 증가하는 거주비와 혼자 사는 데서 오는 물리적, 정신적 불편함을 줄이고자 청년 1인 가구들이 셰어하우스를 선택하고 있으며, 이러한 수요층의 출현에 따라 셰어하우스가 새로운 임대사업의 형태로 자리 잡고 있다. 기존의 주택을 전세나 월세로 빌려 셰어하우스를 운영하는 업체도 등장했으며 대표적인 셰어하우스 업

---

3) 장래가구추계, 국가 통계 포탈, http://kosis.kr(2017.11.8.)

[그림 1] 셰어하우스 예시

자료 : 셰어하우스 '우주' 홈페이지 발췌

체들로 '보더리스', '함께 꿈꾸는 마을', '우주', '소통이 있어 행복한 주택' 등이 있다.

쏟아지는 셰어하우스 관련 기사를 보면 셰어하우스의 장점은 한결같다. 저렴한 보증금과 주거비, 외로움의 경감, 상대적으로 편리한 위치 등으로 소개되며, 새로운 주거문화라는 수

식어가 붙는 기사도 심심치 않게 발견할 수 있다. 그렇다면 과연 셰어하우스는 1인 가구 주거빈곤의 대안이 될 수 있을까? 기사들이 보여주지 않는 조금 다른 분석결과들을 살펴보면 다음과 같다.

〈표 1〉 셰어하우스 특징에 따른 빈도분석표

셰어하우스 특징		빈도	퍼센트
관리 주체가 함께 거주하는가?	거주하지 않음	132	83.0
	함께 거주함	27	17.0
	합계	159	100.0
거주자 간 유대 확보를 위한 노력이 있는가?	있음	74	46.5
	없음	85	53.5
	합계	159	100.0
이층 침대를 사용하는가?	2층 침대	35	22.0
	그 외	124	78.0
	합계	159	100.0
룸 사용을 하는 형태는?	1인실	53	33.3
	2인실	64	40.3
	3인실	27	17.0
	4인실 이상	15	9.4
	합계	159	100.0

자료 : 신은정·유선종(2016)의 연구에서 재정리

〈표 1〉을 보면 1인실보다는 다인실의 형태로 운영되는 셰어하우스가 많은 것을 확인할 수 있으며 하나의 방에 여러 사람이 거주하기 위해 2층 침대를 사용하는 경우도 20%가 넘는

것을 확인할 수 있다. 외로움의 경감이 셰어하우스의 강점이지만 거주자들이 가족과 같은 유대감을 형성하고 외롭지 않게 살기 위한 노력을 하는 셰어하우스는 절반에도 못 미치는 것으로 나타났다. 관리 주체가 함께 거주하지 않는 셰어하우스가 83%의 비율로 나타나 주택의 원 거주자가 외로움을 줄이고 주거비를 절약하게 위해 입주자들을 구해 사는 형태보다 임대사업의 형태로 운영하는 형태가 많은 것을 확인할 수 있는데, 이는 셰어하우스가 새로운 양태의 임대사업임을 짐작케 한다. 거주자는 더 나은 주거환경을 위해 셰어하우스라는 형태의 주거를 선택하지만 이 주거형태가 장점으로 내세우는 더 나은 주거의 질을 확보하기 위해서는 입주자의 꼼꼼한 확인이 필요해 보인다.

셰어하우스 입주경험이 있는 사람들을 대상으로 셰어하우스의 입주에 대한 생각을 물었을 때, 셰어하우스에 대한 재거주 의사 여부에 따라서 그 응답이 상이한 것을 볼 수 있다. 〈표 2〉를 보면 두 그룹 모두 임대료와 보증금이 저렴하다는 장점을 꼽고 있지만 재거주하지 않겠다고 응답한 설문자들의 응답을 살펴보면 모르는 타인과 사는 삶의 불편함을 이야기하는 것을 확인할 수 있다.

셰어하우스라는 주거형태가 따로 또 같이 사는, 타인과 한 집에서 거주하는 양태가 되다 보니 휴식의 공간으로 존재해야

〈표 2〉 거주경험자 중 재거주 의사 여부로 나눠본 의사결정 영향 요인(설문 인원 44명)

순위	재거주 의사가 있는 응답	재거주 의사가 없는 응답
1	임대료 부분 중 월 임대료	임대료 부분 중 월 임대료
2	임대료 부분 중 보증금	임대료 부분 중 보증금
3	주거유지비	개인 생활공간 공유에 따른 불편
4	생활공간의 넓이와 공간의 질	개인 물품 및 식품 구매, 이용의 불편
5	빌트인 설비와 서비스	주거유지비
6	통학·통근 거리	생활공간의 넓이와 공간의 질
7	교통 접근성	입주자 간 라이프 패턴 차이에 따른 생활규칙의 불편
8	주변 환경	입주자 범죄 위험
9	개인 생활공간 공유에 따른 불편	입주자 간 심리적 갈등
10	개인 물품 및 식품 구매, 이용의 불편	가사 노동의 분담
11	가사 노동의 분담	개인 시간의 할애
12	입주자 간 라이프 패턴 차이에 따른 생활규칙의 불편	통학, 통근 거리
13	입주자 간 심리적 갈등	빌트인 설비와 서비스
14	개인 시간의 할애	교통 접근성
15	1인 가구의 외로움	주변 환경
16	공동체의 주거문화	1인가구의 안전 취약성
17	1인가구의 안전 취약성	공동체의 주거문화
18	입주자 범죄 위험	1인 가구의 외로움

자료 : 신은정(2015)에서 발췌해 재정리

하는 집이 또 다른 사회로의 진입을 의미할 수도 있는 것이다. 이러한 불편은 운영되는 셰어하우스들이 고수익을 추구할수록 심화될 수밖에 없다. 높은 수익률을 위해 4명이 넘는, 많게는 8명이 한방을 사용하는 양태의 주거시설을 제공한다면 이러한 주택은 또 다른 형태의 주거빈곤일 수밖에 없을 것이다.

셰어하우스가 입주자 개인의 불편만 문제가 되는 것은 아니다. 자기가 소유한 주택에서 셰어하우스를 운영하는 것이 아니면 이러한 임대사업의 형태는 엄밀히 말해 전대차의 형태로 운영될 수밖에 없다. 주택임대차보호법의 적용이 용이하지 않을 수 있고 임차인의 권리는 사각지대에 놓일 수밖에 없다. 사업자의 과세 문제에 따른 형평성의 문제도 존재한다. 전통적 산업에 초점이 맞추어진 규제와 안전장치는 새로운 사업의 영역에서 무용지물일 수 있다.

셰어하우스라는 새로운 주거형태에 대한 관심과 붐은 보증금이 비싸서, 월 임대료가 버거워서라는 것에서 시작됐겠지만 그것만이 이유는 아니다. 주거공유라는 것은 전반적으로 더 나은 삶에 대한 시도일 것이다. 다만 이 새로운 시도의 주거양태가 시장에서 제대로 자리 잡아 주거빈곤 해결을 위한 다크호스가 되기 위해서는 고려해야 할 것이 많아 보인다. 거주자들의 공동주거에 대한 이해와 공동거주자들에 대한 배려의식을 기본으로 공유경제의 기반인 시민의식의 제고, 안정된 서비스 공급과 확대를 위한 거래 및 신뢰프로세스가 마련돼야만 기존 산업과의 마찰을 줄이고 거래당사자 간 분쟁을 미연에 방지할 수 있을 것이다.

집이란 평생 우리와 함께하는 장소다. 집이 단순히 우리의 몸이 쉬는 공간일 수도, 혹은 삶이 쉬는 공간일 수도 있다. 그리고 그 구분을 가능하게 하는 것이 그 집에 함께 하는 사람들이 아닐까 한다. 셰어하우스라는 주거공간의 공유가 몸이 쉬는 공간이 아닌, 또 다른 주거빈곤의 모습이 아닌 삶이 쉬고 더 나은 삶을 위한 선택이 되기 위한 방안의 진지한 모색이 필요하다. 거주자와 사업자 그리고 청년 주거난을 극복을 위해 고민하는 정책입안자 모두 방안의 마련에 머리를 맞대야 하지 않을까?

〈참고문헌〉
· 신은정, 「서울 청년 1인 가구의 셰어하우스 입주 의사결정 요인」, 건국대학교 부동산대학원 석사학위논문, 2015.
· 신은정·유선종, 「셰어하우스의 임대료 결정요인 분석」, 『한국지적정보학회지』, 한국지적정보학회, 2016
· 통계청, 「장래가구추계」, 2017
· Bryan Wash, "10 Ideas That Will Change the World", Time, 2011.3.17.

60

통일 후, 북한 토지는
원래 주인에게 반환해야 한다?

| 하서진 |

북한은 토지개혁기(1946~1953) 동안 지주의 토지를 몰수해 빈농과 소작농에게 무상으로 분배함과 동시에 사적 소유권을 인정했으나, 농업협동화기(1954~1971) 동안 농지의 사적 소유권을 폐기하면서 사회주의적 토지소유권 제도를 도입했다. 그리고 무상으로 분배했던 토지를 협동조합에 편입시키는 형태로 농지의 국유화를 단행했다. 그 결과, 〈표 1〉과 같이 1953년 총 경지면적 대비 0.6%이던 협동조합의 경지면적은 1958년 이후 100%에 달한다.

이어서 북한에서는 사회주의헌법(1972), 토지법(1977)을 제정, 토지에 대한 사적 소유권을 전면적으로 부정한다. 1992년 이후 토지에 대해 '국가소유-무상이용' 원칙[1]에서 '국가소유-유상이용' 원칙으로 전환, 개인의 소유권을 금지함은 물

⟨표 1⟩ 북한의 농업협동조합에 가입한 농가호수 및 편입된 경지면적

연도	협동조합에 가입한 농가호수		협동조합에 편입된 경지면적	
	농가호수	총 농가호수 대비 비율(%)	경지면적 (단위 : 1,000 정보)	총 경지면적 대비 비율(%)
1953	11,879	1.2%	11	0.6%
1954	332,662	31.8%	576	30.9%
1955	511,323	49%	885	48.6%
1956	864,837	80.9%	1,397	77.9%
1957	1,025,106	95.6%	1,684	93.7%
1958	1,055,015	100%	1,791	100%
1963	1,066,896	100%	1,837	100%

출처 : 조선민주주의인민공화국 국민경제발전 통계집(1946~1963)

론 유상으로 토지(부동산)를 사용하게 함을 원칙으로 정하게 된다.

남한에서는 제헌헌법(1948)을 통해 토지의 사적 소유를 명문화했으며 이후 농지개혁법(1949)에 의해 기존의 소작지를 유상 매수해 농민에게 유상 분배했다. 이를 계기로 경자유전의 원칙이 현실화되고 지주-소작 관계가 청산됐으며 근대화와 자본주의 발전의 배경이 됐다.

---

1) 북한의 토지개혁(1946)을 통해 무상으로 몰수해 무상으로 분배한 토지의 사적 소유권은 1954년 이후 폐기됐으며, 이는 국가소유권 또는 협동단체 소유권으로 전환됐다. 또한 토지개혁 시부터 1966년까지 수확량의 25%를 농지현물세로 부과·징수(김상용, 2006)해 완전한 무상이용은 아니라고 할 수 있음.

이러한 남북한 간의 토지소유권 차이는 통일[2] 이후, 북한의 토지제도가 남한의 사적 재산권이 보장되는 토지제도로 편입·전환하는 경우 사회적 혼란 및 문제가 발생할 가능성이 크다. 북한에서 무상으로 몰수되거나 국유화시킨 토지의 소유권에 대해 원소유자가 소유권 회복을 주장할 수 있기 때문이다. 북한 토지의 국유화 방식인 '무상몰수'가 법치국가의 재산권 보장에 어긋나는 조치였음을 고려한다면(송인호, 2013), 통일 이후 해당 조치의 불법성을 청산하는 의미에서도 원소유자의 소유권을 회복시킬 필요성이 제기된다.

몰수된 토지소유권에 대한 원소유자의 소유권 회복을 위해 시행됐던 해외의 정책은 〈표 2〉와 같이 크게 세 가지로 정리할 수 있다. 몰수된 재산의 원소유자에게 소유권을 반환하는 '원소유자 반환', 원소유자에게 해당 재산가치에 상응하는 보상을 지급하는 '원소유자 보상', 원소유자에게 소유권에 대한 반환 또는 보상을 하지 않는 '무반환·무보상'이다.

'원소유자 반환'방식은 구체제하에서 몰수됐었던 재산을 원소유자에게 현물로 반환되는 방식으로, 반환이 불가능한 경우에 한해 보상하는 방식이다. 이 방법은 개인의 재산권 보장에 가장 부합하는 방식이지만, 재산권 반환 청구 소송에 따른 소

---

2) 통일의 방식은 남한의 북한 흡수통일을 전제함. 시장경제체제, 사적 재산권의 인정이 부동산 정책 등 여러 정책의 기본 토대가 될 것으로 가정했음.

유관계 불분명, 막대한 행정비용 발생, 그로 인한 투자 기피 및 지연 등이 문제점으로 존재한다(이해정, 2015).

동독과 서독으로 분단된 이후 1990년 통일된 독일은 '원소유자 반환(Restitution)' 방식을 채택해 몰수되거나 국유화됐던 재산의 원소유자에게 해당 재산을 반환하는 정책을 펼쳤다. 그 결과, 약 230만 건(그중 부동산 약 220만 건)의 소유권 반환이 청구됐다. 원소유자의 소유권을 보장하기 위해 시행된 정책이었으나 반환으로 인한 소유권 변동으로 인해 동서독 주민 간 부(富)의 불균형이 심화됐으며 소유권 문제가 해결되기 전까지는 구동독 지역에 투자가 부진해지는 문제가 발생했다. 이러한 정책 시행에 따른 부작용 확대로 인해 관련 법률[3]이 제정돼 반환에서 보상으로 소유권 보호 방식이 변경된다.

〈표 2〉 몰수 부동산 처리 방식

구분	원소유자 반환	원소유자 보상	무반환·무보상
내용	- 구체제 당시 몰수재산의 원소유자 반환	- 원소유자에게 해당 재산가치에 상응하는 보상 지급	- 현 점유자 권리 최대 보장 - 원소유자에 대한 무반환·무보상
장점	- 재산권 보장 원칙 견지, 애착이익의 회복	- 원소유권 인정, 권리관계 확인으로 부작용 최소화	- 신규 재건 투자 촉진 - 국토의 효율적 이용 - 사유화 관련 제반 비용 절감
일반적인 문제점	- 신규 재건 투자 장애 - 현 점유자와의 소유권 분쟁	- 막대한 보상 자금 소요, 조세부담 가중으로 조세저항 우려 - 적정 보상가격 평가 곤란	- 사유재산권 침해 - 원소유자 반발
국가	- 구동독, 체코, 폴란드, 루마니아 등	- 헝가리	- 러시아, 중국, 베트남

출처 : 이해정(2015)

---

3) 〈기업사유화의 장애요인 제거와 투자촉진을 위한 법률〉(1991. 3. 15)

'원소유자 보상' 방식은 구체제하에서 몰수됐던 재산에 상응하는 보상을 원소유자에게 지급하는 방식으로 해당 재산의 점유자 권리와 원소유자의 재산권 간의 균형을 도모하는 방식이다. 소유관계를 명확히 해 투자 기피 및 지연 등을 줄일 수 있으나, 막대한 보상비용에 따라 재원 부담이 크고 적정한 보상금액 평가가 어렵다는 문제점이 있다. '원소유자 보상' 정책을 채택한 헝가리의 경우, 막대한 보상비용 부담을 감소시키기 위해 보상액 상한제, 누진적 체감제[4]를 내용으로 보상했으며, 보상액은 보상증서로 지급해 전매, 국유기업 주식의 매입, 토지나 주택의 구입에 사용할 수 있도록 했다(한국은행, 1996).

'무반환·무보상' 방식은 몰수된 재산에 대한 반환 또는 보상 등 법적 구제를 하지 않는 방식으로서 원소유자에 대한 반환·보상으로 인한 비용, 그로 인한 사회적 혼란을 최소화할 수 있을 뿐만 아니라 북한지역에 대한 투자가 신속히 이뤄지도록 한다는 장점이 있다. 하지만 원소유자의 재산권 보장을 근간으로 하는 법치주의 원칙이 위배된다는 문제점이 있다(이해정, 2015).

러시아의 경우, 다른 사회주의국가들보다 일찍부터 토지가 국유화돼 사유재산제도와 등기제도가 존재하지 않았다. 현실

---

4) 1인당 보상금액을 500만 포린트(약 50,000달러)로 제한했으며 20만 포린트 이하는 100% 보상, 20~30만 포린트는 50% 보상, 30~50만 포린트는 30%, 50만 포린트 이상은 10% 보상하는 등 보상액을 누진적으로 체감했음(이해정, 2015).

적으로 국유화된 토지에 대한 원소유자 또한 확인할 수가 없었기에 '무반환·무보상' 방식을 채택했다. 다만 모든 러시아 국민을 대상으로 바우처[5]를 지급해 국유기업 주식, 국가 소유 주택 및 토지 등을 구입할 수 있게 해 사유화를 진행했다.

몰수된 북한 토지의 소유권을 가장 이상적으로 보호하는 방법은 원 소유자에게 해당 토지를 반환하는 '원상회복'일 것이다. 하지만 그동안 해당 토지를 점유·사용하고 있을 현 점유자의 이익과 해당 토지의 원소유자의 사유재산권 간의 균형을 맞춰 보호할 필요가 있다. 따라서 통일 이후, 북한 토지의 원소유자가 소유권을 주장할 경우 소유권을 가장 보장할 수 있을 '반환(원상회복)'보다는 소유권의 객관적인 증명이 가능한 경우에 한해서[6] 몰수되기 전 토지의 가치를 상한선으로 보상하는 '제한적 보상'이 적합할 것으로 보인다.

몰수되었던 해당 토지를 그동안 점유·이용해왔던 북한 내 주민들의 이익을 보호할 수 있을 뿐만 아니라 몰수되기 전 소

---

5) 모든 러시아 국민을 대상으로 연령 제한 없이 1인 1매에 한해 액면가 1만 루블의 바우처를 25루블(약 5센트)의 가격으로 매입할 수 있도록 했음(이 해정, 2015).

6) 원소유자가 북한 내 소유권을 주장할 수 있는 토지의 현황을 살펴보면 북한 토지의 약 34%인 41,360㎢로서 약 27만 명의 원소유자가 존재할 것으로 파악됨. 하지만 북한의 토지개혁(1946) 이전 토지 관련 문서가 전부 소각됐으며 탈북자 및 남한 주민의 북한 내 소유 토지, 협동농장에 몰수된 토지에 관련한 자료는 확인이 어려울 것으로 예상됨(정희남, 1998).

유했던 재산권도 경제적인 보상의 방법으로 보호될 수 있기 때문이다. 그리고 몰수된 해당 토지는 몰수 이후 점유자들의 노력으로 인해 토지가치가 상승했을 것을 고려(김상용, 2014), 몰수 이전의 토지가치를 보상금액의 상한선으로 설정해 적정한 보상금액이 산정되도록 해야 할 것이다. 이를 통해 보상에 따른 부작용(재원 마련, 세금 가중 등)을 최소화할 수 있을 것으로 보인다.

보상을 위한 객관적인 증명이 어려운 토지 및 국유화된 토지에 대해서는 '무반환·무보상'방식을 바탕으로 현 점유자의 점유·이용을 인정해 통일 이후 안정성을 확보하는 것이 우선인 것으로 생각된다. 그리고 시장경제를 근간으로 할 통일한 국의 통합성, 토지 이용의 효율성 등을 고려, 선매 또는 우선매수청구권 등을 통해 점진적인 토지사유화를 이뤄나가는 방안이 장기적인 관점에서 적합할 것으로 판단된다.

〈참고문헌〉
· 김상용, 『법사와 법정책: 한국법사 중심』, 2006.
· 김상용(2014), 「북한의 토지법제와 통일 후의 정책적 과제」, 『부동산포커스』 Vol. 70, 4-16, 2014.
· 대외경제정책연구원 지역정보센터, 『러시아편람』, 1996.
· 송인호, 「통일 후 북한 국유재산 사유화 방안에 대한 법적 고찰」, 『인권과 정의』, Vol. 433, 23-40, 2013.
· 이해정, 「남북한 부동산 제도 비교」, 『통일경제』 2015년 제1호, 47-56, 2015.

· 「조선민주주의인민공화국 국민경제발전 통계집」, 1946~1963.
· 정희남, 「토지소유권제도의 개편과제」, 『국토』 제195호, 24-31, 1998.
· 제성호, 「통일 후 바람직한 토지정책방향」, 『법학논문집』, 제29집 제2호, 141-187, 2005.
· 한국은행, 『주요 체제전환국 민영화 현황 및 특징』, 1996.

본 책의 내용에 대해 의견이나 질문이 있으면
전화(02)3604-565, 이메일 dodreamedia@naver.com을 이용해주십시오.
의견을 적극 수렴하겠습니다.

투자자들이 꼭 알아야 할
부동산 상식의 허와 실

제1판 1쇄 인쇄 | 2018년 4월 25일
제1판 1쇄 발행 | 2018년 5월 2일

지은이 | 건국대학교 부동산·도시연구원
펴낸이 | 한경준
펴낸곳 | 한국경제신문*i*
기획·제작 | (주)두드림미디어

주소 | 서울특별시 중구 청파로 463
기획출판팀 | 02-3604-565
영업마케팅팀 | 02-3604-595, 583 FAX | 02-3604-599
E-mail | dodreamedia@naver.com
등록 | 제 2-315(1967. 5. 15)

ISBN 978-89-475-4345-3   03320